# 도서관의 가치와 사서직의 의미

## Our Enduring Values:
Librarianship in the 21st Century

# 도서관의 가치와 사서직의 의미

## Our Enduring Values:
### Librarianship in the 21st Century

Michael Gorman 저

이 제 환 역

# Our Enduring Values:

## Librarianship in the 21st Century

by Michael Gorman

Copyright © 2000 by Michael Gorman. All rights reserved except those which may be granted by Sections 107 and 108 of the Copyright Revision Act of 1976.

이 책의 한국어판 저작권은 미국도서관협회(American Library Association)와 역자의 계약에 따라 도서출판 태일사에 있으며, 태일사의 허락없이 어떠한 형태로든 책의 일부 또는 전부에 대한 무단 번역이나 번안 출판 및 판매를 할 수 없습니다.

American Library Association
2000
Taeil Publishing Company. Korea
2019

# 역자 서문

대학시절, 역사학을 전공했던 나에게 영국의 역사학자 Edward H. Carr가 쓴 *What is History*는 그야말로 經典이었다. 당시 도서관에서 대출받았던 原書는 초라한 문고판이었지만, 그 책은 나에게 역사의 철학과 의미, 나아가 역사학도로서의 사명과 자세를 일깨워 주었다. 그 책을 통해 나는 역사의 동력이 양지보다는 음지에 있으며, 소유한 자들보다는 소외된 자들의 삶에 있다는 사실을 어렴풋이나마 깨달을 수 있었다. 1970년대의 격동의 시절에 "배우고 익힌 것"을 실천해 보려고 섣불리 나섰다가 자의반 타의반으로 역사학도로서의 길은 접고 말았지만, 그 책을 통해 얻은 삶의 철학과 학문의 자세는 30여년이 지난 지금까지도 내 마음가짐과 발걸음을 인도하는 기능자가 되고 있다.

세상은 우연으로 가득하다지만, 찬찬히 돌아보면 우연보다는 필연이 많음을 깨닫게 된다. 대학시절 즐겨 찾던 도서관이 인생의 업으로 이어질지, 그때는 어찌 상상이나 했겠는가? 문헌정보학을 선택하여 대학원에 진학하고 박사학위를 마칠 때까지도 도서관은 여전히 학문의 대상이었지 내 삶의 일부는 아니었다. 심지어, 명색이 도서관·정보학

박사인데 "정보"의 환영을 쫓아다니느라 "도서관"을 일부러 멀리한 적도 있었다. 초라한 도서관보다는 화려한 정보시스템이 교수로서의 그리고 학자로서의 나의 품격을 높여 주리라는 착각에 빠져서, 정보라는 양지에 머물면서 잘나가는(?) 정보전문가들과 어울려 지냈다.

그렇게 지내던 어느 날, 거울에 비친 내 모습에서 가식과 위선을 보았다. 가르친 제자들의 태반이 정보전문가가 아니라 도서관 사서로서 인생의 첫 걸음을 내딛는데, 그들의 선생인 나의 관심사에서 도서관은 주변으로 밀려나 있었다. 너무도 부끄러웠다. "이게 아닌데" 싶었다. 특히, 도서관 현장에서 만났던 제자들의 눈빛에서 사서로서의 직업에 대한 자부심과 자긍심을 좀처럼 찾아보기 힘들었을 때, 나는 그야말로 "제 발이 저린 도둑"이 되어 고개조차 들 수 없었다. 그 충격은 오래 동안 지속되었다. 평소 그토록 경멸하던 "껍데기"들의 교만한 모습을 자신에게서 발견했으니 그 충격에서 어찌 쉽게 벗어날 수 있었겠는가?

도서관이란 무엇이며, 사서란 누구인가? 문헌정보학 교수로서 5년을 보내고 난 후에야 비로소 나는 도서관과 사서에 대해 새롭게 공부하기 시작하였다. 대학원 시절 읽었던 도서관의 역사를 다시 들추어 보고, 학식으로 머리에 담았던 도서관의 철학과 사상을 몸으로 느껴보고자 발버둥 쳤다. 내 제자들을 위해 도서관학자로 거듭나고자 남몰래 도서관 현장을 찾아다니던 것도 그 무렵이었다. 그러면서 점차 우리의 열악한 도서관환경에 눈을 뜨기 시작하였고, 우리의 천박한 도서관문화를 피부로 느끼기 시작하였다. 그리고 우리의 도서관문화가 일천한 상태에서 벗어나지 못하고 있는 가장 큰 이유는 "사람, 즉, 사서"에게 있으며, 그 뿌리에 나처럼 "학문의 철학"조차 없는 교수들이 버티고 있음을 절감하였다.

자신이 종사하고 있는 일의 "가치"를 깨달았을 때와 그렇지 못했을 때 사이에는 "천국과 지옥" 만큼의 차이가 있다. 전자의 일상이 기꺼움과 보람으로 채워진다면, 후자의 인생은 지겨움과 후회로 점철된다. 도서관의 진정한 가치를 깨달을 때 사서의 업무는 보람이 되지만, 도서관이 단순한 벌이의 수단에 그칠 때 사서의 업무는 고통으로 얼룩진다. 지난 십여년동안, 여러모로 부족하지만, 글과 강연을 통해 도서관의 가치가 얼마나 숭고하며 사서의 책무가 얼마나 막중한지를 제자들과 현장사서들에게 알려주고자 노력했던 까닭이 바로 여기에 있었다. 우리 사서들의 하루하루가 기꺼움과 보람으로 채워지기를 소망하기 때문이었으며, 그를 통해 우리의 도서관문화가 활짝 꽃피게 되기를 학수고대하기 때문이었다.

Michael Gorman의 책을 번역하고자 마음먹은 것도 이 때문이었다. 필요성은 절감하면서도 현장의 사서들이 편하게 읽을 수 있는 "도서관의 가치와 사서의 의미"에 대한 책을 집필하기에는 내 능력이 너무도 부족하였다. 그러던 중, Gorman의 역작, *Our Enduring Values: Librarianship in the 21st Century*에 시선이 멈추었다. 도서관의 철학과 사서직의 가치에 대한 Gorman의 "주옥같은" 이야기는 사서가 되고자 하는 내 제자들과 현장에서 일하고 있는 사서들의 가슴에 기꺼움과 보람을 심어주기에 충분하다는 판단을 하였다. 그래서 대학원 수업에서 교재로 사용하기 시작하였다. 그러나 대학원생들조차 언어 장벽으로 인해 책의 의미를 "있는 그대로" 느끼지 못하는 모습을 지켜보면서, 그 내용을 쉽게 풀어 우리 말로 옮겨야겠다는 생각을 하게 된 것이다.

2000년에 출판된 이 책은 일부 내용에 있어서 2010년 현재의 상황과는 다소의 차이를 보인다. 도서관을 둘러싼 환경의 변화와 디지털과 인터넷으로 대변되는 정보기술의 변화가 워낙 급속하다보니 기술적 변화에 대한 설명과 미래에 대한 예측에서 그러한 면이 간혹 눈에 뜨인다. 그러나 Gorman이 설명하고자 하는 "도서관과 사서의 가치"를 역사적 관점과 사회적 맥락에서 이해하는데 전혀 지장이 없으며, 그의 진솔한 메시지는 도서관과 사서의 가치에 대한 기본적인 이해조차 부족한 가운데 디지털에 함몰되어 가는 우리 도서관계에 더욱 절실하게 다가온다. 특히, 민주주의와 지적 자유의 수호자로서 그리고 인류의 지적 유산의 관리자요 전달자로서 사서의 존재가 얼마나 소중한지를 뼈 속 깊이 느끼게 한다.

사서직을 기능직으로 여기는 도서관내외의 적들이 나날이 늘고 있다. 특히, 정보기술 맹신자들 사이에서 그러한 주장은 더욱 기승을 부리고 있다. 그런 가운데 사서직의 전문성을 강화하고 전문직으로서의 위상을 정립하고자 하는 소수의 노력은 점차 힘을 잃어가는 느낌이다. 철학이 부족하고 가치에 무지하기에 스스로 체념하고 타의에 추수하는 현장 사서들이 계속해서 늘어난다면, 우리 도서관계와 사서직의 미래는 없다. 도서관의 "참" 의미를 마음에 품고 사서로서의 가치를 우리 스스로 확신하게 될 때, 우리 사회의 도서관과 사서에 대한 "왜곡된" 인식을 바로 잡을 수 있다. 이 번역서가 예비 사서들과 현장 사서들에게 직업적 존재 가치에 대한 확신을 주는데 조금이나마 도움이 되기를 바란다.

2010년 11월
부산대학교 이 제 환

# 한국어판 서문

拙著 *Our Enduring Values*가 한국어로 번역되어 출판된다니 내게는 너무도 큰 영광이다. 이번 한국어 번역본이 한국의 사서직과 사서직에 대한 연구를 활성화 하는데 조금이라도 기여하기를 바라며, 특히, 도서관 현장의 동료 사서들이 관심과 애정을 갖고 읽어주었으면 하는 마음 간절하다.

나는 한국을 방문할 기회를 두 번 가졌었다. 첫 번째는 1996년에 부산의 동아대학교 도시관으로부터 초청을 받아서, 두 번째는 2006년에 서울에서 개최된 IFLA 연례회의에 참가하기 위해서였다. 두 번의 방문을 통해서 나는 한국의 수려한 자연 풍광과 활기찬 도시 모습에 깊은 감명을 받았으며, 특히, 부산과 서울에서 방문했던 도서관들에게서 깊은 인상을 받았다. 그들 도서관은 커뮤니티에 대한 봉사정신이 투철한 사서들, 학습과 탐구에 열정적인 이용자들, 그리고 각종 첨단 장비와 시설을 갖춘 이상적인 모습으로 내 기억에 남아있다. 그러하기에 이번 한국어판 출판은 내게 더욱 커다란 의미로 다가온다.

나는 이번 한국어 번역본이 한국의 미래 사서를 교육하는데 긍정적으로 기여하기를 희망한다. 비록 미국의 도서관과 사서를 대상으로 출판된 책이지만, 이 책을 통해 문헌정보학 교육과정에 있는 한국의 예비 사서들이 도서관과 사서의 가치에 대한 깊은 통찰력을 갖게 되기를 바란다. 나는 우리가 어떤 언어를 사용하든 그리고 어떤 나라에서 일을 하든, 우리가 근무하는 도서관과 우리의 직업적 가치는 동일하며 앞으로도 영원히 지속되어야 한다고 굳게 믿고 있다.

끝으로, 이 책의 한국어 번역을 맡아주신 부산대학교 이제환 교수님께 깊은 감사를 드리며, 이 인연이 양국의 도서관계를 밀접하게 연결하여 서로 협력하게 하는 또 하나의 계기가 되었으면 하는 소망을 가져본다.

2010년 11월

*Michael Gorman*
*University Librarian Emeritus*
*California State University, Fresno*

## 목 차

역자 서문 • **3**
한국어판 서문 • **7**
저자 서문 • **13**
서     론 • **15**

### 제1장 역사와 철학의 관점에서 본 도서관의 가치 __ 37

**철학에 대한 불신? • 37**
1) 실용주의와 이상주의 / 2) 랑가나단의 다섯 규칙 / 3) 쉐라의 사회인식론
4) 로드스타인의 정신 / 5) 횡크스의 가치 분류
**'핵심적인' 가치에 대하여 • 55**

### 제2장 도서관의 가치 __ 59

**호황기의 종점에서 • 59**
**도서관의 성장과 쇠퇴 • 61**
**가상도서관? • 63**
1) "전통적" 도서관 / 2) "가상" 도서관 / 3) 왜 가상도서관인가?
**가상도서관과 함께 살아간다는 것 • 71**
1) 책의 운명은? / 2) 전자저널 / 3) 독서의 운명 / 4) 사서의 운명
5) 한 가지 좋은 것은… / 6) 도서관이 존속하게 되는 까닭은?

### 제3장 "장소"로서의 도서관 __ 81

**인간적 측면에서의 필요성 • 84**
**장소로서의 "유선(wired)" 도서관? • 87**
**이상적인 21세기 도서관 건설 • 90**
**새로운 문제들 • 91**
1) 도서관과 장애인 이용자 / 2) 無유선에서 유선으로, 그리고 다시 무선으로
3) 도서관 건물의 공유 / 4) 21세기 도서관 건물의 이상적인 모습은?

## 목 차

"이상적 장소"로서의 도서관 • 102

### 제4장 관리자정신 __ 103

관리자정신의 의미(Littera scripta manet) • 103
관리자정신과 도서관의 관계? • 104
인류의 기록을 보존하는 일 • 104
1) 전자시대? / 2) 관리자정신의 실천 / 3) 보존을 위해 어떤 자료가 "중요한가"?
인류 기록의 보존을 넘어서 • 117
사서교육(Library Education) • 118
1) 정보학과 그것이 초래한 결과 / 2) 교육 프로그램의 인가
인류 기록의 훌륭한 관리자가 되려면 • 128

### 제5장 서비스 __ 129

서비스의 의미 • 129
서비스와 도서관의 관계 • 130
서비스의 실천 • 131
1) 테크니컬 서비스 / 2) 참고서비스 그리고 "서비스와의 조우"
3) 고통 받는 사람들에게 평안을! / 4) 도서관이용자에 대한 이해?
서비스 - 요점정리 • 151

### 제6장 지적 자유 __ 153

지적 자유의 의미 • 153
지적 자유와 도서관의 관계 • 154
지적 자유의 실천 • 157
인터넷 속의 악마와의 싸움 • 160
1) 어린이들의 경우 / 2) 여과의 광풍 / 3) "Dr. Laura"의 사례
4) 여과의 광풍에 대처하기

## 제7장 합리주의 __ 177

**합리주의의 의미 • 177**
**합리주의에 대한 공격! • 178**
**합리주의와 도서관의 관계 • 179**
**도서관을 조직하는 방법 • 180**
**합리적인 접근법에 대한 교육 • 184**
1) 정보제공 대 이용자교육 / 2) 서지교육이 발전한 이유
3) 서지교육이 변형된 이유 / 4) "도서관교육"과 공공도서관
5) 합리주의와 도서관 및 도서관자료의 이용교육
**서지통정 • 195**
1) 표준 / 2) 전자문서는 어떠한가?

## 제8장 문해력과 학습 __ 201

**문해력과 학습의 의미 • 202**
1) 문해력을 갖추기 위한 학습 과정 / 2) 우리의 문해 수준은?
3) 문해력의 차이가 두 집단에 초래할 결과는?
**문해력, 학습, 그리고 도서관의 관계? • 212**
**우리는 무엇을 해야 하는가? • 213**
1) 학교도서관과 어린이도서관 / 2) 공공도서관 / 3) 대학도서관 / 4) 특수도서관
**문해력에 대한 대안이 있는가? • 219**
**문해력-마지막 보루 • 222**

## 제9장 접근의 공평성 __ 223

**도서관과 "접근의 공평성"의 관계 • 225**
**"접근의 공평성"의 실천 • 229**
**접근의 공평성을 향한 다섯 단계 • 232**
1) 불공평을 더 이상 수용하지 마라 / 2) 테크놀로지의 역할을 바르게 이해하라
3) 우선순위를 설정하라 / 4) 함께 작업하라 / 5) 한 번에 한 단계씩

## 목 차

 **제10장 프라이버시 __ 245**

프라이버시의 의미 • 245
테크놀로지가 초래한 것은? • 246
프라이버시의 역사 • 249
프라이버시의 현재와 미래 • 252
프라이버시와 도서관의 관계 • 257
  1) 자동대출시스템 / 2) 프라이버시와 전자자료
프라이버시의 실천 • 263

 **제11장 민주주의 __ 269**

민주주의란 무엇인가? • 269
  1) 민주주의는 미국의 발상? / 2) 민주주의의 모순
민주주의와 도서관의 관계 • 272
민주적인 도서관 • 274
민주주의의 실천 • 274
  1) 민주주의의 필수 요소인 도서관 / 2) 지식이 풍부한 시민들
  3) 무지에 대항하는 도서관 / 4) 민주주의의 고취를 위해 / 5) 정보정책
민주주의와 인터넷 • 283
도서관 내부에서의 민주주의 • 284
민주주의의 안팎 • 290

**제12장 신념의 유지 __ 291**

우리의 고유한 가치 • 293
관리자정신 • 294
독서: 필수적 기량 • 296
도서관에는 미래가 있다! • 299

찾아보기 • 301

# 저자 서문

## 세상은 과연 요동치고 있는가?

1781년 10월, 버지니아의 요크타운(Yorktown, Virginia)에서 영국군 총사령관 콘월리스경(Lord Cornwallis)이 항복을 선언함으로써 미국혁명은 마침내 성공적으로 종식되었다. 공식적인 평화조약이 체결된 것은 그로부터 2년 후였지만, 그 날은 미국의 독립이 확정된 날이었다. 항복의 조건을 둘러싼 열띤 공방이 오고 간 끝에, 10월 19일 마침내 전쟁에서 패배한 영국과 독일의 동맹군은 "국기를 함에 집어넣고, '요동치는 세상'이라는 꽤 적절한 제목의 옛 영국군 행진곡에 발맞추어 퇴각하였다."[1]

전자 형태의 요크타운이 도서관의 미래에도 나타날 것이라고 믿는 사람들이 있다. 즉, 점차 사용 범위를 넓혀가고 있는 전자 커뮤니케이션은 미국과 프랑스의 동맹군만큼 혁명적인 위력을 떨칠 것이고, 그로 인해, 밀지않은 상래에 전통적 도서관이라는 요새는 점령되고 사서들은 전쟁터에서 사라져 갈 것이라는 주장이다. 그들은 사서들의 세상이

---

1) Henry P. Johnston, *The Yorktown Campaign and the Surrender of Cornwallis* (New York: Harper, 1881), 155.

그야말로 거꾸로 뒤집히고 말 것이라고 믿고 있다. 여기서 문제의 핵심은 과연 전자 테크놀로지로 인해 도서관이 붕괴되고 말 것인지 아니면 오히려 강화될 것인지에 놓여 있다. 과연 가상도서관과 전통적 도서관은 전쟁 중에 있는가? 혹은 우리가 지금 경험하는 것은 혁명이 아니며, 전쟁과는 거리가 먼 것인가? 확신하건대, "디지털 혁명"이니 "정보시대"니 하는 공허한 문구들은 우리 도서관이 나아가야할 방향, 즉, 통합, 협력, 공존, 그리고 평화적 발전을 위한 길로부터 우리를 멀어지게 만드는 은유적인 표현에 불과하다. 내가 알기로는, 미래도서관을 둘러싼 논쟁에서 현재까지 드러난 유일한 갈등은 전통적 도서관의 자료와 정보 테크놀로지 사이에서 예산 할당을 어떻게 할 것인지에 관한 것뿐이다. 물론 그러한 논쟁은 중요하며 도서관 현장에 실질적인 영향을 미치고 있지만, 도서관의 고귀한 원칙이나 철학적 기반을 흔드는 정도는 아니다. 앞서 언급하였듯이, 전자 테크놀로지가 지식과 정보를 기록하고 보급하며 보존하는 모든 다른 매체들을 축출할 것이며, 그렇게 함으로써 교육, 학습, 여가, 나아가 사회의 본질마저 변화시킬 것이라고 믿고 있거나 믿으려고 하는 사람들이 여전히 존재한다. 그러나 분명한 것은 그러한 혁명은 일어나고 있지 않을 뿐 아니라 앞으로도 일어나지 않을 것이며, 도서관은 전자 테크놀로지를 도서관의 모든 프로그램과 서비스에 통합하여 우리가 사회에 제공하는 서비스를 향상시키는데 활용할 것이라는 사실이다. 전자 테크놀로지가 전통적 도서관을 대체할 것이라는 발상이 편협한 전체주의적 시각이라면, 전자 테크놀로지가 전통적 도서관의 서비스를 보완할 것이라는 생각은 발전적이고 진보적인 시각이다.

# 서론

나는 왜 '도서관의 가치(library values)'에 대한 글을 쓰려 하는가? 나아가 사람들이 도서관의 가치에 대한 글을 읽어주기를 기대하는가? 그 대답은 간단하다. 우리는 지금 '변화의 시대'에 살면서 사서로서의 직무를 수행하고 있기 때문이다. 우리 사서들이 전통적으로 가져왔던 직업적 확신을 더 이상 유지해 가기가 힘들어 보인다. 많은 사서들이 이미 도서관과 사서직의 미래에 대한 두려움을 갖고 있다. 구체적으로, 최근에 사서교육에 관한 논의가 많은 사람들의 관심을 끌었지만, 이제 그 담론의 장에 "사서와 교육자 사이에 벌어져가는 간극을 어떻게 메울 것인지"에 대한 의제를 보태야 하는 상황이 벌어지고 있다.[1] 현장의 사서와 강단의 교육자 사이의 간극은 사서직의 신념과 가치에 대한 합의가 부족한 상태에서 사서직의 미래에 대한 예측이 서로 차이를 보이는 데서 비롯되고 있다. 이렇듯 급박한 상황에서, 나는 이 책의 독자들에게 사서직의 직업적 토대를 바르게 이해하고 새롭게 구축해 나가기 위해서 어떠한 논의의 틀과 거시적 계획이 필요한지에 대해 일러주고자 한다.

---

1) ALA's Congress on Professional Education, Washington D.C., April 1999.

사람들은 경제적으로 넉넉해지면 삶의 의미를 진지하게 탐구하고자 한다. 기본적 욕구라 할 수 있는 의복, 음식, 교육, 그리고 건강 등에 대한 욕구가 충족되고 나면, 삶의 의미에 대한 탐구가 다각도로 전개되기 시작한다. 물질의 풍요가 전부가 아님을 깨달은 사람들에게 있어 종교를 갖거나 영성을 추구하는 것은 고된 삶으로부터의 단순한 탈출을 넘어 삶의 의미를 승화시키는 일이 된다. 주지하다시피 종교 부흥은 대대적인 변혁의 시기에 발생한다. 과도기에는 미래에 대한 막연한 두려움으로 인해 현실의 즐거움은 감소하기 마련이다. 개인이나 단체는 생존경쟁의 치열함을 넘어서는 순간 자신의 정체성을 제대로 정립하기 위해 윤리 혹은 신념을 찾아 나선다. 어떤 의미에서 볼 때, 도서관계는 현실 세계의 축소판이다. 현실 세계에서 우리는 테크놀로지에 의해 공연히 들뜨기도 하지만, 불확실한 미래의 여정으로 인해 두려움을 느끼기도 한다. 우리 도서관계는 지금 경제적 기반을 비롯하여 그동안 축적해온 자원과 서비스가 앞으로 어떠한 운명에 처하게 될지조차 모르는 불확실한 상황에 놓여 있다. 친숙하지 않은 용어가 넘쳐나고, 급속한 변화가 지속되며, 새로운 서비스에 대한 요구가 그득한, 지축이 흔들리는 것 같은 메스꺼움이 도처에서 느껴지는, 그러한 세상에 우리는 살고 있고, 그러한 세상을 위해 우리 도서관은 서비스하고 있으며, 그러한 세상에서 우리 사서들은 근무하고 있다.

우리가 도서관의 전반적인 업무를 제대로 이해하고 조리 있게 설명할 수 있으려면 거시적 맥락에서 현재의 상황을 이해하여야 한다. 현재, 도서관, 도서관서비스, 그리고 사서직은 끊임없는 변화를 요구받고 있다. 그러한 변화에 대한 요구는 주로 테크놀로지에 의해서 발생하고 있다. 도서관을 자립적인 시스템으로 간주하거나 혹은 모든 것을 테크놀로지의 탓(혹은 덕)으로 돌린다면, 설령 그렇다 하더라도, 잘못된 일이다. 지난 25년 동안 도서관에서 우리가 경험해온 테크놀로지의 변화가 아무리 극적이었다 하더라도, 우리 사회, 정치, 그리고 일상을 아우르는 모든 분야에서 일어난 테크놀로지의 변화에 비하면 아무 것도 아닙니다. 우리 사서들은 자동화기술, 인터넷, WWW 등이 도서관에 미친 영향이 엄청난 것이라고 생각할는지 모르지만, 잠시 한발 물러서서, 테크놀로지가 다음과 같은 범세계적인 사건들에 미친 영향에 비교해 보아라: 가령, 무역의 세계화, 세계경제의 상호의존도 심화, 동유럽에서의 공산주의의 몰락과 사회적 변혁, 의학의 발달로 인한 수명의 연장과 고령화 사회의 도래, 선진국에서의 여성운동의 성공, 아시아의 민주화와 경제적 부흥, 냉전의 종식, CNN과 같은 범세계적 언론매체의 등장, 선진사회에서 여가의 증가와 다양화 현상, 신흥국과 후진국에서 기근과 궁핍의 증가, 화석연료와 산업화로 인한 환경오염의 심화, 범세계적인 종교적 원리주의의 팽창, 산업경제로부터 서비스경제로의 변화, 선진국에서 신흥국으로 산업화의 중심축 이전, 국제화와 토착화를 둘러싼 범사회적 갈등, 국제적 테러리즘의 확산 등등. 이렇게 많은 범세계적 사건들에 테크놀로지는 직간접적으로 영향을 미쳐 왔다. 가령, 국제무역의 증가는 국제적인 정보공유와 신속한 뉴스의 증가에 밀접하게 연계되어 있다. 산업경제로부터 서비스경제로의 변화 또한 테크놀로지에 의해 추진되고 있다. 이외의 여러 변화, 가령, 환경적 혹은 사회적 변화의 저변에도 대부분 테크놀로지가 자리 잡고 있다(물론, 테크놀로지뿐만 아니라 보다 근본적인 원인이 작용하기도 한다). 이와 관련하여 도서관에 관련된 사례를 하나 들어보자. 가령, 도서관이 디지털 자료에 대한 어린이의 접근과 이용을 제한하여야 하는지에 대한 논쟁은 테크놀로지의 도입과 함께 시작되었다. 물론 특정 자료에 대한 접근을 둘러싼 논쟁과 갈등은 수세기는 아니더라도 수십년전부터 지속되어온 사회적이며 정치적인 견해의 충돌이 빚어낸 결과이기도 하지만 말이다.

앞서 언급한 여러 사건이나 변화를 서로 분리하여 생각하는 것은 불가능하다. 테크놀로지는 앞서 언급한 모든 사건과 변화에 밀접하게 연관되어 있으며, 도서관의 변화 또한 예외가 아니다. 테크놀로지가 도서관에 미치는 영향은 테크놀로지가 세상에 미치는 영향의 축소판이다. 주지하다시피, 인간은 사회를 구성하는 일부이며, 우리가 살고 있는 사회는 국제사회를 구성하는 거대한 네트워크의 일부이다. 따라서 우리는 도서관에서 벌어지고 있는 작금의 일들이 우리의 사회생활, 사회조직, 나아가 범세계적인 경제상황의 변화에서 비롯되고 있음을 항상 기억해야 한다.

## 근본이 변하는 것은 아니다!

동서고금의 문헌을 살펴보면, 사람들은 항상 자신이 살고 있는 시대가 전례가 없는 급변의 시대라고 믿고 있음을 알 수 있다. 지금 눈앞에서 벌어지고 있는 변화는 과거에 있었던 변화보다 항상 위협적으로 보이기 마련이다. 과거의 변화는 그 결과를 이미 알고 있지만, 현재 진행 중인 변화는 그 결과를 예측하기 어렵기 때문이다. 그러나 여러분이 보고 있는 것처럼, 변화는 진행 중에 있으며, 더욱 많은 변화가 다가오고 있다. 그러한 변화에 대처하는 자세에는 두 가지가 있다. 그 첫째는 "변화하려면 해라"는 식으로 변화에 대해 수동적이고 기껏해야 반사적으로 대응하는 것이며, 그 둘째는 가능한 변화에 대비하면서 변화를 통제하려고 준비하는 것이다. 그렇다고 해서 이 책에서 내가 세상의 변화에 대비하는 방법을 일러주고자 하는 것은 아니다(그러한 책은 시중에 넘쳐난다). 이 책은 단지 도서관에서 우리가 사서로서 수행하고 있는 업무의 '가치'에 대해 진중하게 생각해 볼 것을 권하고 있을 뿐이다. 왜냐하면 합리적이고 철학적인 기반조차 없이 '대비를 위한 계획을 세우는 것'은 아무런 효과가 없기 때문이다. 사람은 행동에 앞서 합리성을 추구한다. 합리적 사고가 따를 때 비로소 힘들고 단조로운 일상을 넘어서 높은 수준의 삶을 영위할 수 있기 때문이다. 그렇다고 해서 부담스런 허드렛일을 뒤에 감추거나 불필요한 노동을 정당화하고자 하는 것은 아니다. 그보다는 도서관 업무의 유용성을 입증하기 위해 도서관서비스를 비롯한 다른 가치가 갖는 긍정적 힘을 옹호하자는 것뿐이다. 우리 사서들은 우리가 인간의 삶에 유익한 업무에 종사해 왔으며, 우리가 그동안 축적해온 업무의 유용성은 아무리 강조하여도 지나치지 않다는 점에 동의한다. 그러나 40년 경력을 가진 사서의 시각에서 살펴보니, 최근 들어서 '자신의 업무가 무엇을 위한 것인지'에 대해 근본적인 의문을 품는 사서들이 점차 늘고 있음이 느껴진다. 이러한 최근의 현상은 다음 두 단어에 함축되어 있다: 변화와 불확실성.

## 가치관과 가치

우리는 지금 불확실성의 시대에 살고 있다. 1990년대의 경제적 번영과 냉전의 종식에도 불구하고, 우리의 대부분은 눈앞에서 벌어지고 있는 변화와 다가올 변화에 대한 두려움을 안고 있다. 이와 같은 불확실성이 우리의 업무 전반에 만연해 있다. 사서직과 도서관의 미래에 대한 논쟁이 봇물을 이루는 가운데, 소위 전문가들(그들 대부분은 사서직의 존립 자체에 의문을 제기하고 있다)이 예측하는 다양한 미래에 어떻게 대처해야 할지 막막한 상태이다. 특히, 도서관 현장의 사서들이나 이용자들이 생각하고 있는 미래와 문헌정보학계와 도서관계의 일부 지도자들이 생각하고 있는 미래는 너무도 상이하며, 전자 집단과 후자 집단의 견해

차이는 점차 벌어지고 있다. 도서관 현장의 사람들은 장서구입비의 삭감, 시설의 노화, 이용자의 과밀, 그리고 비용 절감과 능률 제고에 대한 압박에 시달리면서 침통해 하고 있다. 이에 비해, 문헌정보학계의 사람들은 한편에선 디지털도서관에 관한 이해할 수 없을 정도의 많은 논문과 벤튼 보고서(Benton Report)[2]와 같은 형편없는 자료를 생산해 내고 있으며, 다른 한편에선 들뜬 분위기의 학술대회를 빈번하게 개최하면서 우리 사서들의 직업적 기반을 무너뜨리는 즐거움을 맛보고 있다. 이처럼 학계 사람들과 현장 사람들(사서와 이용자) 사이의 간극은 갈수록 벌어지고 있다. 이러한 간극이 벌어지는 이유는, 도서관에서 현실적인 문제로 매일매일 씨름하고 있는 사람들보다 도서관을 단지 흥미롭게 바라보는(그러면서 도서관 업무에는 관심조차 없는) 사람들이 디지털도서관 혹은 가상도서관에 대해 훨씬 더 열광하고 있기 때문이다. 지금의(물리적 형태의) 도서관이 이용자들에게 참된 서비스를 제공하고 있다고 믿는다면, 우리 사서들은 우리의 가치관과 도서관의 가치를 다시 한번 확인하여야 한다. 그러한 확인을 위해서는 무엇보다도 "가치의 본질"을 이해할 수 있어야 하며, 그러한 이해에 기초하여 도서관이 갖는 가치와 가치의 적용범위를 우리 스스로 받아들이기 위해 노력해야 한다.

---

[2] *Buildings, Books, and Bytes: Libraries and Communities in the Digital Age* (Washington, D.C.: Benton Foundations, 1996). 다음도 참조하시오: Michael Gorman, "Living and Dying with 'Information'," *Library Trends* 46, no. 1 (summer 1997): 28-35.

## 가치론에 대한 이해

가치론이란 "가치의 본질, 유형, 기준, 특히 윤리학적 관점에서 가치판단의 본질, 유형, 기준에 대한 연구"를 의미한다.[3] 가치란 "개인이나 집단에게 깊은 흥미를 주는 어떤 것"이다. 여러 개의 가치가 합쳐져서 "가치체계"를 형성한다. 우리는 가치에 대해 다양한 맥락에서 이야기한다. 가령, 경제적, 도덕적, 종교적, 예술적, 과학적, 정치적, 전문적, 그리고 법적인 맥락에서 가치에 대해 이야기한다. 이렇듯 다양한 영역에서 가치라는 용어는 서로 다른, 그러면서 어느 정도 연관된 의미로 사용된다. 아마도 가장 단순하면서도 널리 사용되는 가치의 의미는 경제적인 맥락에서 일 것이다. 경제 영역에서 가치는 마치 가격처럼 측정할 수 있는 개념이다. 그러나 그 외의 다른 영역에서 가치는 매우 파악하기 어려운 개념인데, 예를 들어, 예술적 가치나 정치적 가치는 시대와 상황에 따라 다른 의미로 사용되어 왔다. 가치관의 형성에 있어서는 私利(self-interest)의 역할을 깨닫는 것이 매우 중요하다. 왜냐하면 가장 이타적인 가치관을 가진 사람조차 "자신에게 이익이 되는 상황이나 행동을 추구하는 사람"으로 잘못 판단될 수 있기 때문이다. 가령, 서구 사회에서 가장 핵심이 되는 두 개의 가치는 '개인의 자유'와 '사회의 안녕'이다. 아마 민감한 사람이라면 이 두 가치는 어쩔 수 없이 충돌하며 상대적 관점에서 지속적으로 저울질 될 수밖에 없다는 점을 간파할 것이다. 또한 개인의 자유가 개인에게 분명히 이득이 되는 것처럼 사회의 안녕 또한 사회에 분명히 도움이 된다는 점을 충분히 이해할 것이다. 결국, 허무주의자니 극단적인 자유의지론자를 제외한 모든 사람들은 사회의 구성원들에게 보다 큰 혜택을 고르게 제공할 수 있는 조화로

---

[3] WWWebster Dictionary (Springfield, Mass.: Meriam Webster). www.m-w.com/cgi-bin/dictionary

운 공동체를 희구할 것이다. 다시 말해, 가치는 현실에 기반하며 철학적 명제로 존재하는 것이 아니다. 모든 집단과 모든 세대는 자기들 고유의 가치체계를 구축하여야 한다. 그래서 스스로 흥미를 느끼면서 자신의 이익에 관련된 가치는 유지해가되, 더 이상 현실에 적용되지 않는 가치는 과감히 버리고 새로운 가치를 창출하거나 옛 가치를 새롭게 해석하여 활용하고자 노력하여야 한다.

여기 "가치"에 대한 보다 구체적인 개념 정의가 있다:

> 가치란 지속적인 신념이다. 즉, 개인적 혹은 사회적 관점에서 상대적으로 선호되는 특정 방식의 행위나 최종적인 존립 상태가 있다고 믿는 '변하지 않는 신념'이다. 상대성의 논리에 따라 변하지 않는 이러한 신념들이 모여서 가치체계를 형성한다.[4]

가치에 대한 이러한 개념 정의는 여러 면에서 흥미롭다. 무엇보다도, 이러한 정의를 내린 학자는 가치와 신념을 동일하게 보고 있다. 이 학자는 위에 인용한 글의 후미에서 서로 다른 유형의 신념에 대해 언급하면서, 가치는 '권위적인 신념'의 유형에 속한다고 설명한다. 즉, 가치는 어떤 행위나 존재 방식이 바람직한지의 여부를 가늠하는 '권위적인' 신념이라고 설명한다. 가령, "민주주의가 사서직의 핵심 가치"라고 이야기한다면, 이 말에는 "나는 민주주의를 신봉하며 내가 알고 있는 최상의 정치체제로 생각한다"는 전제가 깔려있다. 여기서 우리는 그와 같은 신념과 그러한 신념의 기초가 되는 가치가 본질적으로 개인적인 것임에 주목해야 한다. 개인이 자신과 관심사가 같은 공동체를 형성하려면 가치관이 같은 사람들과 관계를 맺어야 하는데, 그러기 위해서는 자신의 가치관을 먼저 정립하여야 하는 것이다.

---

4) Milton Rokeach, *The nature of Human Values* (New York: Free Press, 1973).

둘째로, 위에서 인용한 개념 정의에 따르면 가치에는 '선호의 의미'가 담겨 있다. 즉, 하나의 가치를 수용하는 것은 그 외의 다른 가치를 배척한다는 의미를 내포한다. 만약 당신이 도서관의 가치를 서비스에 두고 있다면, 당신은 도서관을 이용자로부터 분리하여 생각하는 것에 대해 본질적으로 거부감을 가지고 있을 것이며, 이용자에 대한 서비스가 소홀해지는 것에 대해 근본적으로 반대할 것이다.

위의 개념 정의와 관련하여 세 번째로 흥미로운 점은 "지속적인" 혹은 "변하지 않는"이라는 단어이다. 위의 개념 정의에 따르면, 가치는 오랜 생명력을 지녀야 하며, 지금으로부터 삼십년 전이나 삼십년 후에나 동일하게 정당할 수 있어야 한다. 하나의 가치가 유용하려면, 장기간 동안 그 가치를 지지하는 사람들의 행위와 존재에 활력을 불어넣어 줄 수 있어야 한다. 그렇다고 해서 모든 가치가 절대적으로 불변하다는 말을 하는 것은 아니다. 아이디어나 신념의 영역에 속한 모든 것은 변할 수 있다. 만약 하나의 신념이 가치의 단계로 올라서려면, 그러한 변화는 점진적이고 진화적이어야 하며, 가치 자체보다는 그 이면에 담긴 의미에 관심을 가져야 한다. 내 개인적 견해로는, 가치는 일단 형성되면 사고와 행동에 일관성을 담보할 정도로 굳건해야 하지만, 그와 동시에, 환경이나 아이디어에 변화가 있을 때에는 우선순위를 새롭게 설정하는 유연성도 갖추어야 한다.

네 번째로 흥미를 끄는 점은 위의 개념 정의가 '행위 방식'과 '최종 존립 상태'에 관한 문제, 즉, 가치 추구의 방법과 목적에 대해 분명하게 언급하고 있다는 것이다. 이에 대한 사례로 도서관이 가져야 할 가치 중의 하나인 관리자정신(stewardship)에 대해 이야기해 보자. 도서관장서의 관리자로서 우리 사서들이 취해야 하는 '행위'는 모든 형태의 기록된 지식과 정보를 보존하는 것이며, 관리자정신을 통해 구현하고자 하는 최종 '상태'는 우리가 지금 알고 있는 것을 후세 사람들도 알 수 있게 하는 것이다. 이처럼 관리자정신을 실천하기 위한 '방법'은 기록의 선정과 보존을 위한 다양한 테크닉이며, 관리자정신이 추구하는 목적은 후세에 인류의 기록을 전달하는 것이다. 듀이(John Dewey)를 비롯한 일부 사상가들은 '도구적 가치'와 '본질적 가치'를 구분하는 것은 철학적으로 전혀 중요하지 않다는 것을 입증하려고 노력해 왔다. 그러나 이에 반대하는 사상가들은 이러한 구분에는 중요한 의미가 있다고 주장하면서 심지어 가치를 도구와 목적에 따라 더욱 세분화하기도 하였다. 내 판단으로는, 도서관에 있어서 이러한 구분은 실제로 큰 의미가 없는 것으로 보인다. 내가 이 책에서 언급하고자 하는 도서관의 가치는 도구적 가치와 본질적 가치 모두에 해당한다. 우리는 "당신이 성취하고자 하는 것을 성취하라"는 경구를 따라야 한다. 예를 들어, 도서관서비스 업무를 수행함으로써 우리는 도서관이 추구하는 서비스의 목적을 이루는 것이며, 이때 서비스라고 하는 가치는 도구도 되고 목적도 되는 것이다.[5]

## 가치관의 의미

응용적 시각에서 볼 때, 가치관은 유익하고 유용한 것이다. 가치관을 통해 우리는 우리가 하는 일을 평가할 수 있고, 우리가 목표에 얼마나 근접해 있는지를 가늠할 수 있으며, 우리의 행동과 현황을 다른 사람들의 행동과 현황은 물론이고 우리의 가치관이 추구하는 이상적 목표에 비교할 수 있기 때문이다. 가치관은 또한 논쟁과 토론을 위한 근거가 되며, 다른 사람이나 단체와 유익한 교류를 하는데 필요한 토대가 된다.

---

5) Rokeach의 definition에 대한 논의는 다음 책의 설명에 근거한다: Norman T. Feather, *Values in Education and Society* (New York: Free Press, 1975), 4.

이처럼 가치관은 우리의 행동, 목표, 삶의 방식을 평가하는 기준으로서 유용할 뿐만 아니라 개인이나 단체의 심리적 관점에서도 매우 중요하다. 당신이 굳건한 가치체계와 신념의 소유자라면 실패조차도 두려워하지 않을 것이다. 당신의 굳건한 가치관은 당신이 유익한 일을 했으며 당신이 성취하고자 하는 목표는 명예로운 것임을 당신에게 분명히 일러줄 것이기 때문이다. 가치관이 굳건한 사람들은 보통, 자신의 가치관에 근거한 행동을 하거나 상황에 놓였을 때, 자긍심이 넘치는 모습을 보인다.

물론 여기에도 어두운 면은 있다. 가치관은 때론 선호를 넘어 절대적인 원칙이 되기도 한다. 그렇듯 왜곡된 가치관을 가진 사람은 자신의 신념을 지지하는 사람들은 언제나 옳다고 여기지만, 자신과 신념이나 선호가 다른 사람들은 단순히 틀렸다고 여기는 정도가 아니라 사악한 것으로 간주한다. 이민족이나 이교도에 대한 편협성 또는 종교전쟁 같은 것들이 그러한 왜곡된 가치체계의 산물이다. 현대 사회에서 가장 위험한 망상 중의 하나는 '신실함'은 그 자체로 존경스러운 것이라는 낭만적 사고이다. 우리가 사는 세상은 '신실한' 마음을 가진 편견자로 가득하다. 인종적 혹은 종교적 편견을 가진 사람들은 자신의 가치체계의 정당함을 내세우며 모든 수단을 동원하여 자신의 가치관을 다른 사람들에게 강요한다. 만약에 신실함이 자신의 가치관을 다른 사람에게 강요하고자 하는 욕망으로 이어진다면, 그러한 신실함은 가장 심각한 냉소주의보다도 해로운 반사회적인 가치관이 된다. 금서주의자, 전문 폭파범, 세뇌주의자, 전체주의자, 그리고 모든 형태의 독재자는 신실함의 부정적 측면이 부각된 사례이다. 이처럼 세상에는 "좋은" 가치관과 "나쁜" 가치관이 공존한다.

그렇다면 "좋은" 가치관에는 어떠한 특징이 있을까? 이 질문은 사람들이 특정 가치관을 선호하거나 신뢰하는데 있어 기준으로 삼는 일종의 '가치의 가치(metavalue)'가 있을 수 있으며, 그러한 메타 가치는 사람들의 행동과 실존을 지배할 수 있다는 것을 전제로 한다. 적어도 보편적 관점에서 볼 때, 우리 사회는 이성과 포용이라는 메타 가치에 기초하고 있으며, 신앙에 대한 무조건적인 순응과 종교적 편견을 배척하고 있다. 기독교 지도자들은 "죄는 미워하되 죄인은 사랑하라"는 식의 설교를 좋아한다. 여기서 죄는 신앙심 그리고 '종교적 시험'과 연관을 가지며, 이러한 설교에는 "인간을 사랑하라 그러나 神이 정한 규율을 벗어나는 행위는 증오하라"는 뜻이 담겨 있다. 그러나 살인자나 강도와 같은 보편적인 범죄에 대한 처벌은 논외로 치더라도, 다른 종교를 갖고 있는 사람이나 무신론자에게 있어 특정 종교의 규율을 위반하는 것은 아무런 죄가 되지 않는다. 오늘날과 같은 다원화 사회, 특히, 개인의 권리가 헌법이나 법률에 명시되어 있는 현 사회는 말 그대로 포용과 이해의 사회이다. 당신과 내가 어떤 가치관에 동의한다고 해서 그 가치관이 "좋은" 것은 아니다. 그러나 당신과 내가 어떤 가치관에 동의하지 않는다면 그 가치관은 "나쁜" 것이 된다. 이처럼 가치관이라고 하는 것은 서로 다른 신념과 아이디어의 전쟁터가 아니다. 가치관은 사람들로 하여금 긍정적인 공동의 기반을 추구하게 만드는 인생관이요, 인류에 대한 봉사를 사명으로 하는 전문직 종사자들로 하여금 그들의 본질에 충실하게 만드는 직업관인 것이다.

## 도서관이란 무엇인가?

예전에 이 질문에 대한 답변은 매우 간단하였다. 도서관은 책을 비롯한 인쇄자료를 보관하면서 학습이나 연구를 위해 그러한 인쇄자료를 제공하는 건물 혹은 공간이었다. 그러나 도서관에 대한 이렇듯 단순한 정의는 과거에도 적합하지 않았지만 현재에도 적합하지 않다. "도서관"이라는 단어는 도서관서비스, 도서관장서, 도서관 직원, 그리고 도서관이라고 하는 "물리적 공간"의 안팎에서 이루어지는 다양한 활동을 포괄하는 복합적 개념이다. 여기서 잠시 미국의 의회도서관이, 컴퓨터를 가지고 있는 사람들이 활용할 수 있도록 하기 위해서, 오래 전부터 제작해 오고 있는 소장 아카이브의 CD-ROM에 대해 생각해 보자. 미국 워싱턴州의 스포케인(Spokane), 영국의 에딘버러(Edinburgh), 러시아의 세인트 피터스버그(St. Pertersberg) 같이 멀리 떨어진 지역에서 의회도서관이 만든 CD-ROM을 사용하고 있는 사람들이 워싱턴 D.C.에 있는 의회도서관이 마치 그들의 거주지에 있는 것처럼 가깝게 느껴진다고 말한다면, 그것이 과연 합리적일까? 웹 형태의 도서관목록이 범세계적인 유비쿼터스 도서관의 정점에 위치하고 있는지 모르지만, 그 목록이 과거에 생산된 인쇄본 형태의 도서관목록에 비교할 때 과연 질적으로 차이가 있을까? 여기서 내가 하고자 하는 이야기는, 최신 테크놀로지 덕분으로 도서관 자원과 장서에 대한 효율적이고 광범위한 접근이 과거와 비교할 수 없을 정도로 가능해졌지만, 그러한 사실이 우리가 지금 전혀 새로운 개념의 "도서관"을 대하고 있음을 의미하지는 않는다는 점이다. 즉, 최신 테크놀로지가 가져온 이러한 결과가 도서관이 자신의 건물 벽을 넘어서 스스로의 존재를 사회에 드러낸 최초의 사례가 아니라는 이야기이다.

40여 년 전, 나는 런던에 있는 대규모의 공공도서관에서 근무하고 있었다. 그 도서관은 여러 개의 분관과 두 개의 차량도서관을 운영하였으며, 집 밖으로 거동이 불편한 사람들과 병원에 입원한 환자들을 위한 서비스를 제공하고 있었다. 그 도서관은 책, 잡지, 마이크로자료, 그림, 지도, 음반, 악보, 영화필름, 장난감, 그리고 인형 등을 소장하고 있었으며, 그 모든 것들은 대출이 되었다. 당시 그 도서관은 업무 처리를 위한 대대적인 기술적 변화를 추진하고 있었는데, *photocharging*이라고 불리는 대출시스템의 도입이 그것이었다. 이 대출시스템은 마이크로필름과 펀치카드를 갖추고 있었으며, 대출절차를 신속하게 만드는데 기여하였다. 당시 그 도서관에는 지역 거주자의 50% 이상이 회원으로 등록되어 있었다. 내가 그 도서관에 대해 이야기하는 것은 단순한 향수에 젖어서가 아니다. 건물의 경계를 넘어 지역 내 어느 곳에도 존재하는, 새로운 테크놀로지를 도입하여 활용하면서 모든 형태의 자료를 수집하여 이용자에게 제공하는 도서관에 대한 아이디어가 결코 새로운 것이 아니라는 이야기를 하는 것이다. 또 다른 사례를 들어보자. 가령, 타임머신을 타고 시간여행을 하는 코네티컷 출신의 미국인이 1958년도의 도서관으로 돌아가서 시간의 벽을 초월하여 웹에 대한 접근을 허용하는 온라인 시스템을 구축하고자 한다면, 그로부터 발생하는 차이가 우리의 상상을 초월하는 것이겠는가 아니면 단순히 서비스의 '수준이나 정도'에 관련된 것이겠는가? 나아가 현재의 기술적 혁신을 수용하는 대신에 1958년도에 제공되던 훌륭한 서비스의 일부를 포기하여야 한다면, 전체적으로 볼 때 도서관은 좋아지는 것인가 아니면 오히려 나빠지는 것인가? 내가 이러한 사례에 대해 구체적으로 언급하는 까닭은 우리가 당면한 현실에 대해 의문을 제기하면서 기존에 제시되어온 견해에 정면으로 도전하기 위해서이다. 나는 시간과 시간의 효과를 거꾸로 되돌릴 수는 없다고 생각하며, 설령 되돌릴 수 있다 하더라도 그렇게 되기를 바라지 않는다. 현재의 테크놀로지는 도서관의 서비스를 강화할 수 있는 많은 이점과 기능을 갖고 있다. 그러나 도서관에 테크놀로지를 도입하는 문제는 냉정하고 합리적으로 숙고되어야 하며, 도서관의 역사와 발전 과정에 적합하게 도입되어야 한다. 테크놀로지의 도입을 완전무결한 축복으로 받아들이기 보다는 도서관을 지금과는 전혀 다른 가상의 물체로 만들어 갈 수 있는 '기술적 모험'으로 바라보면서, 그에 대해 냉철하게 숙고하는 것이 필요하다.

## 사서직이란 무엇인가?

아주 오래 전, '도서관경제'를 주제로 한 글들이 여러 학자들에 의해 발표된 바 있다. '도서관경제'라는 용어는 우리 사서직의 실용적이고 결과중심적인 본질을 강조하고 있다. 그로부터 한참 후에 랑가나단(S. R. Ranganathan)은 '도서관학'이라는 용어를 만들어 사용하였는데, 그 용어에는 사서직을 사서의 모든 활동을 관장하는 과학적 원칙으로 바라보고자 하는 생각이 담겨 있었다. 현대적 관점에서 보면, '사서직'이란 용어도 그러하지만, 도서관경제나 도서관학이라는 용어 모두 시대적 변화에 그다지 어울려 보이진 않는다. 그러나 사서직이란 말 대신에 우리는 어떤 용어를 사용할 수 있을까? 어떠한 용어를 사용하든지 간에, 우리가 사서직의 가치와 철학에 대해 논의하려면, 사서가 하는 일이 무엇이며 사서들에 의해 공유되는 지식기반이 무엇인지 먼저 알아야 한다. '사서직'에 대한 범용적 정의를 찾기란 여전히 쉽지 않지만, 여기서는 먼저 쉐라(Jesse Shera)에 의한 정의를 참조해 보자:

> 안타깝게도 사서직에 대한 직업적 성찰은 그렇게 많이 이루어지지 않았다. 수 세대를 거치는 동안 사서들은 인류의 그래픽 레코드를 보호하는 사회적 책무를 수용하여 왔으며, 조직과 봉사 업무를 위한 경험적 절차에 대해 타협을 이루어냈지만, 그들의 업무기술에 대한 권리를 학문으로 인정받기 위해서는 '그렇고 그런' 논쟁만 해 왔을 뿐이다.[6]

이 책의 본문이 시작되는 제1장에서 나는 사서직의 철학과 이론이 얼마나 빈약한지에 대해 상세히 언급할 것이다. 따라서 여기서는 지난

---

6) Jesse H. Shera, *Libraries and the Organization of Knowledge* (London: Crosby, Lockwood; Hamden, Conn.: Archon, 1965), 161-163.

수 세대에 걸쳐 사서가 수행해온 업무를 되돌아보면서 경험적 관점에서 사서의 업무를 규정해보고자 한다.

그에 앞서 먼저, "장서(collection)"라는 용어에 대해 현대적 관점에서 정의를 내리고자 한다. 과거에도 이 악의 없는 단어는 상황에 따른 다양한 해석을 필요로 하였다. 가령, 여러 분관들로 구성된 도서관이 소유하고 있는 모든 책은 하나의 장서인가 아니면 여러 개의 장서인가? 이 질문은 그다지 의미가 없을지 모른다. 그러나 이 질문에 대한 대답은 도서관의 행정, 편목업무, 그리고 장서개발에 영향을 미친다. 만약에 여러 개의 장서로 간주된다면, 분관마다 장서개발정책이 수립되어야 한다. 이러한 상황에서 장서개발정책은 분관마다 다를 것이며, 개별 이용자집단의 요구에 따라 서로 다른 장서개발 예산을 요구하게 될 것이다. 그러나 만약에 도서관과 분관들이 소장하고 있는 모든 책이 하나의 장서로 간주된다면, 도서관은 하나의 장서개발정책을 필요로 할 것이며 예산 또한 한 곳으로 집중될 것이다. 그러한 경우, 분관의 고객에게는 불리하겠지만 통합도서관이 봉사하는 전체 지역에서의 고객만족도는 당연히 상승할 것이다. 장서를 둘러싼 이러한 고민은 종합목록의 규모가 커지고 이용이 늘어나면서 더욱 복잡해졌다. 종합목록은 한 도서관의 장서를 다른 도서관의 고객이 이용하는 것을 가능하게 만드는 도구이기 때문이다. 장서 문제는 도서관에 전자자료가 증가하면서 한층 더 복잡해졌다. 전자자료는 도서관장서의 일부로 간주되지 않았을 뿐만 아니라 도서관의 자료구입예산이 아닌 다른 재원에 의해 구입자금이 충당되었다. 지금도 여전히 많은 도서관에서 이러한 상황이 발생하고 있다. 즉, 전자자료의 구입자금을 추적하다 보면, 전자자료는 도서관장서의 일부가 아니라는 결론에 도달하게 되는데, 그러한 실무관행은 재정적, 전략적 측면에서도 잘못된 것이지만 개념적으로도 커다란 결함을 안고 있다.

내가 보기에 현대 도서관에서 장서는 다음의 모든 것을 포함하고 있다:

- 도서관이 소유하고 있는 물리적인 형태의 모든 자료(책을 비롯한)
- 도서관이 소유하고 통제하는 지역 기반의 비물리적인 무형의 (즉, 전자 형태의) 자료(CD-ROMs를 비롯한)
- 다른 도서관이 소유하고 있지만 종합목록이나 상호대차제도 등에 의해 해당 도서관의 고객이 접근하여 활용할 수 있는 물리적 형태의 모든 자료
- 도서관이 소유하지는 않지만 해당 도서관을 통해 접근이 가능한 원격 전자자료

만약 장서에 대해 이러한 포괄적인 정의가 가능하다면, 세계에 흩어져 있는 모든 기록된 지식과 정보를 포괄하는 식으로(물론 지역 도서관의 "전통적인 장서"에서 시작하지만) 장서의 개념을 끝없이 확장하고자 하는 허황된 놀음에 빠져들기가 쉬워진다. 그러한 과장된 개념 정의로부터 벗어나기 위한 좋은 약은 대부분의 도서관 고객은 즉각적으로 입수하여 사용할 수 있는 지역 기반 자료를 선호한다는 사실을 되새기는 것이다. 지역주민의 요구에 부응하여 오랜 기간 구축되어온 물리적 장서를 기본으로 하면서 손쉽게 이용할 수 있는 전자자료를 보충해 놓은 형태의 '도서관장서'를 접하게 되면, 지역주민이 진실로 원하는 것이 무엇인지 보다 명확해진다.

장서에 대한 이렇듯 '발전된' 정의에 기초하여, 시서가 도시관에서 하는 업무를 정리해 보면 다음과 같다:

### (1) 선정 업무
- 도서관장서에 첨가될 물리적 형태의 자료(즉, 책, 저널, 악보, 녹음, 필름, 비디오, 필사본, 마이크로폼 등)를 선정한다.
- 도서관이 획득하고자 하는 자료의 종류를 규정하는 프로파일을 작성한다.
- 고객에 대한 서비스를 위해 구매 혹은 구독하고자 하는 전자자료를 선정한다.

### (2) 취득 업무
- 개별 주문이나 전체 수집계획에 따라 구매한다.
- 저널이나 전자자료 등은 구독한다.
- 기증이나 교환 등의 제도적 장치를 활용한다.

### (3) 조직 업무와 접근점 제공
- 국가 표준과 국제 표준에 따라 편목 작업을 한다.
- 물리적 형태의 자료를 조직하기 위해서, 그리고 온라인 시스템에서의 주제검색을 가능하도록 하기 위해서 도서관 자료를 분류한다.
- 온라인 시스템을 구축하고 관리한다.
- 국가목록과 종합목록에 목록을 추가한다.
- 도서관의 물리적 장서를 관리한다.

### (4) 보존과 관리 업무
- 물리적 장서를 가능한 최상의 상태로 후대에 물려주기 위해서 적합한 보존 기법을 활용한다.
- '희귀 자료' 혹은 '원본'의 보호를 위해 다른 도서관들과 협력한다.

- 가치 있는 전자문서나 전자자료를 보존하기 위해 다른 사람들과 공동으로 작업한다.
- 35미리 필름을 비디오 형태로 전환하거나, 고문헌을 관리하고 보호하거나, 훼손의 위험이 있는 문서를 CD-ROM 형태로 복사하는 것과 같은 '중간 정도로 세부적인' 보존정책을 수립한다.

### (5) 이용자 지원 업무

- 모든 도서관이용자를 위해 보편적인 참고서비스를 제공하고 유지한다.
- 도서관 자료의 손쉬운 이용을 위해 이용자 친화적인 시스템과 환경을 구축하고 유지한다.
- 이용자의 편의를 위해 가능한 최소의 노력으로 이용자가 원하는 자료에 접근할 수 있도록 한다.
- 도서관 이용에 도움을 주는 가이드를 모든 형태(인쇄물, 웹페이지 등)로 만들어 제공한다.

### (6) 이용자 교육 업무

- 이용법강좌를 고안하고 개설하여 기본적인 도서관이용법, 컴퓨터이용법, 자료의 탐색 및 이용법, 질의에 적합한 자료의 유형 선택법, 비판적으로 사고하는 방법 등을 교육한다.
- 정규 이용법강좌를 실행하기 어렵거나 적합하지 않을 때, 참고서비스를 통해 기본적 이용법을 일러준다.
- 이용법강좌를 실행하는데 있어 현재 가능한 모든 교수법을 활용한다.

## (7) 도서관의 운영과 경영 업무

지금까지 열거한 모든 업무를 사서가 수행하고 있는 혹은 수행해야만 하는 도서관은 거의 없다. 대부분의 도서관에서 도서관의 사명을 완수하기 위해 사서는 사서보, 행정서기, 그리고 다른 분야(가령, 컴퓨터시스템이나 인사관리)의 전문가들과 함께 일한다. 기본적으로 수행해야 하는 과제들이 일단 설정되고 나면, 다음 단계는 각 과제에 있어 전문가가 담당해야 하는 몫을 정하는 일이다. 몫을 나누는 것은 특정한 몫이 다른 몫보다 업무적으로 우월하기 때문이 아니라 도서관의 인력을 적재적소에 배치함으로써 한정된 인적 자원을 효율적으로 사용하기 위한 것이다. 형편은 도서관마다 상이하지만, 일반적으로 도서관에서 전문직이 담당하는 몫은 다음과 같다:

- 장서개발정책의 수립과 조정
- 자료수집을 위한 프로파일(개요)의 작성과 조정
- 수서활동에 대한 전반적인 관리
- 원본자료의 편목과 분류
- 고문헌과 특수장서의 편목
- 시스템의 관리*
- 보존과 관리 정책의 수립과 조정
- 참고서비스의 제공
- 이용법강좌의 설계, 관리, 시행
- 도서관의 운영, 경영, 선도*
- 인력과 예산의 관리*
- 기금의 조성*

위에 열거한 업무들 중에서 "*" 표기가 있는 업무를 반드시 사서가 수행해야 하는지에 대해서는 수년에 걸쳐 논쟁이 지속되고 있다. 비사서 출신의 관장이 이끄는 많은 도서관들을 관찰해 오면서, 나는 도서관은 사서에 의해 경영되어야 한다는 확신을 갖게 되었다. 그렇다고 해서, 모든 사서가 훌륭한 지도자에게 요구되는 자질과 열정을 가지고 있다는 이야기는 아니다. 다만, 지도자가 되기 위한 바람직한 특성에 사서로서의 훈련과 경험이 보태어 질 때 비로소 훌륭한 도서관지도자가 될 수 있다는 이야기이다. 나의 이러한 생각은, 거의 대부분의 대학도서관들이 비사서 출신의 교수들에 의해 운영되고 있는 유럽과 아시아에서 도서관 업무를 경험하고 난 후에 더욱 확고해 졌다. 그들 대학도서관이 전문직 사서에 의해 경영되고 있는 미국의 대학도서관들보다 열악한 상태에 놓여있는 이유 중의 하나가 바로 경영의 전문성 문제라고 나는 생각한다.

만약 적절한 전산시스템 경험을 가진 사서와 도서관에 대한 지식이 거의 없는 전산시스템 전문가 중에서 도서관 인력을 선발하라고 한다면, 나는 언제나 전자를 선택할 것이다. 동일한 선택은 기금의 조성을 위한 인력에도 적용된다. 그러나 인사관리나 재무관리를 위해서는, 물론 그러한 전문 인력을 필요로 할 정도의 대형 도서관에 한정되겠지만, 관련 분야에서 전문적인 교육과 훈련을 받은 사람을 선발하는 것이 도서관을 위해서 좋을 것이라고 생각한다.

## 사서란 무엇인가?

이 질문에 대해 나 자신의 경험에 의존하여 답한다면, 나는 사서란 "사서 양성 교육과정을 인가받은 학교에서 석사이상의 교육을 받고 도서관 현장의 훈련 과정을 거친 사람으로서, 앞서 언급하였던 여러 업무 중에서 하나 이상을 담당하고 있는 사람"이라고 말할 것이다. 물론 사서가 수행하는 다른 범주의 업무도 존재한다. 가령, 전문직 협회에서 활동한다든가, 평생교육을 담당한다든가, 연구와 출판에 종사한다든가, 그 외에도 새롭고 특수한 맥락의 업무들이 존재한다. 만약에 사서가 참고서비스나 이용자교육을 위한 웹페이지를 만든다면, 그와 같은 작업은 분명히 사서로서의 전문적인 활동이 된다. 그러나 사서가 만약 웹페이지를 만드는 과정에서 습득한 기술을 어떤 대학이나 회사 혹은 커뮤니티의 "웹마스터"가 되기 위해 사용한다면, 그 작업이 나름대로 유용할지는 모르겠지만 더 이상 사서로서의 전문적인 활동은 아닌 것이다. 이처럼 사서가 수행하는 업무가 달라지는 것이 아니라 그러한 업무를 수행하기 위한 도구와 절차가 달라질 수 있으며, 달라져야만 하며, 장차 달라질 것이다. 더욱이 현대 도서관의 사명과 사서의 업무는 전산센터의 사명과 업무 보다는 19세기 도서관의 사명과 업무와 훨씬 더 많은 공통점을 가지고 있다. 단지 두 기관 모두 "정보"에 관련된다는 이유만으로 도서관과 전산센터를 통합하고자 했던 1980년대의 유행은 이제 시들해져 가고 있다. 그러한 통합의 전제가 더 이상 유효하지 않다는 것이 입증되었기 때문이다. 도서관은 전산센터와 같은 기관들과는 본질적으로 다르며, 사서직은 자신만의 직업 구조와 역사를 가지고 있다. 사서가 마땅히 자신의 고유한 정체성과 사명을 인식하고 기려야 하는 이유가 여기에 있는 것이다.

지금까지 우리는 현대적 의미의 도서관과 사서에 대해 살펴보았다. 이제부터는 19세기와 20세기에 걸쳐 사서직의 토대가 되었던 철학과 사상에 대해 역사적 관점에서 살펴보자.

# 역사와 철학의 관점에서 본 도서관의 가치

### 철학에 대한 불신?

삼천년 전의 수메리안 시대로부터 오늘날에 이르기까지 도서관의 역사를 살펴보면, 사서라는 직업은 매우 실무적이었음을 알 수 있다. 이에 대해 1933년에 버틀러(Pierce Butler)는 다음과 같이 말하고 있다:

> 사회적 활동에 종사하는 다른 분야의 동료들과는 달리, 사서들은 이상하리만치 그들 직업의 이론적 측면에 대해서는 관심이 없다.... 실용주의의 단순성에 있어서는 분명히 사서들을 따를 자가 없을 것이다: 그들은 목전의 업무를 합리적으로 처리하는 것으로 그들의 지적 관심을 충족하는 것 같다. 그러한 합리적 업무처리 과정을 직업적 철학으로 승화하려는 노력을 그들은 소용없는 짓이요 심지어 위험한 짓이라고 여기는 것 같다.[1]

위의 인용문에 나타나듯이, 버틀러는 사서직에 있어 과학적인 방

---

1) Pierce Butler, *An Introduction to Library Science* (Chicago: University of Chicago Press, 1993; Phoenix Books, 1961), xi.

법의 필요성을 강조하면서, 저술가들이 늘 그렇듯이, 조금은 과장된 표현을 사용하고 있다. 그러나 근대 사서직의 주춧돌을 놓은 주요 인물들이 대부분 사상가가 아니라 행동가였다는 사실은 결코 우연한 일이 아니다. 자신의 십진분류법(DDC)의 철학적 기반(가령, 아리스토텔레스의 철학 등)과 관련하여 듀이(Melvil Dewey)의 관심은 온통 서가에 책을 어떻게 배열할 것인가 하는데 주어져 있었다. 페니찌(Antonio Panizzi)의 경력은 강한 성취욕과 부산함으로 채워져 있다-그는 전형적인 빅토리안 활동가였다. 물론 사서직의 철학적 기반을 주제로 출판된 문헌도 여럿 있으며, 쉐라(Jesse Shera)나 랑가나단(S. R. Ranganathan)과 같은 중요한 도서관사상가도 있다. 그러나 사서직이 지금까지 이루어온 성과의 대부분은 문제를 해결하는 과정에서 실용적인 접근을 통해 얻은 결과이다. 사서직에 있어 상대적으로 지적인 영역으로 간주되는 편목과 분류조차도 거의 대부분 특정 사건 혹은 사례에 수반하여 개발된 이론에 근거하고 있다. 랑가나단과 루베츠키(Seymour Lubetzky)만이 이러한 룰에서 벗어나 있다.

우리는 지금, 철학, 원칙, 가치에 대한 진지한 고민조차 없이, 단순히 실용적이고 유용하며 공리적인 것에만 관심을 두고 수세기동안 발전해온 전문직에 대해 이야기하고 있다. 어떤 사람들은 사서직은 비철학적인 현실주의(즉, 현실적인 것에 가치를 두고 그렇지 못한 것은 무시해 버리는)를 향해 점진적으로 발전해 왔다고 이야기한다. 나는 굳이 이 자리에서 '최대 다수의 최대 행복을 추구하는 것에서 도덕성을 찾고자 하는' 공리주의가 본래 철학이라는 것을 설명할 필요를 느끼지 않는다. 주지하다시피 공리주의의 원칙에 따라 행동한다면 훌륭한 사서가 될 수 있다. 가령, 대부분의 이용자들이 사용할 수 있는 목록을 구축하거나 가능한 많은 사람들이 이용할 수 있는 자료를 개발하는 일은 공리적인 것이다. 또한, 가능한 많은 이용자를 대상으로 이용자교육을 실시하고 그를 통해 많은 학생들의 도서관 활용능력을 증진시킨다면 그것이 바로 공리적인 것이다. 오늘날 널리 알려져있는 "지나치게 완벽함을 추구함으로써 상황을 악화시키지 말라"는 선전구호 또한 공리주의적 관점을 담고 있다. 그러나 그처럼 강렬한 현실주의는 우리들 중의 많은 사람에게 공허감을 남기면서, 보다 진지하고 풍요로운 철학적 토대를 갈망하게 하고 있다.

오스본(Andrew Osborn)의 대표적인 논문인 "목록의 위기(1941)"에 대한 예리한 분석을 통해, 갤러거(H.M. Gallagher)는 오스본이 실용주의를 보편적 의미의 실용주의와 제임스(William James)와 듀이(John Dewey) 등이 주장한 "미국식 실용주의"로 구분하고 있는 점에 주목하고 있다.[2] 후자, 즉, 미국식 실용주의는 단순히 "현실적인 것"에만 관심을 두고 있는 것이 아니라 가능한 최대의 효율을 추구하고자 하는 미국인의 본성에 대한 거시적 접근이다. 갤러거는 "목록의 모습을 완전히 바꾸어 놓은" 오스본의 논문이 미국식 실용주의의 속성에 기초하고 있다고 해석하고 있다. 이러한 해석은 매우 의미심장하다. 왜냐하면 현실주의와 철학주의가 오스본의 접근에서는 통합되어 나타나기 때문이다.[3]

현장의 실무사서들이 철학을 불신하는 태도를 그대로 유지하고자 한다면, 그것은 철학교수 카플란(Abraham Kaplan)이 지적했던 사서와 철학자 사이의 공통점을 의도적으로 외면하는 모순된 행동일 것이다. 카플란의 다음 이야기에 주목해 보자:

---

[2] H. M. Gallangher, "Dr. Osborn's 1941 'The Crisis of Cataloging' : A Shift in Thought toward American Pragmatism," *Cataloging and Classification Quarterly* 12, nos. 3/4(1991): 3-33.

[3] "The Crisis in Cataloging"에 대한 상세한 논의를 위해서는 다음을 참조하시오: Michael Gorman, "1941: An Analysis and Appreciation of Andrew Osborn's 'The Crisis in Cataloging,'" *Serials Librarian* 6, nos. 2/3(winter 1981/spring 1982): 127-131.

여러분의 직업처럼, 내 직업 또한 직업적 영역으로 지식과 문화를 다루고 있다. 여러분과 나 사이에 이질적인 것은 아무 것도 없으며, 우리는 인간의 지식과 문화에 관련된 모든 영역에서 상황에 적합한 도움을 줄 수 있도록 항상 대비해야만 한다. 여러분처럼 우리 철학자들도 지식과 문화라는 무한한 영역의 실체와 내용을 다루는 것이 아니라, 단지 그것의 형태, 구조, 질서, 그리고 다양한 구성 요소들의 상호관계를 다루고 있을 뿐이다.[4]

## 1) 실용주의와 이상주의

쉐라도 버틀러의 견해에 동조하면서 "사서들은 사서직의 철학에 대해 스스로 의문을 가졌던 적이 거의 없다"고 말하고 있다.[5] 그러나 그는 이 글의 후미에 인용하고자 하는 일련의 강연을 통해 사서직의 철학에 대해 지속적으로 설명해 왔다. 사서직의 전문성에 대한 쉐라의 생각은 두 가지 위대한 사상에 기반하고 있다: 즉, 서비스정신과 지성이론이 그 핵심이다. 쉐라의 표현에 따르면 사서에 의한 서비스는 "인간애에 대한 높은 수준의 목표와 헌신적인 마음과 함께" 이루어진다.[6] 쉐라의 표현에 녹아있는 이러한 생각은 "사서는 자신을 개별 영혼을 위해 문화의 성찬식을 집도하는 속세의 사제로 여겨왔다"는 버틀러의 생각과 크게 다르지 않다.[7] 다소 과장되긴 했지만, 이 말은 우리 사서들이 하고 있는 일은 비록 형태는 없지만 무언가 중요한 것이 내재해 있다는 느낌, 즉, 지금까지 우리를 지배해 온 현실주의와 업무중심주의와는 어

---

4) Abraham Kaplan, "The Age of the Symbol," in *The Intellectual Foundations of Library Education*, ed. Don R. Swanson (Chicago: University of Chicago Press, 1965), 7-16.
5) J. H. Shera, *Sociological Foundations of Librarianship* (Bombay: Asia Publishing House, 1970), 29.
6) Ibid.
7) Butler, *An Introduction to Library Science*, xiii.

쩐지 어울리지 않는 그런 느낌을 갖게 한다. 시인이자 의회도서관의 사서인 맥리쉬(Archibald MacLeish) 또한 동일한 견해를 피력한 바 있다. 그는 "도서관에는 무언가 신비스러운 것이 있다"고 주장하면서 "도서관이 가지고 있는 내재적 의미"를 강조하였다.[8]

실용주의와 이상주의 사이의 갈등과 마찰은, 우리의 견해와 무관하게, 우리의 업무에 본질적으로 내재해 있다. 예를 들어, 휭크스(Lee Finks)는 그의 글에서 도서관서비스를 향한 사서의 욕구와 그러한 욕구를 완수하도록 이끄는 충동을 구분하여 설명하고 있다. 그의 표현을 빌리자면, "그것은 참으로 고귀한 충동이며, 사서의 그러한 이타심은 도덕적으로나 심리적으로 매우 훌륭한 것이다."[9] 그러면서도 휭크스는 우리 사회는 도서관이 실용적이기를 바라고 있다고 설명하면서, 사서들이 도서관에 대한 우리 사회의 실용적 욕구를 충족시켜야 한다고 충고하고 있다. 그는 만약 도서관이 그러한 욕구를 충족시키지 못하다면 도서관은 소멸되고 말 것이라고 주장한다. 아마도 실용주의와 이타주의/이상주의는 대립적인 관계가 아니라 동전의 양면과 같이 상호보완적인 충동이자 사상일는지 모른다. 따라서 우리는 비전이나 꿈이 없이 현실적이기만 한 사서기 도시관을 위해서는 위험한 존재이듯이, 비현실적인 이상주의자 또한 도서관에 위협이 된다는 것을 우리 스스로에게 주지시켜야 한다.

근대 도서관철학에 있어서 실용주의가 이상주의로 연계되는 과정을 분석하기 위해서, 지금부터 나는 20세기에 살았던 네 명의 사서를 중심으로 그들의 사상에 대해 설명하고자 한다: 그들은 바로 랑가나단, 쉐라, 로드스타인(Samuel Rothstein), 그리고 휭크스이다.

---

[8] Archibald MacLeish, "The Premise of Meaning," *American Scholar* 41 (summer 1972): 357-362, Toronto에 있는 The Library of York University 개관식에서 행한 연설문에서 발췌하였음.

[9] Lee W. Finks, "Values without Shame," *American Libraries* (April 1989): 352-356.

## 2) 랑가나단의 다섯 규칙 (Five Laws)

누구나 동의하는 것처럼, 랑가나단(1892-1972)은 20세기의 사서직에 있어 가장 위대한 인물이다. 수학자인 랑가나단은 사회적 현상에 대한 과학적 방법과 합리적 실험이 반드시 필요하다는 신념을 가지고 도서관학(그가 이 용어를 만들었다)에 대해 연구하기 시작하였다. 랑가나단은 분류와 주제검색 이론에 있어 커다란 업적을 남긴 인물로 알려져 있지만, 그는 사서직의 모든 면에 관심을 가지고 연구하였으며 그러한 연구에 기초하여 유명한 "도서관학의 다섯 규칙"을 만들어 냈다. 사실 규칙이라기보다는 지각의 표상(percepts)으로 칭하는 것이 보다 정확한데, 랑가나단의 '다섯 규칙'은 수학자로서의 과학적인 훈련과 사서로서의 훈련(University College, London)에 더해 철저하고 객관적인 분석에 근거하고 있다:

① 모든 책은 이용을 위한 것이다
 (Books are for use)
② 모든 책은 그것을 필요로 하는 독자가 있다
 (Every book its reader)
③ 모든 독자는 자신이 필요로 하는 책이 있다
 (Every reader his book)
④ 도서관이용자의 시간을 절약하라
 (Save the time of the reader)
⑤ 도서관은 성장하는 유기체이다
 (A library is a growing organism)[10]

---

10) S. R. Ranganathan, *The Five Laws of Library Science*, 2nd ed. (Bombay; reprint, New York: Asia Publishing House, 1963).

비록 철학이 아니라 과학에 기초하고 있다고 하더라도, 랑가나단의 규칙은 그 맥락에 도서관의 가치를 내포하고 있다. 랑가나단의 다섯 규칙을 60년이 넘은 오래된 어휘의 한계를 뛰어 넘어 주의 깊게 해석해 보면, 그 근저에 자리한 견고한 가치관을 깨닫게 된다. 구체적으로 제1규칙은 합리주의에 기반하고 있다. 이 규칙은 도서관장서는 유용한 것이지만 때에 따라서는 아무것도 아닐 수 있다는 의미를 내포하고 있다. 이 규칙에서 책(books)이라는 단어를 도서관자료를 총칭하는 의미로 해석할 때, 우리는 모든 장서개발정책(전자자료가 구매할 가치가 있는지에 대한 결정을 포함하여)은 합리성에 기초해야한다는 첫 번째 규칙의 의미를 이해하게 된다. 가령, 도서관이 서비스를 제공하고 있는 커뮤니티의 구성원들에게 유용한 자료가 어떤 것인지를 결정해야 하는 상황에서 합리적인 접근은 반드시 필요하다. 이어서 제2규칙과 제3규칙에는 민주주의와 서비스의 가치관이 담겨 있다. 모든 도서관이용자는 그들이 필요로 하는 자료를 이용할 권리가 있다는 말과 모든 자료는 그 자료를 필요로 하는 이용자의 관점에서 선정되어야 한다는 말에는 민주주의의 가치관이 깊숙이 녹아 있다. 또한 윤리적 측면에서의 서비스 정신이 없다면, 모든 이용자들이 자신이 원하는 자료를 찾아 가게 한다거나 모든 자료에 이용자가 접근할 수 있도록 만든다는 것은 불가능까지는 아니더라도 지극히 어려운 일일 것이다. 다음으로 제4규칙 또한 서비스 정신에 기초하고 있는데, 특히, '고객의 편익을 위한 시간 절약의 중요성'을 강조하고 있다는 점에서 놀랄 만큼 현대적이다. 마지막으로 제5규칙은 합리성의 또 다른 산물이자 철저한 관리자정신에 연계되어 있다. 즉, 도서관이 미래에 대비하는 지적 유산의 훌륭한 관리자가 되려면 장서와 서비스의 무한한 성장을 위해 지속적으로 노력해야만 한다는 관리자정신을 담고 있는 것이다.

전문직의 소명과 책무를 불과 스물네 개의 단어로 정의한다는 것은 참으로 대담한 일이 아닐 수 없다. 그러나 랑가나단은 자신의 과학적 접근에 굳건한 믿음을 가지고 있었다. 수십년이 지났지만 오늘날 우리가 여전히 그가 제시한 스물네 단어의 의미를 되새기고 있는 사실 자체가 그의 대담함이 참으로 타당한 것이었음을 입증한다.

### 3) 쉐라의 사회인식론

쉐라의 업적은 사서직을 "사회인식론"의 관점에서 재정립하고, 후속 논문들을 통해 그에 대해 지속적으로 논의해 왔다는데 있다.[11] 주지하다시피 인식론이란 "지식의 방법과 근거, 그리고 지식의 한계와 타당성과 같은 지식의 이론적 측면을 연구"하는 철학의 한 분야이다.[12] 이처럼 쉐라의 발상은 사서직을 지식의 본질에 더해서 지식이 기록되고 보존되며 전달되어지는 모든 과정을 관장하는 직업으로 넓혀 놓았다. 이것은 도서관의 방법과 정책을 특징지어온 기존의 실용주의적 한계를 넘어서는 거시적이며 동시에 학술적인 관점이었다. 더불어 쉐라는 "애서가(bookman)"적인 측면이 부각되어 있지만, 책이라는 특정한 매체를 넘어서 지식이 기록되고 전달되어지는 모든 매체로 사서의 직업적 범위를 확장해 놓았다. 또한 쉐라는 그의 인식론(즉, "지식 자체에 대한 지식의 구현")이 개인의 발전뿐만 아니라 사회의 개선에도 기여하게 될 것으로 예상하였다.[13] 쉐라에게 있어 개선(betterment)은 우리가 업무를 통해서 추구하고자 하는 궁극적인 가치였는데, 그가 제안한 사회인식론의 주요 내용은 다음과 같다:

---

11) 가령, 다음을 참조하시오: Jesse H. Shera, "Toward a Theory of Librarianship and Information Science," in his *Knowing Books and Men: Knowing Computers Too* (Littleton, Colo.: Libraries Unlimited, 1973), 93-110.
12) *Webster's New International Dictionary*, 3rd ed.
13) Shera, "Toward a Theory of Librarianship," 95-96.

- 인간이 어떻게 인식하는지(방법)에 대한 문제
- 사회가 어떻게 인식하는지(방법)에 대한 문제, 나아가 개인의 지식이 어떻게 전체로서의 사회 지식의 일부가 되는지에 대한 문제
- 시간과 문화를 넘어 발전해온 지식의 역사와 철학에 관한 문제
- 현존하는 도서관시스템과 그들이 개인과 사회의 소통 욕구에 어느 정도 효과적으로 대처하고 있는지에 대한 문제

이러한 내용이 과거의 도서관학교를 계승한 오늘날 교육과정의 내용으로는 충분하지 않겠지만, 장차 사서가 되고자 하는 이들을 위한 학문적 기반으로서 이보다 나은 것을 기대하기란 어려울 것이다.

쉐라의 글을 읽다보면, 그의 관심은 온통 지식, 학습, 학문성, 기록의 전달, 그리고 사회의 개선을 위한 도서관의 역할 등에 집중되어있음을 알게 된다. 그는 책과 독서의 가치를 믿었으며, 테크놀로지에 대해 그 자체를 반대하지는 않았지만 테크놀로지가 지니고 있는 변화의 힘에 대해서는 회의적이었다. 1960년대에 "위협" 혹은 "약속"의 측면에서 자주 논의되던 "정보폭발"에 대해서 언급하면서, 쉐라는 맥리쉬의 다음 말을 인용하고 있다:

> 우리가 듣고자 하는 메시지가 있다면, 메시지를 전달하는 매체가 세상을 변화시켜 왔다는 그런 메시지는 결코 아니다. 우리는 세상이 변화해 왔다는 것을 잘 알고 있다. 우리가 모르는 것은 세상이 정확히 어떻게 그리고 어떠한 방향을 향해 변화하고 있으며, 궁극적으로 우리에게 미칠 영향은 무엇인가 하는 것이다.[14]

미루어 생각해 볼 때 우리가 쉐라의 사회인식론에서 얻을 수 있는 것은 학문성, 관리자정신, 문해와 학습, 서비스, 그리고 사회의 안녕에 대한 바램 등이다.

---

14) Archibald MacLeish, *Champion of a Cause* (Chicago: ALA, 1971), 246.

## 4) 로드스타인의 정신

1967년, 당시 UBC 도서관대학의 학장이었던 사무엘 로드스타인은 캐나다도서관협회(CLA)의 정기총회에서 행한 연설을 통해, 미국도서관협회(ALA)의 사서를 위한 윤리규정(Code of Ethics for Librarians)이 지나치게 일반적이며 시시한 용어로 채워져 있다고 비판하였다.[15] 그는 ALA의 윤리규정을 "어리석은 권고 혹은 간청"이라는 말로 묘사하였다. 그의 비난은 윤리규정의 특정 내용에 대한 결함을 지적하는 것이 아니었다. 그는 1960년대 후반에 도서관 업무에 관련된 윤리규정의 기초가 되는 사상을 공격한 것이었다. 그에 의하면, 우리에게 필요한 것은 그런 코드(규정)가 아니라 직업적 신념의 밑바탕이 되는 "원칙"의 선언이었다. 그리고 그 원칙은 최소한 다음 세 가지 내용을 구비하여야 했다:

- 가치, 신념, 그리고 목표에 대한 천명
- 사서만의 특별한 능력과 지식에 대한 서술
- 사서직이 당면하고 있는 딜레마, 과제, 이슈 등에 대한 상세한 언급

이와 같은 "원칙"의 선언을 위해 밑그림을 그리고자 했던 로드스타인의 시도는, 사서직을 규정하는 가치, 능력, 이슈 등과 관련하여, 여전히 우리의 관심을 끈다. 로드스타인은 사서직이 지녀야 하는 가치에 대해 다음 네 가지를 제시하고 있다:

---

15) Samuel Rothstein, "In Search of Ourselves," Library Journal (January 15, 1968): 156-157; 다음도 함께 참조하시오: the Code of Ethics, promulgated in 1938 and reprinted in the American Library Annual, 1958 (New York: Bowker, 1958), 11-112.

- 독서에 대한 특별한 헌신
- 자료의 '차별화된' 선정을 통해 이용자 커뮤니티의 영역을 확장하고, 이용자들의 취향을 고급화
- 지적 자유의 보호와 추구
- 사람들의 정보요구 충족을 위한 지원 활동

시간의 흐름과 테크놀로지의 급성장이 로드스타인이 제시했던 사서직의 이러한 가치를 시대에 뒤떨어진 것으로 만들었을까? 이 질문에 답하기에 앞서 삼십여 년 전에 그가 평가했던 도서관에 대한 사람들의 요구가 오늘날 사람들의 생각과 얼마나 유사한지 알아보자. 개인용 컴퓨터, 인터넷, 그리고 케이블 텔레비전 등이 세상에 등장하기도 전에, 그리고 인력감축과 직업이동이 본격적으로 시작되기도 전에, 로드스타인은 다음과 같이 이야기하였다:

> 대중매체에 의해 사람들의 소통이 너무도 자주 왜곡되고 방해받는 시대에, 도서관은 공정하고 다면적인 정보를 온전한 형태로 제공하는데 있어 매우 중요한 역할을 하고 있다. 정보가 폭발적으로 증가하고 생존을 위해 지속적이 학습이 요구되는 시대에, 사시들은 사람들이 필요로 하는 정보를 획득하도록 도와주는데 있어 매우 중요한 역할을 하고 있다.16)

로드스타인이 보았던 세상은 오늘날 우리가 처해 있는 세상에 비해 유형 자체가 다르기 보다는 심각성의 정도에 있어서 차이가 있었던 것으로 보인다. 우리가 오늘날 쓰는 용어와는 다른 용어를 사용하고 있지만, 그가 제시했던 사서직의 가치는 우리에게 여전히 많은 것을 시사한다. 가령, 우리는 독서가 즐겁고 중요하며 독서를 강화하기 위해서

---

16) Rothstein, "In Search of Ourselves."

우리가 할 수 있는 모든 것을 해야 한다고 여전히 믿고 있지 않는가? 테크놀로지로 인해 독서의 중요성이 감소하고 있다는 생각은 기술맹신자들의 망상에 불과하다. 주지하다시피 복잡한 문장을 읽고 이해할 수 있는 능력은 삶을 영위하는데 있어 핵심적인 능력이다. 독서교육을 받았음에도 문맹이 되거나 글을 싫어하게 된다는 것은 있을 수 없는 일이다. 이처럼 로드스타인이 제시한 사서직의 첫 번째 가치는 여전히 유효하다.

사서직의 두 번째 가치가 이용자에 따라 차별적으로 대응하고, 이용자의 취향을 고급화하기 위해 노력하는데 있다면 아마 모두들 깜짝 놀랄 것이다. 그러나 이 두 번째 가치는 한때 사서가 추구하던 숭고한 목표였다. 물론 오늘날에는 더 이상 사서의 역할로 폭넓게 받아들여지고 있지는 않다. 나는 이 가치는 도서관의 유형에 따라 다르게 적용되어야 한다고 생각한다. 가령, 사서교사나 어린이사서가 학생들이나 어린이의 문화적 수준을 향상시키기 위해 노력하는 것은 너무도 당연한 일이다. 그러나 심지어 그러한 상황에서조차, 엘리트주의라는 비난이 너무도 쉽게 일어나곤 한다. 오늘날 공공도서관이 추구하는 정신에 비추어 볼 때, 차별화된 자료를 선정하려는 시도나 이용자의 취향을 높이려는 노력은 더 이상 도서관의 핵심 가치로 수용되고 있지 않는 것 같다. 거시적으로 볼 때도 우리 사회에는 더 이상 문화 혹은 취향에 대한 보편적 정의가 존재하지 않는다. 심지어 학문세계에서조차 "위대한 책 혹은 저술"에 대한 학술강좌가 또 다른 형태의 엘리트주의로 간주되기도 한다. 만약에 로드스타인이 제시한 두 번째 가치가 현재에도 존속한다면, 그것은 개별적인 자료의 선정과 추천 행위와 같은, 즉, 보편적으로 용인되는 행동철학으로 보다는 일종의 문화적 게릴라 운동의 형태로 남아있을 뿐이다.

크게 볼 때, 지적 자유는 예전에 그랬었던 것처럼 지금도 사서직의 핵심 가치로 받아들여지고 있다. 테크놀로지로 인해 지적 자유에 대한 새로운 도전이 증가하고 있지만, 그렇다고 해서 지적 자유에 대한 기존의 도전이 온전히 사라진 것은 아니다. 지적 자유를 지켜낸다는 것은 예전이나 지금이나 간단한 일이 아니다. 이와 관련하여 우리가 주목해야 할 것은 도서관자료를 독자에게 서비스하는데 있어 로드스타인은 적법성을 기준으로 삼고 있다는 점이다. 그는 사서가 수용할 수 있는 유일한 검열은 법에 의해 부과된 것뿐이라고 주장한다. 그러면서도 그는 사서들은 "그러한 법으로부터도 어느 정도 자유롭게 되기 위해서 스스로 노력할 의무가 있다"고 말하고 있다.[17] 삼십 년 전과 비교해 볼 때 대부분의 지역 커뮤니티에서 지적 자유에 관한 법은 진보적으로 바뀌었다. 그러나 커뮤니티의 규모가 작을 경우 "지역적 표준"을 적용하고자 함으로써 지역 커뮤니티의 지적 자유를 지속적으로 위협하는 일이 종종 벌어지고 있다.

로드스타인이 제시한 사서직의 마지막 가치, 즉, 사람들의 '정보요구 충족을 위한 지원 활동'은 지금까지 굳건하게 유지되고 있다. 단순하게 보자면, 도서관은 이용자들과 그들이 필요로 하는 지식과 정보를 연결시켜 주기 위해서 존재한다. 그러한 연결을 위해 우리 사서들은 장서를 구축하고, 전자자료에 대한 게이드웨이를 제공하고, 참고업무를 수행하고, 서지통정에 전념하는 것이다. 따라서 지금부터의 논쟁은 우리가 구현하고자 하는 이러한 가치나 목표에 대한 것이 아니라 그러한 가치와 목표를 실현하기 위한 방법과 도구의 우선순위에 집중될 것이다.

그럼 지금부터 로드스타인이 자신이 제시한 사서직의 가치를 실천하는데 있어 반드시 필요하다고 여겼던 사서의 능력과, 사서직의 가치를 구현하는데 방해가 되는 것으로 보았던 문제와 이슈에 대해 이야기해보자(감탄스럽게도 그는 세 파트로 구성된 '원칙 선언문'을 한 페이지 분량의 글로 제시하고 있다. 간결함과 명료함은 도서관을 주제로 한

---

17) Ibid.

문헌에서 흔히 볼 수 있는 것이 아니기에 그의 선언문의 간명함은 특히 돋보인다). 그는 전문직 사서라면 최소한 다음 영역에 관한 지적 능력과 업무 기술을 반드시 갖추어야 한다고 생각하였다:

- 장서개발
- 서지통정
- 참고정보서비스
- 독자상담
- 하나의 전문(특화) 영역
- 행정(관리)업무

한편, 로드스타인이 사서직의 가치를 구현하는데 있어 방해가 되는 딜레마나 이슈로 꼽은 내용 또한 이와 유사한 맥락에 놓여 있다:

- 사서직은 하나의 통합된 전문직인가 아니면 여러 집단의 느슨한 연합체인가?
- 책, 도서관, 사서에게 있어 미래는 존재하는가? 혹은 우리가 알고 있는 사서직은 '비트', '데이터뱅크', '정보전문가'를 선호하는 환경에서 결국은 사라지고 말 것인가?[18]
- 사서를 교육하는 사람은 기능인(테크니션)인가 혹은 관리자인가?
- 우리 사서는 모든 사람에게 다가서기 위해 노력하는가? 아니면 우리의 서비스에 적합한 소수에게 다가서기 위해 노력하는가?
- 사서는 스스로 정책을 수립하는가? 아니면 다른 사람이 수립한 정책을 이행만 하는가?
- 관장은 평사서와 어떠한 관계인가? 단지 사서로서의 서열이 앞서는 것인가? 아니면 명령을 주고받는 상사와 직원의 관계인가?

---

18) Ibid.

그동안 이러한 질문에 대한 만족스러운 답변이 도출되어 왔으며, 이제 이러한 질문에 대한 어떠한 여운도 남아 있지 않다고 이야기하기는 어렵다. 그가 제시한 모든 질문은 여전히 사서직의 전문성, 즉, 전문직으로서 사서직의 존립과 관련하여 문제의 핵심을 찌르고 있기 때문이다.

로드스타인은 사서직의 가치와 능력 그리고 딜레마 등이 모두 합쳐져 "사서직의 정신", 즉, 사서와 사서직을 규정하는 대표적인 특징이 된다고 믿었다. 물론 그가 제시한 내용의 일부는 여전히 논쟁의 여지를 안고 있다. 그러나 그의 생각이 틀렸다거나 시대에 뒤쳐진 것이라고 주장하기는 힘들다.

## 5) 횡크스의 가치 분류

도서관교육자 횡크스는 지난 수십년동안 사서직의 가치를 주제로 한 중요한 논문들을 집필해 왔다.[19] 그러한 논문들에서 횡크스는 '사서직의 가치'를 다음의 세 영역으로 구분하여 설명하고 있다:

- 전문적 가치
- 일반적 가치
- 개인적 가치

횡크스는 전문적 가치를 사서직의 본질과 도서관의 사회적 기능으로부터 나오는 가치로 정의하였다. 이러한 전문적 가치 중에서 그가 첫 번째로 꼽은 것은 서비스이다. 서비스에 대한 논의는 힝크스가 제시한 다른 가치들과 마찬가지로 이 책의 후미에서 독립적인 장으로 다루어질 것이기 때문에, 여기서는 그에 대한 상세한 언급을 자제하고자 한다. 그가 제시한 두 번째 전문적 가치는 관리자정신(*stewardship*)이

---

19) Finks, "Values without Shame."

다. 그가 말하는 관리자정신이란 "인류의 기록을 온전히 후대에 전달하고자 하는 책임감에 더해 일상적 업무에 있어 관리자로서의 역할에 충실하고자 하는 의무감"을 의미한다. 그의 말을 빌리자면, 우리는 반드시 "자신의 직업을 이해하고 업무를 제대로 수행하는 정직하고 근면한 사람"으로 비추어져야만 한다. 세 번째 전문적 가치는 횡크스가 "철학적 가치"라고 호칭한 일련의 가치들로, 구체적으로, 이성과 학습에 대한 신념, 학문성에 대한 존중, 중립적 사상의 유지, 하찮고 저속한 것보다는 바르고 선한 것을 소중히 여기는 태도 등을 포함한다. 횡크스가 제시한 네 번째 전문적 가치는 민주주의적 가치로, 사회적 이상으로서 민주주의에 대한 애착과 인종과 조건에 관계없이 모든 사람을 향해 열려있는 마음을 일컫는다. 횡크스가 제시한 마지막 전문적 가치는 독서와 책에 대한 애착이다. 11년 전에 그가 사용했던 직설적인 표현, 즉, "we are bookish(우리는 활동적인 것보다는 책을 좋아하는 사람들이다)"는 그 당시보다 오늘날 더욱 뜨거운 논쟁의 대상이 되고 있다. 세상 사람은 대부분의 사서들이 책과 독서를 사랑하고 독서를 "시간을 넘나드는 최고의 방법"으로 여긴다고 생각할지 모르지만, 실상은 그와 다를지 모른다. 책과 독서에 대한 애착은 도서관의 존속을 위해 필수적인 가치로, 나 또한 공유하고자 하는 가치이다. 그러나 모든 사서들이 도서관 업무의 수행을 위해 반드시 지켜야 하는 그런 가치는 아니라는 생각이 든다. 어느덧 인생의 황혼기에 접어들면서 돌아보니, 이 가치에 대한 판단은 세대에 따라 다를 수도 있다는 생각이 든다. 실증적인 증거를 가지고 있진 않지만, 짐작하건데 나이가 오십이 넘은 사서들 사이에서는 책과 독서에 대한 애착과 숭배가 보편적 현상이겠지만, 중년 이하의 젊은 사서들 사이에서는 그 비중이 훨씬 덜할 것이다.

한편, 횡크스는 '일반적 가치'를 "종사하고 있는 분야에 관계없이 정상적이고 건강한 사람이라면 누구나 공유하는 가치"로 정의한다. 그는 이러한 '일반적 가치'의 첫 번째 그룹을 업무가치(work values)로 호칭하는데, 이 용어는 경쟁력, 자율성, 그리고 최고를 향한 노력 등을 모두 아우르는 의미로 사용된다. 횡크스가 정확히 지적하는 것처럼, 업무가치의 구현은 개별 사서가 처해 있는 환경에 의해 상당 부분 좌우된다. 모든 도서관 관리자들이 냉철하게 판단해야 하는 것은, 아무리 재주가 출중하고 헌신적인 사서라 하더라도 그들이 일하고 있는 도서관이 능력과 아이디어를 최대로 꽃피울 수 있는 분위기와 실체를 갖추지 못한다면, 그들의 목표를 완수할 수도 포부를 달성할 수도 없다는 사실이다. 가치가 구현되는 곳은 그러한 가치를 허용하고 구현되도록 고무하는 장소에서 뿐임을 우리는 기억해야 한다. 횡크스가 제시한 '일반적 가치'의 두 번째 그룹은 사회적 가치(social values)이다. 사회적 가치는 타인에 대한 배려와 존경을 비롯하여 우리가 유치원에서 배운 이래 우리의 삶을 관통해온 모든 가치를 포함한다. 횡크스는 낙관론에 대해 언급하면서 사서에 대한 자신의 가치관을 집약하는 "행복한 도서관에서 행복한 사서가 되어라. 그것은 불가능한 꿈이 아니다"라는 유명한 글귀를 세상에 내놓았다. 아마도 그 글귀를 읽는 독자는, '실용주의와 이상주의를 양끝으로 하는 저울대'를 놓고 볼 때 가장 이상주의적인 사람의 글을 읽고 있음을 깨닫게 될 것이다. 횡크스가 제시한 '일반적 가치'의 마지막 그룹은 만족의 가치(satisfaction values)이다. 이 가치에 대한 설명은 우리가 만약 자존심과 자긍심이 없다면 개인이나 사회에 봉사하는 것은 불가능하다는 사실로 요약된다.

횡크스가 제시하는 '개인적 가치'란 신분 혹은 계급으로서의 사서에게 특별히 적용되는 그런 가치를 이야기한다. 횡크스는 사서직이 갖는 다양성을 정형화 하거나 거부하지 않으면서도 대부분의 사서들은 공통적인 특징을 갖고 있거나 갖기를 열망한다고 주장하는데, 나 또한 그의 견해에 동의한다. 횡크스는 사서들이 갖고 있거나 갖기를 열망하는 공통적인 가치를 인본주의적 가치, 이상주의적 가치, 보수적 가치, 그리고 심미적 가치로 정의한다. 나는 대부분의 사서들은 인본주의적 마음을 가진 이상주의자라는 횡크스의 견해에 동의하며, 그의 표현대로 "(사서는) 인간적 활기가 풍성하여 모든 사람이 영감을 갖고 자아를 실현하며 지혜롭게 되기를 바라고 있다"는 말에 공감한다. 나는 또한 대부분의 사서들은 혁명보다는 점진적인 변화를, 무질서보다는 질서를, 그리고 표준화를 선호한다는 점에서 보수적(최소의 의미로)이라는 견해에도 공감한다(몇 년 전 나는 강경파 편목사서들은 항상 집권세력에게 투표하는데, 집권세력이 선거에서 승리해야만 목록의 저자표목, 즉, 정부표목을 수정해야 하는 노고가 훨씬 줄어들기 때문이라는 이야기를 들은 적이 있다!). 횡크스는 우리 사서들의 선천적인 보수성은 우리의 이상주의에 있어 불가피한 장애(마치 음양의 관계와 같은)라고 설명한다. 끝으로 나는 심미적 가치가 사서에게 있어 매우 중요하다는 견해에도 동의한다. 우리 사서들은 우리의 미적 감각을 도서관의 건축양식, 문학과 음악 그리고 예술의 아름다움, 심지어 도서관시스템의 우아함이 가져오는 조화 속에서 충족하고자 노력하고 있다.

이처럼 이상주의적이고 낙천주의적인 사서의 모습과 가치가, 횡크스가 경쟁가치(rival values)라고 호칭한 것들, 즉, 관료주의, 반지성주의, 그리고 허무주의 등에 의해 지속적으로 위협받고 있다. 관료주의는 때때로 작은 규모의 도서관에서도 나타나지만, 대규모 도서관에서는 고질적인 상태에 놓여 있다. 어떤 의미에서 보면 관료주의는 질서와 규칙적인 절차에 대한 우리의 욕구가 낳은 자연스런 산물이다. 테크놀로지에 대한 대부분의 담론에는 반지성적 기운이 어려 있는데, 예를 들어, 인터넷과 연구도서관을 동일시하거나 웹서핑과 진지한 독서를 같은 차원에서 보려는 태도가 그러하다. 우리는 지성, 학문, 그리고 문화를 대표한다고 자부하는데, 만약 그렇지 않다면 우리는 아무 것도 아닌 것이 되는 것이다. 마지막으로 허무주의는 스스로 포기하면서 절망하는 자들의 철학이다. 도서관의 미래와 사서직의 가치에 대한 신념을 잃어버린 사서는 그러한 자포자기 상태에 이미 빠져버린 것이나 마찬가지이다.

## '핵심적인' 가치에 대하여

사서직에 대한 이들 네 사람의 견해와 그 밖의 관련 논문들의 내용을 종합적으로 참조하면서, 지금부터 나는 사서직에 있어서 핵심이라고 생각하는 여덟 개의 가치에 대해 이야기하고자 한다. 여기서 내가 제시하는 가치의 리스트는 앞서 다른 사람들이 제시했던 리스트와는 확실히 다른 것이다. 그러나 내가 제시하는 이러한 가치가 향후 누군가에 의해 제시될 종합 리스트에 나타나지 않을 것이라고 단정하기는 어렵다.

(1) 관리자정신
 - 우리가 알고 있는 것을 미래 세대가 알도록 하기 위하여 인류의 기록을 보존한다.
 - 사서직의 교육을 위해 애정을 쏟음으로써 우리가 소유한 최상의 전문적 가치와 실무관행을 후배들에게 전수한다.
 - 도서관의 훌륭한 관리자가 됨으로써 우리가 봉사하는 커뮤니티의 존경을 받는다.

(2) 서비스
 - 개인, 커뮤니티, 사회, 그리고 후세에 대한 서비스 윤리를 준수함으로써 우리의 모든 정책과 업무수행 과정을 활기 있게 만든다.
 - 서비스의 관점에서 우리의 정책과 업무수행 과정을 평가한다.

### (3) 지적 자유
- 자유 사회의 모든 사람들은 그들이 읽고 보기를 원하는 것은 무엇이든지 읽고 볼 수 있어야 한다는 생각을 온전히 지지한다.
- 우리 커뮤니티를 구성하는 모든 사람들의 지적 자유를 지켜낸다.
- 소수 의견을 자유롭게 표현할 수 있도록 지켜낸다.
- 도서관의 프로그램과 시설을 모든 사람이 활용할 수 있도록 유지한다.

### (4) 합리주의
- 도서관서비스를 합리적인 방식으로 조직하고 관리한다.
- 도서관의 모든 업무절차와 프로그램에 합리적 사고와 과학적 방법을 적용한다.

### (5) 문해력과 학습
- 문해력을 갖추고 배움을 사랑하도록 권장한다.
- 독서하는 습관이 평생토록 지속되도록 권장한다.
- 도서관을 문해교육의 중심지로 만든다.

### (6) 기록된 지식과 정보에 대한 접근의 공평성
- 모든 사람이 모든 도서관 자료와 프로그램에 평등하게 접근할 수 있게 보장한다.
- 도서관 자료와 프로그램에 대한 접근에 있어서 기술적 혹은 금전적 장애를 제거한다.

### (7) 프라이버시
- 도서관 이용 기록에 대한 비밀을 반드시 지켜낸다.

- 도서관 이용에 대한 기술적인 침해를 저지한다.

**(8) 민주주의**
- 민주사회의 가치를 지켜내는데 있어 사서의 몫을 충실히 이행한다.
- 민주사회의 핵심이 되는 시민의 교육 과정에 반드시 참여한다.
- 도서관 경영에 민주주의를 도입한다.

이러한 사서직의 가치에 대해 나는 이 책의 이어지는 장들에서 구체적으로 논의해 갈 것이다. 특히 도서관의 현재 모습에 주목하면서 그리고 도서관과 사서직의 미래 모습을 예측하면서 하나하나씩 논의해 가고자 한다. 자! 그럼, 사서직의 핵심 가치를 다시 한번 떠올리면서 '도서관의 가치'에 대한 논의를 지금부터 시작하도록 하자.

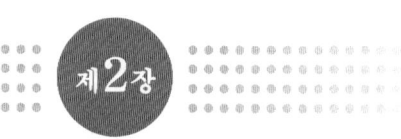

# 도서관의 가치

## 호황기의 종점에서

겉으로 보기에 공공도서관이라고 하는 것에 대한 발상이 있을 것 같지 않았다. 사람은 누구나 보편적 관점에서의 인권을 갖는다는 발상이 폭넓은 공감대를 형성한 것은 비교적 근자의 일이었다(가령, 1865년까지도 미국에 노예제도가 존속하였음을 상기해 보라). 모든 사람은 교육을 받아야 한다는 진보적 발상이 나온 것은 그보다 나중의 일이었다. 더군다나 사회구성원들이 독립적으로 지속적인 교육을 받을 수 있도록 사회는 가능한 모든 수단과 방법을 제공하여야 한다는 발상은 더 더욱 진보적인 것이었다.[1]

위 인용문의 마지막 문장에 함축되어 있는 진보적 개념에는 도서관이 추구하는 '참된' 가치가 녹아있다: 도서관들은 그들이 봉사하는 지역의 모든 사람들이 지속적으로 교육을 받고, 보다 많은 지식을 쌓으며, 자신이 선택한 방식대로 삶을 영위해 가도록 기여한다. 도서관의

---

1) Fred Lerner, *The Story of Libraries* (New York: Continuum, 1998), 138.

본질적 가치는 그날그날 도서관을 이용하는 사람들의 구체적인 목적에 따라 때때로 모호해지기도 한다: 가령, 회사도서관에서 참고질의를 하는 사람, 어린이도서관에서 동화듣기를 하는 아이, 대학도서관에서 컨설팅을 받는 사람 중에서 그 누구도 자신이 '평생학습'을 하고 있는 중이라고 생각하지 않는다. 그들 모두 실제로는 그러함에도 말이다.

도서관의 가치란 무엇인가? 도서관은 평생학습을 통해서 인간의 삶을 변화시킬 수 있으며 실제로 그렇게 하고 있다. 이 점은 아무리 강조하여도 지나침이 없다. 그렇듯 중요한 가치를 지니면서, 봉사하는 커뮤니티의 성격에 따라 다르긴 하지만, 도서관은 다음과 같은 역할을 하고 있다:

- 커뮤니티의 중심
- 대학의 심장
- 도시에서 방문할 가치가 있는 좋은 장소
- 연구기관의 업적과 활동을 축적해 놓은 곳
- 성장기 어린이에게 친숙하게 기억되는 곳
- 외롭고 방황하는 사람들의 위안처
- 모두가 환영받는 곳
- 지식에 기반한 힘의 원천

오랜 세월 도서관에 관심을 두고 지켜보다 보면, 도서관에 대한 대중의 인식이 상황에 따라 변화해왔음을 알게 된다. 사람들이 도서관들을 항상 있는 그대로 이해하고 소중하게 여겼던 것은 아니었다. 우리가 지금 경험하고 있는 국면이 그러한 대중의 시각을 잘 설명해 주고 있다. 테크놀로지와 그 잠재력에 대한 대중의 오해가 커지면서 도서관의 실체와 현황 그리고 미래에 대한 대중의 오해가 점차 깊어지고 있지 않은가? 이에 지금부터 나는 도서관이 그동안 어떻게 발전해 왔으며, 우리가 현재 직면에 있는 위협의 실체가 무엇이고, 그러한 위협에 대해 우리는 어떻게 대처해 나가야 하는지에 대해 논의하고자 한다.

## 도서관의 성장과 쇠퇴

19세기 후반부터 1920년대 종반까지 미국과 영국 그리고 캐나다에서는 전례가 없을 정도로 폭넓게 도서관의 성장과 사서직의 발전이 이루어 졌다. 이 시기동안 다양한 관종의 수천 개가 넘는 도서관들이 건립되었는데, 그 중 많은 도서관들이 카아네기(Andrew Carnegie)의 기부에 의해 건립되었다. 미국에서는 대형 공공도서관들과 사립대학도서관들이 꽃을 활짝 피웠다. 공공도서관의 서비스는 거의 모든 시민들에게까지 확장되었다. 사서들의 전문직 활동도 폭넓게 전개되어, 국가 차원의 도서관협회들이 설립되었고, 체계적인 사서교육 과정이 만들어졌으며, 도서관과 이용자집단에 대한 과학적 연구가 시작되었고, 이에 더해 편목코드, 분류체계, 전문직 잡지, 협력체계 등에서 대대적인 지적 혁신이 이루어졌다. 미처 한 세기도 되지 않아서, 현대적 개념의 도서관과 사서직이 태어났으며, 성숙해 갔고, 자신감을 갖추어 갔다. 이처럼 이 시기에는 많은 것들이 이루어졌으며, 그를 위해 수많은 영웅들이 활동하던 '도서관의 황금시대' 였다. 이러한 황금시대에 이은 1차와 2차 세계대전 사이의 20여년은 번성과 쇠퇴가 공존하던 시기였다. 1920년대에도 도서관은 개체 수나 규모에 있어서 성장을 이어갔으며, 1930년대의 경제적 공황기에는 "헤아릴 수 없이 중요한" 공공재로서 기능하였다. 2차 대전의 와중에도 도서관은 많은 다른 사회기관들이 그러했던 것처럼 "앞으로도 끝없이 발전해 갈 것이라는 기대를 가지고" 그런대로 잘 버티어 냈다.

2차대전 이후의 이어지는 시기에도 사서들은 도서관이 너무도 분명하게 "훌륭한 역할을 하는" 사회기관이기 때문에 존립의 당위성을 입증할 필요가 없다고 생각하였다. 지역 커뮤니티들은 도서관의 존립을 지극히 당연한 것으로 여겼으며, 교육기관들은 도서관의 발전을 위해 경쟁적으로 장서의 확충과 우수한 사서의 초빙에 나섰다. 초중등학교들 또한 그들의 도서관과 사서교사에 대한 자부심이 대단하였으며, 회사나 정부기관 그리고 다른 기관들도 도서관의 발전과 도서관서비스의 개선에 대대적으로 나섰다. 이렇듯 행복했던 시절이 절규와 함께 급속한 침체의 늪으로 빠져들었던 시기는 1970년대 카터(Jimmy Carter)정부 시절의 첫 번째 에너지위기 때부터 1980년대 레이건(Ronald Reagan)정부 시절의 첫 번째 경제적 위기 때까지였다. 감축과 쇠퇴가 하루가 멀다 하고 이어졌으며, 1990년대 초에 이르러서는 대부분의 도서관들이 바닥을 향해 곤두박질쳤다. 화려했던 영광의 시대에서 급속한 몰락의 시대로 도서관들을 끌어내린 가장 직접적인 요인은 기금의 부족이었다. 그러나 몰락의 탓을 기금의 부족으로만 돌리는 것은 커다란 잘못이다. 우리가 주목해야 할 것은 도서관 기금의 가파른 감소는 도서관자료(특히, 연속간행물)의 급격한 가격 상승에 더해서, 상대적으로 저렴한 전자기술의 융기와 거의 동시에 발생하였다는 사실이다. 이러한 세 가지 요인이 합쳐지면서 일부 도서관들에게는 치명타가 되었고, 모든 도서관들에게는 통탄할 문제를 안겨주었다. 도서관자동화의 초창기에 많은 도서관 관리자들(그리고 상황에 대해 잘 알고 있던 일부 사서들)은 자동화가 도서관의 운영비를 절약해 줄 것이라고 정말로 믿었다. 유사한 맥락에서 도서관이 활용할 수 있는 전자자원과 그러한 전자자원의 이용자가 급증하자, 일부 도서관관리자들은 그러한 전자자원이 값비싼 장서와 서비스를 대체할 수 있을 것이라고 믿었다. 그러나 두 경우 모두, 그들의 믿음은 잘못된 것으로 판명되었다. 업무의 자동화는 수작업에 비해 비용효율적인 것은 분명하였다. 그러나 내부를 자세히 들여다보면 업무효율의 증가는 확실한데 비해 비용절감을 이루어내지는 못하였다. 마찬가지로, 색인초록서비스의 두드러진 사례를 제외하곤, 전자자원은 전통적인 자원과 서비스를 거의 대체하지 못하였으며, 가뜩이나 부족한 도서관예산을 잘라먹는 객식구임이 드러났을 뿐이었다. 전자자원이 가치 있는 것으로 판명된 사례는 대부분이 기존의 장서와 서비스를 대체하는 경우가 아니라 강화하는 경우였다.

## 가상도서관?

"전통적" 도서관의 대안에 대해 논의하기에 앞서, 전통적 도서관을 이해하고 넘어가는 것이 바람직할 것이다. 나는 "전통적"이라는 단어의 사용을 주저하지만, "전통적인 것" 보다 조금이라도 나은 어떤 것을 바라는 마음에서 이 단어를 사용하고 있다. 우리는 "전통적"이라는 단어를 과거의 형태를 고수한다는 의미로 해석하면서 다소 부정적인 관점에서 사용한다. 가령, 도서관의 경우에 전통적이라는 용어는 "장소 중심적"이며 "책 중심적"인 모습을 비난하고자 할 때 흔히 사용하는데, 이처럼 전통적 도서관은 현대적 개념의 도서관에서 이루어지는 경험과는 밀접한 관계를 갖지 않는다. 전통적 도서관이라는 용어를 대신하여 "현실 도서관(real library)"이라는 용어가 자주 사용되는데, 이 용어는 반대 위치에 있는 "가상도서관"이라는 용어에는 실제가 아닌 환상에 불과한 것이 담겨 있다는 의미를 내포하고 있다. 그러나 가상도서관을 옹호하는 대부분의 글이 현실이 아니라 마법의 세계를 묘사하는 것처럼 매우 흐릿한 내용으로 채워져 있다 할지라도, 가상도서관을 첨단기술을 사용한 교묘한 속임수 정도로 단순하게 여긴다면 그것은 중대한 잘못이다.

## 1) "전통적" 도서관

도서관의 전통과 역사에 대한 이해와 분석에 기초할 때, 전통적 도서관은 "서비스 대상 커뮤니티의 요구에 부응하면서 자신의 사명에 관련된 모든 유형의 기록된 지식과 정보를 선정하고 수집하여, 이용자가 접근하여 활용하게 만드는 동시에, 이용의 활성화를 위해 이용자를 지원하고 교육하는 그런 모습의 도서관"이라고 나는 생각한다. 더욱이 전통적 도서관은, 항상 그래왔듯이, 전자자원을 포함하여 지식과 정보의 소통을 위한 새로운 형태의 도구를 능동적으로 수용한다.[2] 전통적 도서관은 변화와 혁신을 배척하는 도서관이 아니다. 이용자 커뮤니티에 대한 서비스를 개선하는데 도움이 된다면 모든 도구나 수단을 기꺼이 수용한다. 전통적 도서관과 가상도서관 사이에 벌어지고 있는 갈등을 분석해 보면, 그러한 갈등이 "현실 도서관"이 시대에 뒤떨어졌다고 생각하는 사람들에 의해 세심하게 안무된 정교한 형태의 가부키 춤과 유사함을 알 수 있다. 이러한 상황에서 우리가 할 수 있는 것은 상당한 규모의 전자자원과 서비스를 도입한 현실 도서관과 오직 전자자원과 서비스로만 무장한 가상도서관 사이에서 어느 하나를 선택하는 일뿐이다. 우리는 결국 가상도서관을 선택할 수밖에 없을 것이라고 믿는 사람들이 우리 주변에 있다. 그러한 사람들은 우리 생애에 언젠가는 전자 커뮤니케이션이 유일한 매체가 되는 날이 오리라고 믿고 있다. 그러나 그렇다고 해서 그들이 "책의 즉각적인 소멸"을 예상할 정도로 극단적인 기술맹신주의자들은 아니다.[3] 진정한 디지털 맹신자들은 우리 사서들 사이에서 널리 알려진 인물들이다. 가령, OCLC의 유일한 창시자

---

2) 다음을 참조하시오: the idea of the "electronic library" in Michael Buckland, *Redesigning Library Services: A Manifesto* (Chicago: ALA, 1992).
3) 다음을 참조하시오: Andrew Odlyzko, "Silicon Dreams and Silicon Bricks," *Library Trends* 46, no.1(summer 1997): 152-167.

인 킬고어(Frederick Kilgour)는 1983년에 다음과 같이 말하고 있다:

> 차츰 모습을 드러내고 있는 전자파일 형태의 문헌이 고전적 형태의 도서관에서 소장하고 있는 장서를 논리적으로 대체하게 되는 날이 곧 올 것이며, 우리가 알고 있는 도서관들은 유용성이 감소할 것이다.[4]

사서이자 저술가인 마르텔(Charles Martell)은 "물리적 실체가 미래 도서관을 위해 반드시 필요한 기준은 아니다"라고 주장한다.[5] 그는 도서관과 컴퓨터의 유사성(방대한 양의 정보를 저장하는 능력 혹은 접근이 편리한 위치 등)에 대해 언급하면서, 컴퓨터에는 없지만 도서관에는 있는 유일한 기능은 열람실뿐이라고 주장한다. 이러한 환원주의자로서의 독특한 견해를 마르텔은 자신이 만든 사진도서관을 예로 들면서 설명하고 있다. 그는 자신이 소장하고 있는 사진들을 이미지 파일로 만들어 인터넷에 올려놓은 후, 작업을 위해 필요할 때마다 접속하여 "작은 컬러프린터"를 통해 출력한다. 그러나 마르텔의 주장은, 아무리 온건하게 받아들이려 해도, 논리적으로 결함을 안고 있다. 그는 아주 작고 특수한 사례, 그것도 텍스트가 아닌 이미지를 사례로 하여 도출한 결론을 일반화 하려는 잘못을 저지르고 있다. 물론 "작은 컬러프린터"를 가지고 있는 사람이 이미지 파일을 만들어 저장하고 그 파일에서 특정 이미지를 찾아서 누군가에게 전달하는 작업을 하는데 있어서 인터넷이 비효율적이라고 주장하는 사람은 아무도 없다. 그러나 마르텔의 작은 사진도서관에 소장되어 있는 모든 이미지가 인터넷을 통해 이용

---

[4] Frederick Kilgour, "The online Catalog Revolution," in *New Trends in Electronic Publishing and Electronic Libraries* (Essen [Germany]: Essen University Library, 1984).
[5] Charles Martell, "Going, Going, Gone," *Journal of Academic Librarianship* 25, no. 3(May 1999): 224-225.

가능하다는 것이 과연 진실일까? 그의 작은 컬러프린터를 통해 인쇄된 이미지가 종이에 인쇄된 고급 이미지에 과연 견줄 수 있는 것일까? 이러한 작은 의문에 대한 대답이 긍정적일 수 있다고 하더라도(그러나 내가 도박사라면, 나는 "그렇지 않다"는데 배팅할 것이다), 즉각적인 접근과 이용을 위해 방대한 양의 기록된 지식과 정보를 조직하여 저장해 놓은 도서관과 아무런 조직 과정조차 없이 단순히 저장해 놓은 인터넷의 웹들을 어떻게 동일 선상에 놓고 비교할 수 있을까? 나는 두렵다. 가상도서관의 옹호자들은 아마도 "우리는 지금 생성조차 되지 않은 거대한 산맥의 지극히 낮은 초보자 능선에 위치해 있을 뿐이다"고 주장할 것이다. 그러나 과연 누가 나서서 그들의 예상, 추측, 그리고 가상의 날랜 손재주를 일일이 분석할 수 있으며, 더군다나 반박할 수 있겠는가?

## 2) "가상" 도서관

현실 도서관에 대한 대안으로 간혹 "벽 없는 도서관"이라는 말을 쓰기도 한다. 벽 없는 도서관! 현재의 도서관서비스가 전적으로 도서관 건물의 내부에서 이루어진다고 전제하는 어리석은 말이다. 그것은 때때로 "디지털도서관"으로 불리기도 하고 "가상도서관"으로 불리기도 한다. 고든(Jean-Claude Guedon)은 디지털도서관과 가상도서관은 동의어가 아니라고 설명한다.[6] "디지털"은 숫자 0과 1을 사용하여 정보를 기록하는 관행으로, 기존의 정보를 다른 형태(형태만 다를 뿐 내용은 동일하다)로 기록하고 저장하기 위한 수단을 의미한다. 동일한 관점에서 19세기의 도서관은 "종이에 기록된 문자 형태의 도서관"이라 할 수

---

6) Jean-Claude Guedon, *The Virtual Library: An Oxymoron?* (The 1998 Joseph Leiter lecture). http://www.mlanet.org/publications/bmla/leiter98.html

있을 것이다. 고든의 관점에서 볼 때, "가상도서관"은 디지털도서관 보다 훨씬 더 야심적인 형태의 도서관을 의미한다. 즉, 도서관의 기능, 업무처리, 인사관리, 그리고 사명과 목적 등 모든 것을 디지털 자료를 중심으로 하여 재정의하고 재조직하여 과거와는 완전히 달라진 새로운 형태의 도서관을 의미한다. 그러한 변환이 현실적인 것인지, 가능한 것인지, 혹은 바람직한 것인지에 대한 의문이 미래 도서관을 둘러싼 논쟁의 중심에 있다. 그러한 의문에 대해 상호배타적인 두 가지 대안이 존재한다고 나는 생각한다. 그 하나는, 도서관의 역사적 맥락에 무게를 두는 것으로, 기존 도서관에 전자자원을 도입하여 도서관의 프로그램, 장서, 그리고 서비스에 반영하면서 시대에 적합하게 변화해 가는 방안이다. 이 대안은 도서관들이 지난 수 세기에 걸쳐 새로운 커뮤니케이션 도구가 등장할 때마다(가령, 인쇄자료, 인쇄악보, 지도, 녹음자료, 모든 형태의 필름 등) 항상 활용해 오던 방식이며, 그러한 대응방식 덕분으로 도서관은 수 세기에 걸친 전통을 유지하면서 변화에 적응해 왔고 풍요로워졌다. 이에 비해 두 번째 대안(즉, 가상도서관)은 도서관 전통의 단절, 즉, 디지털 자료를 중심으로 도서관의 모든 커뮤니케이션을 완전히 대체할 것을 요구하고 있다. 여기서 우리가 주목해야 하는 것은 "전통적인" 것에 대한 선호와 "전자적인" 것에 대한 선호가 도서관의 종류와 이용자집단의 성격에 따라 천차만별일 수 있다는 점이다. 가령, 한쪽 끝에는 전자자원과 서비스에 커다란 비중을 두는 의학도서관, 법학도서관, 과학기술도서관이 있을 수 있으며, 다른 쪽 끝에는 전자자원과 서비스에 대한 의존이 훨씬 적은 희귀자료도서관이나 어린이도서관 등이 있을 수 있다.

　　가상도서관은(상징적으로 뿐만 아니라 문자 그대로) 전통적 도서관을 허물고 도서관의 모든 요소를 새로운 관점에서 검토할 것을 주문하고 있다. 가상도서관에 대해 이야기할 때 우리는 "도서관"이라는 용어가 과연 어떤 의미로 사용되고 있는지에 대해 의문을 갖는다. 동일한 맥락에서 "가상"이라는 용어에 대해 의문을 갖는 것도 지극히 당연하다. 이와 관련하여 고든은 "가상적인(virtual)"과 "비현실적인(unreal)"이라는 용어의 차이를 공들여 설명한다. 고든에 따르면, "가상적"이라는 용어는 잠재적 가능성에 불과하며, 만들었을 때 비로소 현실이 되거나 될 가능성이 있는 것을 의미한다.[7] 마르텔 또한 고든의 견해에 동의하면서 다음과 같이 이야기하고 있다: "손쉽게 인식할 수 있는 이지적이고 합리적인 사이버공간을 구축한다는 것은 도서관을 위해서 상당히 중요한 일이 될 것이다… 지금으로부터 수십 년 후에 새로운 사이버 환경이 구축되어서 일반 사람들의 시각에서 지금의 물리적인 도서관이 가상도서관 보다 멀어지게 되는 그러한 때에 가서 말이다."[8]

    좀 복잡하긴 하지만 이러한 이야기는 우리의 마음을 사로잡는다. 가상도서관을 미래에 벌어지게 될 변화로 바라보는 고든과 마르텔의 예측에는 가상도서관에 대한 대부분의 예측에서 나타나는 음울한 메커니즘과 결정론적인 분위기와는 다른 긍정적인 반가움이 배어 있다. 그러나 가상도서관을 미래의 비전으로 바라보든 혹은 기술적인 진행 과정으로 바라보든, 그에 앞서 반드시 묻고 넘어가야 할 질문이 있다. 그 첫 번째 질문은 바로 "왜"이다.

## 3) 왜 가상도서관인가?

이 짧은 질문에 대해 가상도서관의 옹호자들이 흔히 하는 답변은 다음 세 가지로 요약된다. 첫째는 실용성에 대한 언급이다. 컴퓨터를 이용한 접근의 수월함 그리고 물리적 도서관으로부터 멀리 떨어져 있는 원거

---

7) Ibid.
8) Martell, "Going, Going, Gone."

리 이용자들의 접근성 향상은 디지털 자료의 모든 단점들(가령, 변하기 쉽고, 소멸되기 쉽고, 입증할 수 없는 등)을 상쇄하고도 남는다고 그들은 주장한다. 둘째는 목적론적 관점이다. 즉, 이미 장대한 계획이 존재하며, 가상도서관은 그러한 계획이 하나하나씩 실천되고 있음을 보여주는 명백한 징후라는 주장이다. 이러한 주장의 추종자들은 인간 커뮤니케이션을 위한 혁신적인 도구들은 각각의 필연성을 지니고 있으며, 이러한 혁신적인 도구들은 그 이전의 것들 보다 명백히 우수하다고 믿고 있다.9) 셋째는 "왜 아니겠어?"하는 반문이다. 즉, 유행에 민감하며 "정보시대"와 같이 따분한 말을 아무 생각 없이 받아들이는 사람들이 흔히 함축적으로 사용하는 그런 표현 말이다. 나는 이 책의 여러 곳에서 합리주의와 비합리주의에 대해 언급하고 있지만, "왜 가상도서관인가?" 하는 질문에 대해 "장대한 계획"을 운운하거나 "무비판적인 수용" 등으로 답변하는 것이 지적으로 일관성을 결여하고 있다는 점에 대해서는 여기서 굳이 지적하지 않으려 한다. 현실성을 둘러싼 논쟁이 도서관서비스의 가상적인 요소를 정당화할 수는 있으나, 기존 도서관을 대체하는 완전한 가상도서관으로 만들려는 발상을 정당화할 수는 없다. 더욱이 전자적인 커뮤니케이션이 '장대한 계획'의 일부라고 믿는다고 하더라도, 전자 형태로 지식을 기록하고 전달하는 것이 그 이전의 것들보다 반드시 우수하다고 주장하기란 쉽지 않다. 사람들은 일반적으로 모든 혁신적인 것의 긍정적인 면에 집착하면서 혁신의 부정적인 결과나 속성이 명백히 드러나기 전까지는 그러한 부정적 측면에 대해 의도적으로 외면하거나 가볍게 취급하려는 경향이 있다. 전자 커뮤니케이션의 지지자들은 메시지가 생산되고 보급되는 과정에서의 편이성과 속도를 강조한다. 그러나 전자 메시지가 내구성을 결여하고 있다

---

9) 가령, 다음을 참조하시오: Frederick Kilgour, *The Evolution of the Book* (New York: Oxford University Press, 1998).

는 점은 심각하게 고려하지 않는다. 정치가들이나 컴퓨터과학자들은 모든 학교가 전산망으로 연결되어 학생들이 인터넷에 접근할 수 있어야 한다고 지속적으로 요구하면서도, 그들 학교에서 벌어지고 있는 도서관 예산의 고갈이나 학생들의 문해력과 독서력의 저하는 애써 못 본 척하고 있다. 미래학자들은 전자 테크놀로지가 "책"을 대체할 것이라고 일찌감치 예견하면서도, 전자 테크놀로지로 인해 책의 생산과 생산가치의 고도화가 보다 빠르고 쉽고 저렴하게 이루어져 왔으며, 전자 테크놀로지가 많은 출판업자에 대한 접근을 보다 수월하게 만들었다는 점은 애써 무시하고 있다.

"모든 행위에는 의도하지 않은 결과가 따르기 마련이다"라는 법칙은 전자 테크놀로지와 관련하여서도 예외가 아니다. 제2차 세계대전 이후의 캘리포니아의 역사는 이 법칙의 고전적인 사례이다. 남부 캘리포니아의 개발을 이끌었던 사람들이 과연 농업에 기반한 삶의 방식을 파괴하고, 공기와 물을 오염시키고, 스트립 몰 자동차 문화를 만들어내고, 수백만명을 '황금의 주(즉, 캘리포니아)'로 향하게 만들었던 캘리포니아의 고유 장점을 일부러 망가뜨리려고 하였을까? 동일한 맥락에서 볼 때, 전자 커뮤니케이션의 편이성을 탐닉하는 옹호자들은 가상도서관의 시대가 전격적으로 전개되면 인류의 기록유산이 상당 부분 상실될 가능성이 있다는 점을 애써 부정하면서, 일반 사람들이 배움을 포기하고 고립과 무질서가 판치게 될 그런 세상을 기어코 만들어 가고자 하는 것인가?

## 가상도서관과 함께 살아간다는 것

우리가 알고 있는 모든 도서관들이 가상도서관으로 대체된다면 세상은 어떻게 달라질까? 자! 지금부터 2011년 3월 6일, 가상도서관의 추종자들이 가상도서관이 온전히 실현될 것으로 모호하게 짐작하고 있는 그 미래를 향해 우리 함께 여행을 떠나보자. 그리고 가상도서관이 실제로 도서관계 전체를 장악하였다고 가정해 보자. 우리는 다음과 같은 모습의 세상을 보게 될 것이다:

① 우리가 지금 도서관이라고 부르는 건물은 철저히 파괴되어, 인도어 마켓, 스케이트장, 가상 카페, 노숙자 시설, 그 외의 적당한 목적을 위한 건물로 바뀌어 있다.
② 음반, 영화, 비디오, 멀티미디어 용품 등은 여러분의 집이나 사무실의 컴퓨터를 통해 이용할 수 있으며, 그러한 컴퓨터는 전천후 노래와 춤이 가능한 '커뮤니케이션 센터'로 변형되어 있다.
③ 당신은 전화, 컴퓨터, 텔레비전, CD 플레이어, VCR, 홈 엔터테인먼트 센터, 스테레오, 그리고 그 밖의 자기계발과 휴식을 위해 사용하던 다른 장비나 도구를 '커뮤니케이션 센터'로 대체해 놓았다.
④ 연구도서관들에 소장되어 있던 대부분의 책들과 인쇄물들은 전국에 산재해 있는 거대한 창고(타이틀 당 한 부씩)로 옮겨지거나 폐기되었다.
⑤ 그 외의 다른 도서관장서들은 폐지로 처리되거나 태워지거나 제3세계의 국가들로 보내졌다.
⑥ 막대한 분량의 인쇄 문헌이나 자료를 디지털 형태로 변환하고자 하는 시도는 좀처럼 극복하기 힘든 저작권 문제, 기술적 문제, 그리고 재정적 문제에 봉착해 있다.

⑦ 책이나 잡지를 출판하던 대부분의 업자들은 도산하였다. 몇몇 업자들만이 살아남아 얼마 되지 않는 독서애호가를 위해 소규모로 수작업 인쇄자료를 출판하고 있으며, 왜소해지고 노화된 독자층을 위해 대규모로 삼류잡지, 포르노그래피, 풍자만화책 등을 출판하고 있다. 한편에선 일부 업자들이 문화 게릴라들을 위해 지하에서 '불온서적'을 생산하는 모습도 볼 수 있다.

⑧ 학술잡지들은 대학 컨소시엄에 의해 운영되는 논문 집배 시스템에 의해 대체되었다. 상업적인 "가상대학"들이 번성하고 기존의 대학에서 종신고용 제도가 없어지면서 논문 집배센터를 통해 유통되는 논문은 거의 없어지고, 가상대학들에서는 학자들(대부분 나이가 들은)의 이동이 빈번하게 일어난다.

⑨ "종이 책만큼 편하게 읽기 좋은 전자책"을 생산하는 문제가 만만치 않은 것으로 드러났다. 전자책은 오래 동안 지속적으로 읽기가 힘들고 글월들이 복잡하여 사용하는 사람이 거의 없으며, 다수의 독자들은 화면이나 인쇄물을 통해서는 간단한 텍스트 정도를 읽는 것에 만족하기 때문이다.

⑩ 대부분의 젊은이들이 비록 글은 읽을 수 있을지라도 기능적 문해자가 되어 있다. 따라서 그들이 애용하는 멀티미디어 센터로부터 나오는 상업적, 정치적, 사회적 조작이나 속임수에 손쉬운 먹이가 된다.

이러한 예측은 지나치게 비관적으로 보일 수 있다. 그러나 이러한 예측은 우리가 오늘날 목도하고 있는 사실과 현상의 일부를 디지털이 지배할 미래사회에 투영해 보고, 인쇄문화로부터 전자문화로의 대대적인 이동이 가져올 경제적이고 사회적인 변화에 대한 논리적으로 추론하는 과정에서 만들어진 것이다.

## 1) 책의 운명은?

공공도서관과 학교도서관은 더 이상 존재하지 않을 것이다. 경제적으로 빈곤한 지역에 있는 공공도서관과 학교도서관은 인터넷에 연결된 컴퓨터 단말기를 갖춘 공동의 커뮤니케이션 센터로 대체될 것이다. 우리가 알고 있는 대학도서관 또한 그 모습이 사라질 것이다. 학문과 교육의 현장에서 대부분의 학생들과 교수들은 전자자원을 활용하면서 원격 장치를 이용하여 소통하게 될 것이다. 거의 모든 교수활동과 학습활동은 텔레비전과 웹을 사용하는 원격교육으로 변할 것이다. 이러한 상황에서 도서관들의 모든 장서는 더 이상 활용되지 않을 것이기 때문에 폐기되어야만 할 것이다. 수억 달러를 들여 구축한 도서관 장서를 폐기해야만 하는 대학들은 일견 고통스러워할지 모른다. 그러나 폐기 작업은 곧 당연하게 받아들여질 것이다. 장서를 제목 당 한 부씩만 창고에 보관하는 것도 막대한 비용을 필요로 할 것이며, 지속적인 독서습관이 점차 사라지면서 그러한 책 창고 또한 곧 골칫거리가 될 것이다. 또한, 책의 내용 중에서 일부만을 디지털 형태로 변환하고자 해도 막대한 비용이 들어갈 것이다. 따라서 대부분의 책들은 가장 야심차게 추진하는 디지털 변환 프로젝트에조차 포함되지 못할 것이며, 그 결과, 인류 기록의 많은 부분은 후세로 전해지지 못할 것이다. 이러한 나의 예측이 극단적이라고 생각한다면, 자신이 운영하는 대학도서관의 장서를 "유산 장서(legacy collections)"라고 부르는 버릇을 가진 관장의 모습을 눈앞에 떠올려 보아라. 그처럼 으스스한 문구가 관장의 입술에서 맴돌 정도라면 영향력이 훨씬 적은 다른 사서들은 그들의 장서에 대해 어떻게 생각할는지, 나아가, 얼마나 선뜻 그들의 장서를 폐기하려 할는지 한 번 상상해 보아라.

## 2) 전자저널

논문 자료만을 놓고 볼 때 학술커뮤니케이션의 미래는 다른 도서관 자료의 미래보다 전망이 훨씬 불투명하다. 오늘날 존재하는 전자저널, 전자신문 등은 인쇄출판업의 부산물이다. 그러한 전자자료를 우리가 활용할 수 있는 것은 그들을 만드는 회사나 기관들이 그들의 인쇄본을 판매함으로써 수익을 창출하기 때문이다. 순수하게 전자 형태로만 출판되는 저널이나 잡지는 극소수에 불과하다. 나머지 대부분은 비영리단체에 의해 재정적 지원을 받고 있거나 손실을 감수하면서 운영되고 있다. 수익을 창출할 수 있는 전자저널 출판업의 경제적 모델을 예상하는 것은 매우 어려운 일이다. 이러한 맥락에서 게이츠(Bill Gates)가 재정적으로 보조하고 있는 온라인저널 *Slate*의 사례는 우리에게 여러 교훈을 준다. *Slate*는 인터넷을 통해 제작되고 유통되는 무료 저널로 모든 사람들에게 개방되어 있다. 원래 계획은 일단 잡지를 창간하고 난 후 구독 형태의 유료 저널로 옮겨갈 예정이었다. 그러나 계획한대로 조처가 취해졌을 때, 잡지 제작에 참여하고 있던 저널리스트들의 우수성과 유명세에도 불구하고 구독 형태로의 전환은 실패하고 말았다. 구독자 자체가 너무도 적었으며, 구독자들이 추가 지불 없이 자신이 지불한 잡지를 다른 사람들에게 전달하여 활용하도록 하는 것을 제재할 방법이 없었다. *Slate*는 여전히 존속하며, 여전히 무료로 운영되며, 여전히 적자를 보고 있다. 그 잡지의 제작자가 세상에서 가장 착한 부자이기에 아마도 그 잡지는 무한히 존속할 것이다. 그러나 이 모델을 일반 출판업자들에게 적용하는 것이 가능해 보이진 않는다.

학술커뮤니케이션을 위해 저널이 만들어지기 시작한 것은 18세기 영국에서였다. 당시 저널은 다양한 분야(가령, 자연사, 철학 등)에서 이루어진 흥미로운 연구결과를 일단의 부유한 박식가들에게 보급하기 위한 수단으로 만들어졌다. 지금과 같이 주제적으로 세분화된 거대한 장치로의 성장 과정은, 그 거대한 장치가 대학도서관에 부가해온 부담만큼이나 아주 지루하고 싫증나는 것이었다. 그래서 그런지 많은 사서들은 학술저널을 더 이상 보지 않게 된다는 전망에 군침을 흘리고 있다. 그러나 그러한 환호는 너무도 빠른 것인지 모른다. 인쇄본 저널이 사라진다 하더라도 그들이 어느 정도 정돈되고 경제적으로 타당한 전자 보급시스템에 의해 대체될 것이라는 뚜렷한 증거는 없다. 나는 21세기에 우리가 18세기에 보았던 학술저널과 같은 것을 마주하게 되리라 전망하지만, 어떠한 것을 보게 될 지는 어두운 창을 통해 밖을 보는 것처럼 뚜렷하지 않다. 경제적 여건이 무엇보다 중요하지만, 아마도 학계의 변화가 좋은 결과를 가져올지 모른다. 인쇄저널 산업이 붕괴한다면, 대부분의 전자저널 또한 사라질 것이다(그들 전자저널은 부산물이지 독자적인 출판의 결과가 아니기 때문이다). "전매 상표가 붙은 대학들"의 흥성과 교수종신제도의 붕괴로 인해 잠재적 논문의 숫자는 아마도 90% 이상 감소할 것이다. 그렇다면 무엇이 남을 것인가? 먼저, 재정적으로 "약해진" 학문분야에 잔존해 있는 학자들은 전자적으로 연결된 "보이지 않는 대학(invisible colleges)"을 만들 것이고, 그 안에서 마치 18세기의 학자들이 저널을 만들어 장문의 학술편지를 동료들과 주고받았던 것처럼 그들 또한 서로의 논문을 주고받을 것이다. 상대적으로 자금의 여력이 있는 '부유한' 학문분야, 가령, 과학, 의학, 기술에 관련된 학술커뮤니티에서는 연구결과의 교환을 위해 사용료 지불이나 구매를 기본으로 하는 새로운 방법을 만들어 낼 것이다. 만약 당신이 학계는 사회로부터 분리되어 있다는 순진한 생각을 가지고 있다면, 소수의 인문학자들은 단지 그들끼리만 학술적으로 소통하고, 과학기술자와 의학자들은 자신의 연구결과를 수익사업만을 목적으로 하는 거대 회사에 팔아넘겨야 하는 그러한 시대가 올 때까지 기다려 보아라.

## 3) 독서의 운명

가상도서관의 세계는 그래픽, 단문, 비디오, 그리고 녹음의 세계이다. 자신의 지적인 삶의 근거를 개인 커뮤니케이션 센터(즉, 인터넷과 PC에 기반한 시스템)에 두고자 하는 사람은 머지않아 독서의 습관을 잃게 될 것이다. 진짜 문해력(기능적인, 즉, 단순히 글을 읽고 쓸 수 있는 능력과는 달리, 글의 내용과 의미를 이해할 수 있는 능력)은 불필요한 능력이 될 것이기 때문이다. "진짜" 책을 온전히 대체할 수 있는 만족할 만한 수준의 "전자" 책을 개발하고자 하는 연구는 성공하지 못할 것이지만, 그것이 그렇게 큰 문제가 되지는 않을 것이다. 왜냐하면 장시간의 독서행위는 점차 줄어들어 소수만의 습관으로 남아 있다가 결국에는 사라져 버리게 될 것이기 때문이다. 여러분 중에 혹시 독서가 희소해 지고 단지 짧은 "정보" 조각을 추종하는 것이 대세가 될 때, 우리가 사는 세상이 더 나아질 것이라고 생각하는 사람이 있는가?

## 4) 사서의 운명

가상도서관이 풍미하는 세상에서는 사서들 중에서 단지 소수만이 유급직을 유지할지 모른다. 보다 나은 상황을 예측하기는 어려울 것이다. 결국, 사서들의 숙련된 업무 기술과 능력은 더 이상 활용되지 않을 것이며 가치를 잃게 될 것이다. 도서관들이 폐관하고 도서관의 이전 고객들이 집에서 그들의 종합 커뮤니케이션 장치와 소통하면서 검색엔진이 그들에게 제공해 주는 것에 만족하게 될 때, 사서가 도움을 줄 수 있는 것은 과연 무엇이 있겠는가? 더 이상 활용되지 않는 것은 단지 사서 고유의 업무기술(즉, 서지통정, 장서개발, 참고업무 등등)만이 아니다. 우리의 직업적 가치(즉, 서비스 정신, 지적 자유 등) 또한 의미를 잃게 될 것이다. 이미지와 생각의 편린들이 지배하는 세상(즉, 어리벙벙해진 외톨이들 혹은 전자 Lascaux 동굴[10])에 사는 지적으로 멍청해진 사람들이 다수를 이루는 퇴보해 버린 세상)에서 인류가 이루어온 학문적 성취, 진보, 그리고 보다 나은 사회를 향한 위대한 업적들은 그 의미를 잃게 될 것이다.

## 5) 한 가지 좋은 것은…

단 한 가지 좋은 것은 지금까지 언급한 상황이 결코 발생하지 않을 거란 점이다! 인간의 본성은 현실적인 동시에 이상적이기 때문에 그러한 일들은 결코 벌어지지 않을 것이다. 우리는 현재 보유하고 있는 모든 형태의 커뮤니케이션 수단들(책을 포함하여)을 지켜내고 소중히 여길 것이다. 왜냐하면 현재의 커뮤니케이션 수단들은 앞으로도 유용할 것이며 효과적으로 기능할 것이기 때문이다. 배움과 학문 그리고 도서관은 앞으로도 지속될 것이다. 인간은 배움과 학문 그리고 도서관을 사랑하며, 자신의 삶과 사회가 나아지기를 원하기 때문이다. 우리는 아마도 현실적인 목적을 위해서 도서관과 우리의 삶에 전자 테크놀로지를 도입하는 것을 지속할 것이다. 올바르게만 사용된다면, 테크놀로지는 도서관의 가치를 제고하고 우리의 삶과 사회에 밝음과 즐거움을 가져다 줄 것이기 때문이다.

## 6) 도서관이 존속하게 되는 까닭은?

나는 도서관이 우리 사회의 다양한 그리고 유력한 분야에서 가치를 인정받고 있다고 믿고 있다. 공공연하게 드러나기 보다는 잠재되어 있지

---

10) 프랑스 남서부에 위치한 동굴로 구석기 시대의 동굴 벽화로 유명하다 (역자 주).

만, 도서관에 대한 존중과 긍정적 평가는 우리 사회에 분명히 퍼져있으며, 우리는 그러한 점을 활용할 필요가 있다. 캘리포니아州의 허술한 공공정책제도 중에서 가장 악명이 높은 것은 기금조성을 위한 발의가 통과되려면 투표자의 $\frac{2}{3}$ 이상의 찬성을 얻어야 한다는 법적 규정이다. 이로 인해 가장 가치 있는 공공사업조차도 자금을 마련하는 것이 매우 어려운 실정이다. 그러한 장벽을 만들어 놓은 사람들은 자신들이 목표로 삼는 바를 숨기려 하지 않는다. 그런 가운데 그나마 긍정적인 결과는, 그처럼 비관적인 상황이 '공공서비스 기금의 증대를 위해 노력하는 사람들(사서들과 도서관의 친구들을 포함하여)'로 하여금 투표에 참여하도록 독려하는 계기가 되었다는 것이다. 그러한 과정을 통해, 비록 투표에서 66.7%의 찬성을 얻는데 실패하더라도, 도서관들은 시민들로부터 도서관들의 연대와 결속을 위한 커다란 지지를 지속적으로 얻어낼 수 있었다. 이것은 우리 모두에게 명백한 교훈을 제공한다: 즉, 도서관을 가치 있게 여기는 사람들이 우리 주변에는 많으며, 따라서 우리는 그들에게 정보를 제공하고, 그들로부터 지지를 끌어내고, 그들로 하여금 도서관을 돕고자 하는 열정을 갖게 만들어야 한다. 우리의 도서관에 대한 재정적 지원이 아무런 이견이나 반대 없이 순조롭게 이루어질 것이라고 확신하던 시절은 이미 지나가버렸다. 우리가 명심해야 하는 교훈은 가능한 많은 사람들과 단체들이 도서관을 위한 지원에 나서도록 우리 모두는 공식적으로든 비공식적으로든 노력해야만 한다는 것이다. 우리는 가능한 모든 종류의 현대적 설득기법(가령, 광고, PR 등등)을 활용하는 것을 기피하지 말아야 하며, 기금조성을 위한 대안을 모색하고 실천하는데 주저하지 말아야 한다. 그러한 가운데 "전통적" 도서관과 "가상" 도서관에 대한 진실을 바깥 세상에 널리 알리는 일은 우리가 해야만 하는 핵심 과제 중의 하나이다. 우리는 앞으로 많은 전투를 치러야 한다. 많은 지식인들이 배움과 도서관에 대한 의도적인 악의도 없으면서 단지 "가상"의 광고에 현혹되어, "종이책"이 사라지고 있다느니 혹은 이미 사라져 버렸다고 예단하는 것을 나는 도저히 믿을 수 없다.

우리는 우리 본연의 지지자들, 즉, 연장자들, 부모들, 교육자들, 학자들, 교육과 문해에 관심을 가진 정치가들(공공정책 분야에서 진보적인 성향을 보이는 모든 정치가는 아니더라도), 그리고 도서관이용자들과 함께 전투를 시작하여야 한다. 자신의 기반을 단단하게 구축하는 것은 정치의 기본적 이치이다. 마찬가지로 오직 자기편만 의존하여서는 승리할 수 없다는 것 또한 정치의 자명한 이치이다. 따라서 도서관들은, 개별적이든 총체적이든, 도서관을 지지하지 않는다고 여겨지는 그런 그룹들(특히, 자금력이나 영향력이 큰 그룹들)을 식별해 내는 것이 우선적으로 필요하다. 우리는 그렇지 않기를 바라지만, 도서관을 위한 기금조성은 정치적인 이슈이며 정치적인 이슈로 다루어질 필요가 있다. 예를 들어, 도서관의 긍정적인 이미지는 부각시켜 널리 알리는 대신에 부정적인 이미지는 방어하고 없애버리려는 시도 등이 이에 해당한다. 과연 얼마나 많은 학생들이 도서관이 거의 전 시기에 걸쳐 대학 캠퍼스에서 기술적으로 가장 앞선 기관 혹은 기관들 중의 하나였다는 사실을 알고 있을까? 도서관을 여전히 숙연하고 억압적인 분위기의 장소로 여기는 사람들은 최근에 어린이도서관이나 대학도서관을 방문해 본적이 있을까? 대부분의 사람들은 과연 주요 도시의 공공도서관들이 구축해 놓은 장서의 질적 깊이와 양적 넓이를 가늠하고 있을까?

도서관을 공개적으로 "옹호하는" 행위의 중요성에 대해 그동안 여러 논의가 있었으며 많은 글들이 발표되었다.[11] 여기서 "옹호(advocacy)"라는 단어는 특별한 목적으로 쓰이고 있는데, 이 단어에는 도서관의 가

---

11) Patricia Glass Schuman, "Speaking Up and Speaking Out." *American Libraries* 30, no. 9(October 1999): 50-53.

치(특히, 전자자원에 대한 접근 소스로서의)에 대한 조직적이고 지속적인 논의에 더해, 도서관에 대한 재정적 지원을 지속하고 확대하기 위한 "정치인에 대한 압력"이라는 의미가 담겨 있다. 이러한 "옹호 행위"는 국가 차원의 도서관협회보다는 차라리 개별적인 도서관들이나 지역 단위의 도서관연합체들에 의해 가장 훌륭하게 이행될 수 있다. 그러한 행위가 어떻게 이루어지든지 간에, 도서관들은 이미 대중을 "설득할 만한" 이야기를 가지고 있다. 그러한 이야기를 드러내어 외부에 알리는 것이 바로 사서들의 의무이다. 기술맹신론자들이 반도서관적인 과장을 일삼고 있음에도 불구하고, 대부분의 사서들은 묵묵부답으로 일관하고 있는 것이 요즈음의 실정이다. 실정이 이러하기에 "옹호 행위"가 더욱 절실한 것이다. 우리는 가능한 모든 커뮤니케이션 수단과 정치적 전략을 활용하여 우리의 이야기를 세상 사람들에게 알리고 우리의 가치를 확신 있게 주장하여야 한다.

　도서관의 가치에 대한 대중의 인식은 도서관을 "장소"로 여기는 그들의 인식에 아주 밀접하게 연계되어 있다…

# "장소"로서의 도서관

도서관(장서, 직원, 서비스, 그리고 프로그램으로 이루어지는 추상적 개념)과 도서관이라 불리는 장소가 동의어로 인식되던 때가 있었다. 테크놀로지의 발달로 인해 일부 도서관서비스가 도서관이라 불리는 장소 밖에서도 가능해짐에 따라 장소로서의 도서관의 의미는 퇴색되기 시작하였다. 가상도서관에 대한 모든 발상은 장소로서의 도서관에 대한 암묵적인 도전이며, 동일한 맥락에서 평가되어야 한다. 가상도서관이라는 개념은 표면적으로 볼 때 매우 매력적이다. 디지털 국가에 사는 사람들은 누구나 자기 집에 앉아서 기록된 지식과 정보를 손쉽게 획득할 수 있다니 이 얼마나 환상적인가! 그러나 그러한 환상은 다음 세 가지 조건이 충족될 때 비로소 가능해진다:

- 모든 기록된 지식과 정보가 디지털 형태로 영구적으로 가능할 것
- 모든 기록된 지식과 정보가 조직되어 있고 즉시 검색이 가능할 것
- 모든 사람들이 다른 사람의 도움 없이 기록된 지식과 정보의 세계와 효과적으로 소통할 수 있을 것

이러한 세 가지 기본 조건으로부터 우리가 얼마나 멀리 떨어져 있는지는 아무리 강조하여도 지나치지 않다. 우선, 연구도서관협회(Research Libraries Group)의 크로포드(Walt Crawford)가 "잡동사니"라고 부르는 인터넷의 무질서한 정보더미와는 질적으로 다른 도서관의 전통적 관심사인 기록된 지식과 정보에 대해 생각해 보자. 여기서 말하는 기록된 지식과 정보란 수 세기에 걸쳐 생산되어, 조직되고, 편집되고, 걸러져서, 공식적으로 출판된 지식과 정보로서, 서적, 정기간행물, 지도 등의 구체적인 형태를 갖는 것을 의미한다. 이러한 기록된 지식과 정보 중에서, 단행본의 경우 디지털 형태로 이용 가능한 것은 전체의 5%도 되지 않는다. 물론 대부분의 최신 학술잡지와 정기간행물들은 디지털 형태로 이용 가능하고, JSTOR를 비롯한 여러 선두주자들의 노력으로 인쇄본 형태의 정기간행물들 중 일부가 디지털 형태로 소급 변환되고 있다.[1] 그럼에도 불구하고 정기간행물의 디지털화는 신간과 과월호를 통틀어서 전체의 10% 미만일 것으로 추정된다(참고로, 대중잡지에 비해 학술잡지의 디지털화 비율이 높다). 여기에서 디지털 형태로 생산된 최근 잡지의 대부분이 출판사의 소득원인 인쇄본 잡지의 부산물이라는 사실에 주목할 필요가 있다. 아직까지는 디지털 형태로만 출판되는 잡지 중에서 경제성이 있는 모범적인 잡지를 찾아보기 힘든 실정이다. 이러한 사실은 잡지의 통계와 기원에 대한 조사를 통해서 알 수 있다. 디지털 형태로만 출판된 잡지가 극소수에 불과하다는 사실보다 더욱 중요한 사실은 그러한 잡지들이 대학이나 학회와 같은 비영리단체의 출판물이거나 Slate와 같이 자만심이 크고 손해를 각오한 선두주자들의 생산품이라는 점이다.

---

1) JSTOR는 학술잡지의 아카이빙을 위한 온라인 시스템이다. 1995년에 미국에서 설립되었으며 수백개가 넘는 학술저널에 수록된 과월호 논문들의 전문을 디지털 형태로 수록하고 있다. (역자 註).

인터넷에 축적되어 있는 "잡동사니" 지식과 정보는 제대로 조직되어 있지 않으며, 도서관에서 사용하는 낮은 수준의 표준을 적용해서는 검색조차 할 수 없는 것들이 대부분이다. 인쇄본 형태로 생산되어진 지식과 정보의 거의 대부분이 머지않아 디지털화될 것이라고 믿는 사람은 아마도 없을 것이다(거기에는 경제적, 기술적, 저작권 등의 이유가 있다). 효과적인 검색을 위해 필수적인 전거통제와 통제어휘가 디지털 "잡동사니"로 구성된 인터넷의 늪에 포괄적으로 적용될 것이라고 믿는 사람도 없을 것이다. 다음으로, 중개자의 도움 없이 인터넷의 디지털 문서에 직접적으로 접근하여 이용할 수 있는 사람이 얼마나 되는지에 대한 의문이 남아 있다. 인터넷에서 디지털 문서를 이용하고자 할 때 도움을 필요로 하는 사람이 실제로 그렇게 많은지 의심스럽다면, 참고사서를 찾아가 실정에 대해 물어보아라.

이러한 모든 사항을 고려할 때, 물리적 도서관, 즉, "도서관이라 불리는 장소"는 미래에도 필요할 것이며, 특히, 다음의 목적을 위해서 반드시 존속하여야 한다:

- 인쇄본을 비롯한 다른 물리적 형태의 장서(과거에 생산된 것뿐만 아니라 미래에 생산되어질 것까지)를 소장하기 위해서
- 학습이나 연구를 하고자 하는 사람을 위한, 혹은 여가활동으로 독서, 음악감상, 그리고 비디오 시청을 원하는 사람을 위한 공간을 제공하기 위해서
- 빈곤 계층 혹은 소외 계층을 포함하여 누구든지 인터넷과 모든 전자자료에 접근할 수 있으며, 그것을 이용하고자 할 때 필요한 도움을 받을 수 있는 장소를 제공하기 위해서
- 특수 자료와 그에 관련된 서비스를 위한 공간을 제공하기 위해서 (가령, 시청각자료실, 희귀자료실, 필사본자료실, 아카이브 등)

- 도서관이 봉사하는 지역사회의 각종 모임과 회의를 위한 장소를 제공하기 위해서
- 도서관이용자가 전문사서의 도움을 받을 수 있는 적절한 장소를 제공하기 위해서
- 도서관이용자가 지적 능력을 제고하기 위한 각종 교육(가령, 도서관이용교육, 기본 문해교육, 정보활용교육 등)을 위한 적절한 공간을 제공하기 위해서

## 인간적 측면에서의 필요성

우리는 또한 인간이기 때문에 도서관이라는 장소를 필요로 한다. "도서관"(물리적 도서관과 그에 내재된 모든 것을 포함하는 건물)은 항상 해당 커뮤니티의 구심점 중의 하나였다. 거대한 국립도서관으로부터 고등학교나 기업체의 도서관에 이르기까지, 건물과 공공장소로 구현되는 도서관에는 엄청난 힘이 존재한다.

여기서 잠시 다른 유형의 공공장소를 예로 들어보자. 종교인들은 혼자서도 기도할 수 있지만, 그들 대부분은 교회, 절, 회당, 모스크 등에 모여서 기도하는 것이 필요하다고 느낀다. 그렇다면 그들은 왜 그렇게 느끼는 것일까? 분명한 것은 그들보다 종교적 신심이 깊은 사람들, 즉, 목사나 랍비나 승려 등으로부터 도움과 중재를 구하기 위해서일 것이다. 같은 맥락에서 사람들은 다른 사람들과 어울리고자 하는 욕구를 지니고 있으며, 그렇게 함으로써 모임의 장소를 성역화 하기도 하고, 결국에는 부흥회 텐트를 성지로 만들기도 하는 것이다. 도서관에서도 유사한 상황이 벌어지는데, 이는 결코 과장이 아니다. 도서관은 배움과 문화를 비롯한 다양한 세속적 가치와 공익을 구현하는 장소이며, 그러

한 장소를 방문하고자 하는 것은 우리 인간의 공통된 성향이다. 사람들은 자신들 보다 기록된 지식과 정보에 대해 잘 알고 있는 사람들(즉, 사서)의 도움을 얻기 위해 도서관에 간다. 물론, 혼자 기도하기 위해 종교적 건물을 찾아가는 사람들처럼 사람들은 때때로 사서의 도움 없이 혼자만의 즐거움을 추구하기 위해 도서관을 찾기도 한다. 다음과 같은 비유는 오해의 소지가 다분하여 조심스럽지만, 텔레비전의 전도프로그램이나 인터넷의 종교 사이트를 운영하는 사람들 중에서 그들의 종교적 건물을 "가상 예배소"로 대체하자고 주장하는 사람이 하나도 없는 까닭에 대해 우리는 생각해볼 필요가 있다. 또한, 텔레비전이나 인터넷으로 카탈로그를 보며 쇼핑하는 사람들이 백화점 건물을 "가상 쇼핑몰"로 대체하자고 주장하지 않는 까닭에 대해서도 우리는 생각해 볼 필요가 있다. 이처럼 직접적인 만남 그리고 함께 모일 수 있는 적절한 건물에 대한 인간적 욕구가 있음에도 불구하고, "가상도서관"의 신봉자들은 그러한 욕구를 애써 무시하고 있는 것이다.

가상도서관을 신봉하는 사람들의 잘못된 시각에 맞서기 위한 대안은 무엇일까? 나는 그 대안이 그들의 정반대 편에 존재한다고 믿는다. 즉, 도서관 공간을 철폐하는 것이 아니라 공간으로서의 도서관의 역할을 강화하는데 있다고 믿는다. 이와 관련하여 맥널티(Robert McNulty)는 다음과 같이 말하고 있다:

> 도서관은 지역사회에서 매우 훌륭한 장소가 될 수 있다: 문해교육, 인터넷탐색, 영화감상, 강연, 콘서트, 그리고 전시 등을 위한 장소로서. 도서관은 또한 커피숍이나 레스토랑을 유치할 수도 있고 여행객을 위한 정보센터로 봉사할 수도 있으며, 아이들을 위한 안전한 놀이장소, 시민단체를 위한 모임 장소가 될 수도 있다.[2]

피어스(Neal Pierce)는 카아네기(Andrew Carnegie)가 그의 피츠버그 도서관에 권투도장을 짓고 또 다른 도서관에 수영장을 지었던 것을 예로 들면서, 장소로서의 도서관을 확장하고자하는 개념은 그리 새로운 것이 아님을 지적한다.3) 아이오와(Iowa)주에서 작은 공공도서관을 운영하고 있는 친구가 나에게 자기 도서관의 업무와 기능을 나열한 다음과 같은 목록을 보여준 적이 있다:

쇼 윈도우의 전시, 이차원적 예술품의 교체, 성인 문해교육, 학생 학습지도, 워드프로세싱과 프린팅, 복사, 비영리단체를 위한 회의실, 이용자를 위한 팩스서비스(유료)... 아이들이 올라타고 노는 야외 조각물의 관리... 때때로 라이브 음악회, 도서관 안팎의 정보를 위한 게시판이나 안내책자의 관리... 불쾌한 상황이나 위험한 환경으로부터 도피하기 위한 장소(피난처)...4)

대학도서관 역시 캠퍼스 내에서 중심적인 역할을 수행할 수 있으며, 주어진 역할과 서비스의 향상을 위해서는 전통적인 역할과 서비스의 수준을 넘어서야 한다. 많은 경우에 있어서, 특히 내가 일하고 있는 대학도서관의 경우, "가상도서관"으로의 대체는 학생들 대다수에게 아주 끔찍한 일이 될 것이다. 인터넷이나 디지털에 장밋빛 환상을 갖고 있는 사람들은 아주 많은 학생들이 학습과 사색을 위한 조용한 공간을 제공받지 못한 채 일상을 영위하고 있다는 사실을 잊고 있는 듯하다. 그런 학생들에게 도서관은 일상의 혼란에서 벗어날 수 있고 학습에 필요한 도움을 자유롭게 얻을 수 있는 유일한 장소이다. 부유한 사람들에

---

2) *Institutions as a Fulcrum for Change*, Partners for Livable Communities (Washington, D.C., 1996), quoted in Neal Pierce, "The Magic of Community Assets," *National Journal* (September 21, 1996): 1707.
3) Pierce, "The Magic of Community Assets."
4) Evelyn Murphy (Newton, Iowa, Public Library)와의 개인적인 대화.

게는 조용한 공간이 공기처럼 당연히 주어지는 것이겠지만, 가난한 사람들에게는 그러한 공간을 갖는다는 것이 거의 불가능하다. 따라서 "현실 도서관"과 현실 도서관이 제공하는 다양한 서비스를 가상도서관으로 대체한다는 것은 그들에게는 또 다른 형태의 환상에 불과할 뿐 아니라 끔찍한 속임수가 되는 것이다. 나는 인간적 따뜻함을 잃은 외로운 사람들을 위해서 가상도서관이라는 유령 도서관이 아니라 "장소로서의 도서관"이 더 많이 필요하다고 생각한다.

## 장소로서의 "유선(wired)" 도서관?

"장소로서의 도서관"을 향수어린 낭만쯤으로 간주하는 사람들은 모든 것을 디지털로 바꾸는 것에 대해 의문을 제기하는 사람들을 "테크놀로지에 대한 반대자"로 싸잡아 비난한다. 물론 향수와 낭만을 위해서도 장소로서의 도서관은 필요하지만, 우리가 "현실 도서관"을 존속시켜야 하는 또 하나의 현실적인 이유가 있다. 왜냐하면 사람들 모두가 모든 종류의 인터넷 서비스와 전자자료에 접근하는 것이 현실적으로 불가능하기 때문이다. 1999년 7월 8일에 미 상무성은 *Falling through Internet: Defining the Digital Divide*(인터넷에 의한 추락: 디지털 격차를 정의하며)라는 보고서를 발간하였는데, 그 보고서는 인종, 거주지, 성별, 연령, 그리고 수입을 전자자료에 접근하는데 영향을 미치는 핵심 요인으로 지목하였다.[5] 가령, 소수집단, 저소득 빈곤층, 교육수준이 낮은 사람들, 결손가정의 아이들, 그리고 농촌이나 도시의 변두리에 거주하는 사람들은 소위 정보시대라 불리는 현 시점에 정보화의 대열에 참여하는 것을 근본적으로 거부당하고 있다. 이러한 상황에서 내가 제시하고

---

5) http://www.ntia.doc.gov/ntiahome/digitaldivide/

자 하는 해결책은 인터넷에 접근하기 위한 장소로서 그리고 전자자료의 이용에 필요한 교육과 도움을 얻을 수 있는 장소로서 도서관(특히, 공공도서관과 학교도서관)을 적극적으로 활용하자는 것이다. 이것은 언뜻 보기에 현 시점에만 벌어지고 있는 독특한 현상처럼 보이지만, 역사를 살펴보면 19세기 영국과 미국의 공공도서관에서 유사한 현상이 있었음을 알게 된다. 19세기 후반, 최상의 부유층은 배달을 통해 책을 구매하였으며, 중상층은 고급 서점에 가서 책을 구매하였고, 중류층은 개인 도서관에서 사용료를 내고 책을 빌려 보았으나, 대부분의 노동자들은 공공도서관에 가야 책을 읽을 수 있었다. 공공도서관은 이처럼 "가난한 사람들의 대학"이 되었고, 또한 가난으로부터 탈출하기 위한 중요한 통로가 되었다.

　19세기의 공공도서관을 현대적 시각에서 보자면 "有線도서관(wired library)"의 개념으로 접근할 수 있다(유선도서관이란 용어가 지금은 보편적으로 쓰이지만, 무선 테크놀로지에 의해 머지않아 폐어가 될 수도 있다). 유선도서관이란 다양한 분야의 전자 서비스에 접근하는 데 필요한 하드웨어와 소프트웨어를 기존의 물리적 도서관에 도입하여 통합해 놓고, 그러한 하드웨어와 소프트웨어를 사용하는데 필요한 교육과 도움을 이용자에게 제공하는 또 다른 의미의 "장소로서의 도서관"을 의미한다.

　나는 "장소로서의 유선도서관"이 19세기의 공공도서관이 그랬던 것처럼 강력한 사회적 영향력을 행사할 수 있으리라 생각한다. 이는 도서관이 지역사회의 중심에 위치해 있으면서 지식과 정보를 찾는 사람들에게 도움과 충고를 줄 수 있는 숙련된 전문 사서들을 이미 보유하고 있는 완벽한 장소라는 '단순한' 이유에서만은 아니다. 여기에는 또 다른 미묘한 이유가 있다. 전자 데이터나 전자 정보에 대한 접근이 우리가 필요로 하는 지식이나 정보를 탐색하기 위한 유일한 방법이 아니라

"좋은 방법 중의 하나"라는 사실을 유선도서관을 통해 증명할 수 있기 때문이다. 많은 사람들이, 때로는 아이들도 데리고, 유선도서관에 오는 이유는 무료로 자유롭게 사용할 수 있는 인터넷의 매력 때문인 것이 사실이지만, 아마도 혁신적인 사서라면 보다 넓은 관점에서 그들의 시야를 열어 주기 위해 인터넷의 매력을 십분 활용할 수도 있을 것이다. 대학도서관의 이용자 교육프로그램에서는 그러한 발상이 이미 일반화되어 있다. 대학도서관에서의 이용자 교육프로그램은 학생들이 인터넷에 단순히 의존하는 것에서 벗어나 인터넷을 관장할 수 있는 자신만의 능력을 갖추게 하는데 목적이 있다. 그렇다면, "전통적인" 프로그램과 서비스를 지속적으로 발전시키는 동시에 전자자료를 도입하여 새로운 프로그램과 서비스를 시작하려면, 공공도서관과 학교도서관은 어떠한 일을 하여야 하는 것인가?

첫 번째 단계는 도서관에 존재하는 모든 것이 도서관이 제공하는 서비스의 본질을 총체적으로 일러주고 있음을 이용자들로 하여금 깨닫게 하는 것이다. 도서관을 처음 방문하는 사람일지라도 도서관에 들어오자마자 책, 열람실, 컴퓨터, 그리고 참고서비스 데스크를 바로 인식할 수 있어야 한다. 인터넷을 사용할 목적으로 도서관에 온 사람일지라도 도서관에는 다른 서비스도 있다는 것을 인식할 수 있어야 한다. 두 번째 단계는 도서관의 모든 서비스를, 특히 아이들에게 적극적으로 홍보하는 것이다. 학급별로 학생들을 초청하여 인터넷 교육 프로그램을 실시한 후, 곧이어 구연동화 시간을 갖는 식의 계획을 생각해 볼 수 있다. 마지막 세 번째 단계는 가장 중요한데, 테크놀로지에 능숙하고 업무에 열정적이며, 도서관의 장서와 서비스 전반에 대해 능숙한 사서와 직원을 고용하여 배치하는 것이다.

## 이상적인 21세기 도서관 건설

도서관 건축의 붐은 1990년대 말까지도 멈출 기미를 보이지 않았다.

> 미국 각지에 산재한 70여개의 도서관으로부터 American Libraries 잡지사로 많은 사진들이 쇄도하였다. 내용인즉, 전국적으로 도서관의 규모가 두세 배 이상씩 커지고 있는데, 기존 건물을 증축하여 컴퓨터실, 화장실, 엘리베이터, 난방시설 등을 갖추거나 아예 새로운 건물을 신축하기도 한다는 것이었다.[6]

도서관의 미래에 대한 걱정스런 전망에도 불구하고, 많은 지역사회와 학교 그리고 대학들은 도서관 건물을 신축하거나 기존 도서관을 개축 혹은 증축하는 등, 장기적 안목의 투자를 감행하고 있다. 어느 지역사회나 기관도 그러한 투자를 일시적 기분으로 감행하지는 않는다. 그러한 도서관 건축 열기가 보다 확대된 도서관서비스와 보다 쾌적한 도서관 시설을 필요로 하는 이용자 집단의 요구를 반영하고 있음은 분명하다. Library Journal의 보고에 의하면, 1996년 7월에서 1997년 6월 사이에 225건의 도서관 건축 프로젝트가 진행되었는데, 그 중에서 128건이 도서관의 개축 혹은 증축 사업이었고, 97건이 신축 사업이었다고 한다.[7] 당시 개축된 대표적인 도서관으로는 사업비 6,700만 달러를 들인 클리브랜드 공공도서관(Cleveland Public Library)과 2,570만 달러를 들인 오레곤(Oregon)주 포틀랜드(Portland) 소재의 아름다운 멀트노마 중앙도서관(Multnomah County Central Library)이 있다. 대체로 신축이 개축이나 증축 보다 비용이 많이 들기는 하지만 반드시 그런 것만도

---

6) "The Boom Goes On," American Libraries 30, no.4 (April 1999): 52.
7) Bette-Lee Fox and Maya L. Kremen, "The Renovation Model," Library Journal 122, no.20 (December 1997): 49-62.

아니다. 때로는 개축이나 증축에 더 많은 비용이 투입되기도 한다.

그렇게 많은 공공예산의 투입을 위해서는 도서관 건축의 장기적 효용성이 확실하게 입증되어야만 한다. 그럼에도 불구하고, 더욱이 도서관의 변화가 매우 빠르게 진행되고 있는 상황에서, 그러한 건축 프로젝트들이 장기적 목표를 가지고 신중하게 계획되었다는 사실 자체가 대단히 중요한 의미를 갖는 것이다.

## 새로운 문제들

도서관 건물과 관련하여, 자료보관실이나 열람실 등의 확보는 우리에게 늘 주요한 과제였다. 이러한 기본 문제에 더해서 21세기를 위한 도서관 건물을 신축, 증축 혹은 개축하고자 할 때, 우리는 다음과 같은 새로운 문제에 직면하게 된다:

- 장애인 이용자의 편의를 도모하는 문제
- 유선(혹은 무선) 도서관을 설립하는 문제
- 도시관 건물을 다중 복적으로 사용하는 문제

### 1) 도서관과 장애인 이용자

미국의 장애인법(Americans with Disabilities Act, ADA)이 1991년에 제정되면서, 모든 도서관들은 이 법의 준수를 위한 다양한 조처들을 취해야만 했다. 내가 "해야만 했다"는 조금은 강제적인 의무로서의 표현을 썼지만, 대다수의 사서들은 도서관에서 장애인을 위한 별도의 조처를 취하는 것을 환영하였다. 그 까닭은 모든 사람들에게 "접근의 편이성"을 제공하는 것은 도서관이 추구하는 근본적인 가치이기 때문이다.

장애인법을 주제로 한 많은 논문과 저서가 생산되었으며, 모든 이용자들에게 최대한의 접근성을 제공하기 위해 사서들과 건축가들이 준수해야 하는 공식적인 지침들이 만들어 졌다. 그런 가운데, 휠체어를 탄 장애인의 시각에서 쓴 짧지만 계몽적인 논문을 통해 스톤(Karen Stone)은 도서관의 건축과 관련하여 매우 설득력 있는 탄원을 하였다. 즉, "장애인에게 좋은 것은 일반 이용자들에게도 좋은 것이다"라는 합리적인 논거를 제시하면서, 도서관은 장애인들의 의견을 참조하여 설계되어야 한다는 주장을 폈다.[8] 그녀는 스웨덴 서부 해안의 작은 도시에 위치한 공공도서관을 "온전히 통합된 안락한 환경의 도서관" 모델로 소개하였다. 그녀의 표현에 따르면, 이상적인 도서관이 되려면 "거인, 소인, 시각장애인, 청각장애인, 어린이, 노인, 그리고 신체장애인 등을 위한 보편적 접근성"을 제공하여야 하였다. 그녀는 스웨덴의 도서관과 뉴멕시코(New Mexico)州의 콜라레스(Corrales)의 도서관을 좋은 모델로 소개하면서, 그들 도서관이 단지 법적인 지침만 준수한 것이 아니라 장애인들과의 상담을 통하여 설계가 이루어지고 건물이 완공되었다는 점을 강조하고 있다. "접근성의 문제를 해결하기 위해서는 비장애인 건축가를 고용하는 것보다 장애인에게 직접 '어떠한 것이 유용한지' 물어보는 것이 훨씬 더 저렴하고 정확하다"고 스톤은 주장한다. 우리는 항상 도서관이용자들과 대화를 나누어야 하지만, 장애인 이용자들의 경우에는 대화의 필요성이 다른 이용자들보다 훨씬 더 시급해 보인다.

---

8) Karen G. Stone, "To Roll into a Library," *American Libraries* 27, no.5 (May 1996): 41-42.

## 2) 無유선(Wire Less)에서 유선(Wired)으로, 그리고 다시 무선(Wireless)으로

우리는 물리적 형태의 유선도서관에 점차 익숙하게 되었으며, 많은 어려움에도 불구하고 우리 중의 다수는 기존의 낡은 도서관 구조에 통신을 위한 기반 시설을 도입하는 문제를 다루어 왔다. 가령, *The Holy Grail*[9]은 학자를 위한 워크스테이션으로, 기록된 지식과 정보를(물론 지식과 정보가 디지털 형태로 전환되고 나면) 유선을 통해 연구자에게 전달해 주는 장소였다. 우리들 대다수는 "단말기가 충분하지 않다"고 불평하였으며, 바쁜 시간대에는 30분 단위로 사전에 예약하여 사용하도록 하는 제도를 마련하였다. 당시, 막대한 비용을 들여 완전히 유선화하는 혁신적인 도서관들도 많았다. 그러나 그러한 시도와 노력은 이후 벌어진 일련의 사건들로 인해 곧 무용지물이 되고 말았다. "학자들의 워크스테이션"은 레오나르도 다빈치의 비행기처럼 기묘하게 보이기 시작하고, 모든 전선들은 폐물이 되어 괄시를 당하였다. 우리는 無유선 상태에서 '유선'으로 발전하였고, 머지않아 무선을 향해 발전해 갈 것으로 보인다. 현 시점에서 그리고 가까운 미래를 위해 우리가 취할 수 있는 방법은 도서관 내부에(외부까지 연결되는) 무선 네트워크를 구축하고 저렴하게 대여해 줄 수 있는 랩탑 컴퓨터를 활용하는 것이다. 도서관 이용자들은 자신의 랩탑 컴퓨터를 도서관에 가져오거나 도서관으로부터 빌려서 도서관 안팎 어디에서든 도서관의 온라인시스템과 전자자료에 접속할 수 있게 될 것이다. 그러한 워크스테이션과 컴퓨터 단말기들이 모두 역사의 뒤안길로 사라지고, 그 자리를 공장에서 갓 출고된 멋진 열람용 탁자와 개인 열람실이 대체하는 일이 과연 일어날 수 있을까?!

---

9) 예수가 최후의 만찬에서 사용했던 컵을 일컬으며, 여기서는 범용컴퓨터에 유선으로 단말기들을 연결하여 구성해 놓은 컴퓨터 시스템을 의미한다 (역자 註).

## 3) 도서관 건물의 공유

근래에 도서관 건물과 관련하여 발생하고 있는 또 하나의 현상은 건물의 "공동 이용"이다. 이는 새로운 도서관 건물을 커뮤니티의 다른 시설이나 다른 관종의 도서관들이 공유하는 것을 의미한다. 신축 또는 중축된 많은 도서관들이 근본적으로는 기존의 도서관 시설로 사용되면서, 동시에 다른 목적(가령, 강당, 회의실, 컴퓨터실 등)으로도 활용되고 있다. 가령, 캘리포니아州 산호세(San Jose)에 있는 *San Jose State University*에서는 대학도서관과 공공도서관을 통합한 건물을 신축하는 프로젝트가 진행 중이다.10) 산호세 공공도서관(San Jose Public Library)과 산호세市가 공동으로 건물에 투자하고 직원을 관리할 계획을 갖고 있다. 이것은 매우 과감하고 흥미로운 프로젝트이며, 비록 관료적, 전술적, 경제적, 그리고 행정적으로 복잡한 문제가 산재해 있지만, 향후 도서관의 발전을 위한 좋은 선례가 될 것이다. 공동 이용의 또 다른 사례로 메릴랜드(Maryland)주 마운트 에어리(Mount Airy)에 위치한 캐롤 공공도서관(Carroll County Library)과 양로원을 들 수 있다.11) 이 건물은 17,000 평방피트의 도서관과 10,000 평방피트의 양로원, 그리고 지역사회 구성원들을 위한 야간용 회의실 등으로 구성되어 있다. 도서관과 양로원은 각기 다른 층에 위치해 있고, 별개의 출입구를 가지고 있으며, 내부적으로 연결된 통로는 없다. 그러한 분리가 바람직한 이유가 있겠지만(두 기관에 중복되는 이용자 집단이 있음이 분명함에도) 양로원 이용자들이 도서관으로 가는 편리한 통로가 없다는 것은 유감이다. 공공도서관과 대학도서관의 공동 이용을 위해 최근에 고려중인 또 다른 사례는 플로리다(Florida)州 세미놀(Seminole)에 있는 공

---

10) George M. Eberhart, "Three Plans for Shared Use Libraries in the Works," *American Libraries* 30, no.1 (January 1999): 21.
11) Vernon Mays, "Double Duty," *Architecture* 84, no.6 (June 1995): 84-88.

공도서관과 St. Petersburg Junior College의 공동 이용계획, 그리고 플로리다州의 브로워드 공공도서관(Broward Public Library)과 포트 로더데일(Fort Lauderdale)에 있는 Nova Southeastern University의 공동 이용계획을 들 수 있다.[12] 건축비가 상승하고 있는 시대에 도서관 건물 문제에 대한 해결책의 일환으로 공공기관과 민간기관이 창의적이고 효율적인 협력을 모색하고 있음이 분명하다.

### 4) 21세기 도서관 건물의 이상적인 모습은?

도서관의 유형과 미션이 다양하기 때문에 도서관 건물의 외형과 내부의 이상적인 모습을 그려보는 일은 매우 어렵다. 새롭게 짓는 의회도서관 건물은 아이오와주의 작은 도시에 짓는 공공도서관과는 다를 것이며, 후자는 캘리포니아주에 있는 대학도서관의 증축 건물과는 다를 것이다. 이 세 도서관들은 그들 고유의 특성과 이용자, 그리고 목적을 가지고 있으나, 기록된 지식과 정보를 이용자에게 전달하기 위해 적절한 서비스와 공간을 제공하는 도서관이라는 점에서는 동일하다. 공통된 목적과 기능이 있는 곳에는 그 기능과 목적을 만족시킬 수 있는 건축(물)의 기본적인 유사점이 있기 마련이다.

### (1) 도서관 건물의 외관

과거에는 도서관 신불이 교회 건축법의 영향을 크게 받았던 적이 있었다. 건축 자재의 선택(주로 화강암 같은 석재)에서부터 건축 양식에 이르기까지 20세기 선반에 건축된 많은 도서관들은 첫인상이 매우 감명적이고 심지어 경외감을 주기까지 했다. 도시의 중심에 세워진 공공도서관이나 캠퍼스 중앙에 세워진 대학도서관은 견고하고 웅장하며 성스

---

12) Eberhart, "Three Plans."

러운 외형으로 인해 무언가 중요하고 의미있는 일을 하는 곳이라는 인상을 강하게 준다. 건물 내부는 교회와의 유사성을 더욱 강하게 풍긴다. 아치형 천장과 어두운 목재로 만들어진 높은 창문, 거기에다 웅장한 건물내부의 중앙에 위치해 있는 카드목록에 다다르면 거의 무릎을 꿇을 지경에 이르게 된다. 이후 다음 세대는 도서관 건물에 동시대적 건축 양식을 채택하였는데, 그렇다고 해서 미적 효과가 향상되었다고 볼 수는 없었다. 어떤 신랄한 비평가는 1970년대에 일리노이주에 세워진 금속과 유리로 만들어진 "X 공공도서관과 정보센터"는 "X 공공도서관과 세차장"으로 명칭을 바꾸어야 한다고 신랄하게 비판하기도 하였다(이런 모욕적인 언사는 새로운 도서관 건물이 이전에 있었던 그리스풍의 아름다운 석조 건물을 대체하여 건축되었기 때문이었다.) 캘리포니아주에 있는 1950년대식의 대학도서관은 불가리아풍의 경찰서와 비슷하다고 비판받기도 하였다. 그러나 때때로, 동시대 양식의 도서관 건물은 처음에는 그리 환영받지 못하는 듯하지만, 수십 년이 지나면서 지속적인 매력을 가지는 것으로 입증되기도 한다. 어떤 경우에는 처음에는 전혀 매력이 없다고 평가 받던 것이 미래 양식에 대한 선견의 결과로 칭송되기도 한다. 기존의 도서관을 증축하는 경우에는 건물의 미학적 측면을 둘러싼 견해가 특히 상이하다. 기존의 양식과 자재를 그대로 따를 것인지, 아니면 기존의 양식과 자재에 조화를 이루는 것으로 할지, 그것도 아니면 완전히 다른 양식과 자재를 사용할 것인지를 둘러싼 딜레마가 존재한다. 각각의 경우에 모두 성공적인 결과와 불미스런 결과가 발생할 가능성이 공존하기 때문이다.

신축 도서관이나 개축 도서관의 외관에 관련된 또 하나의 중요한 문제는 건물이 위치한 지형이나 지역사회와 얼마나 잘 조화를 이루느냐 하는 것이다. 여기서 도서관 건축가의 말을 인용해 보면:

신축 혹은 개축하고자 하는 도서관은 소위 커뮤니티 지형(community topography), 즉 도서관이 서비스하는 지역사회의 특성을 고려할 필요가 있다.13)

도서관 건물에서 우리가 추구해야 하는(그리고 종종 찾아내야 하는) 것은 외관과 부지 사이의 조화이다. 이것은 신축 도서관이 신고전주의적 외형을 갖추어야 한다거나 제퍼슨(Thomas Jefferson)이 설계한 것처럼 보여야 된다는 뜻이 아니다. 현대 건축술로 인해 훌륭한 건물들이 많이 세워졌으며 시대에 따라 취향은 얼마든지 변할 수 있다. 그러나 건물과 부지 사이의 외관상의 조화, 그리고 도서관 주변의 환경과 도서관이 존재하는 목적 사이의 조화는 도서관 건물의 신축이나 증축에 있어서 최소한의 요구조건이어야 한다. 외관상의 조화와 주변 환경과의 조화를 충족하고 있는 완벽한 사례로는 아이오와주 블러프(Council Bluffs)에 소재한 *neo-Prairie School Public Library*를 들 수 있다.14)

## (2) 도서관 건물의 내부

조화와 균형은 도서관 건물의 내부에서도 이루어져야 한다. 장애자를 포함한 모든 사람들이 다니기에 편리한 공간이 되어야 하며, 해당 공간의 특수 목적에 적합하여야 한다. 가구는 신중히 선택되어야 하며, 사용 목적에 부합하여야 한다. 채광과 조명은 충분해야 하지만 눈이 부실 정도가 되어서는 곤란하고, 건물 내부의 미적 수준을 높이는데 도움을 주어야 한다. 훌륭한 조명의 사례로는 뉴욕공공도서관(New York Public Library)의 리모델링된 열람실을 들 수 있다. 그곳의 조명은 독특하고 수

---

13) Francis Murdock Pitts, "What to Read When Building a Library (or, Is That a Mastodon in the Choir Loft)," *American Libraries* 27, no.4 (April 1996): 48-51.
14) Will Manley, "Keeping Up with the Times," *American Libraries* 30, no.8 (September 1999): 144.

변의 요소들과 조화를 이루고 있다. 벽과 천장의 색과 장식, 카펫과 바닥재, 공예품과 화분 등의 장식품들은 공공건물의 내부에 필요한 요소들이다. 조화와 미적 수준의 유지를 위해 이러한 요소들도 건물의 다른 요소들과 마찬가지로 신중하게 계획되고 선택되고 유지되어야 한다.

### (3) 도서관 자료에 접근

도서관 이용의 민주화를 위해 획기적으로 기여한 두 가지는(주제별로 분류된) 개가식 서가와 이용자 목록의 등장이었다. 초기의 개가식 서가에는 책과 제본된 잡지 등의 인쇄본 자료만 비치되었다. 새로운 형태의 자료에 기존 자료와 동일한 개방을 허용하는 것에는 거부감이 있었기에 비디오, 카세트, CD 등은 분리해 놓았다. 그러나 브라우징을 위해서 그러한 자료를 개방하지 말아야 하는 타당한 이유는 어디에도 없다. 반면, 전자자료에 대한 목록레코드가 온라인 목록에 통합되어야 하는 타당한 이유는 있다. 그렇게 함으로써 온라인 목록의 주제검색을 통해 전자자료를 포함하는 다양한 자료를 검색할 수 있기 때문이다. 여기서 전자자료의 편목에 대해 논의하고자 하는 것은 아니다(이에 대해서는 4장을 참조하라). 단지, 전자자료를 다른 자료들과 물리적으로 통합할 수 없다면 전자자료의 레코드를 온라인 목록에 통합하는 것이 중요하다는 점을 말하고자 할 뿐이다. 도서관 건물이 이상적으로 건축된다면, 물리적 장서는(형태에 상관없이) 쉽게 접근하여 사용할 수 있을 것이고, 무형의 장서는 단말기나 이동식 장치를 이용해 쉽게 검색할 수 있을 것이다.

### (4) 도서관 공간의 사용

도서관의 크기에 관계없이 어느 도서관에나 공통적으로 필요한 공간이 있다. 도서관들이 공통적으로 필요로 하는 공간은 다음과 같다:

- 물리적 형태의 자료를 소장할 공간, 그리고 물리적 자료와 전자 자료를 검색하기 위한 도구(가령, 컴퓨터 단말기, 마이크로 자료의 판독기 등)를 설치할 공간
- 학습과 독서를 위한 공간
- 참고서비스를 위한 공간
- 직원들의 업무 수행을 위한 공간

개별 도서관들은 각자의 고유 목적을 위한 특별한 공간을 필요로 할 것이다. 전형적으로, 규모가 큰 대학도서관은 희귀 자료나 특수 장서를 위한 열람실, 비도서 자료(가령, 지도, 음반, 비디오, 마이크로폼 등)를 위한 공간, 주제별 장서(가령, 법률 서적)를 위한 공간, 그리고 현대식 테크놀로지를 갖춘 강의실 등을 추가로 필요로 할 것이다. 또한 공공도서관에는 흔히 독립된 아동도서실과 신문잡지 열람실 그리고 비도서 자료실 등이 있기 마련이다. 특수 도서관에 대해서는 일반화가 불가능하지만 고유의 주제 영역과 이용자의 성향에 따라 특별한 방식으로 공간을 사용할 것이다. 학교도서관은 종종 도서관이용을 수반하는 수업을 위한 활동 공간을 별도로 갖추고 있다.

## (5) 어린이도서관

어떤 관점에서 보면, 어린이도서관은 도서관의 공간 중에서 가장 중요하다. 어린이도서관은 평생교육의 근간을 제공하는 곳이며, 어린 시절이 지난 후에도 오래도록 기억에서 살아있는 곳이다. 그러한 이유 때문에 어린이도서관에 할당된 공간과 가구 등은 단순히 어린이에게 도서관서비스를 효율적으로 전달하는데 도움을 주는 수준을 넘어서 독서열과 향학열을 고취시키는 평화롭고 편안한 환경을 제공하는 것이어야 한다. 어린이도서관은 어린이가 즐겨 방문하여 머무르고 싶도록 밝고

편안하고 환영하는 분위기의 공간이 되어야 한다. 동화구연을 비롯한 여러 활동은 어린이의 호기심을 자아내고 흥미를 끌어야 하며, 어린이 도서관은 어린이가 성장하여 더 이상 동화구연이 필요 없게 된 후에도 다시 돌아오고 싶어 하는 그런 장소가 되어야 한다(그때에도 우리가 여전히 그런 서비스를 제공하고 있다면). 나는 어린이 사서들의 흔들리지 않는 헌신, 서비스 제공을 위해 모든 수단을 동원하고자 하는 적극성, 그리고 새로운 것(기술 혁신을 포함하여)을 향해 열려있는 마음에 늘 감탄한다.

### (6) 장서의 보관

모든 도서관 자료에 대한 자유로운 접근(open access)은 현대 사서직이 추구하는 핵심적인 이상 중의 하나이다. 또 다른 이상은 랑가나단이 제시한 "도서관학의 다섯 규칙" 중의 하나, 즉 "도서관은 성장하는 유기체이다"에 담겨 있다. 자유로운 접근과 성장이라는 두 요소는 많은 문제를 내포하고 있다. 그 중에서 가장 중요한 문제는 결국은 금전의 문제로 귀결되고 마는 공간의 문제이다. 구체적으로, 개가식은 폐가식보다 훨씬 넓은 공간을 요구하며, 장기적 관점에서의 성장에 대한 고려는 때론 비어있는 공간을 수십 년 동안 유지해야 한다는 것을 의미한다. 가상도서관을 주장하는 많은 사람들은 완전한 디지털을 이룰 경우 절약되는 공간(그리고 비용)의 양에 논거를 두고 있다. 지금까지 거의 대부분의 사람들은 우리가 완전한 디지털화를 이룰 수 없으며, 그렇게 하는 것이 바람직하지도 않다는데 동의한다. 따라서 나는 도서관에 불필요한 공간을 유지하는 비용을 줄이기 위해 가능한 모든 수단을 사용하면서, 도서관이라 불리는 장소를 더 만들고 필요한 공간을 확충하기 위한 지출은 늘려 나갈 것을 제안한다. 이러한 논의를 본격적으로 진행하기에 앞서 우리가 기억해야 하는 것은 장서의 보관을 위해서만 도서관 공간이 필요한 것이 아니라, 강의실, 열람실, 참고서비스실 등을 위해서도 상당히 넓은 공간이 필요하다는 사실이다.

런던에 새롭게 건축된 대영도서관(British Library)과 비운의 샌프란시스코 공공도서관(San Francisco Public Library)는 랑가나단의 "도서관 규칙"을 무시하는 것이 얼마나 위험한지를 보여주는 좋은 사례이다. 도서관 건물은 장서와 서비스가 향후 수십 년에 걸쳐 지속적으로 성장할 수 있음을 고려하여 계획되어야 한다. 어떤 방법들은 지금 당장 취해질 수도 있으며, 확실한 것은 도서관이 성장하고 변화해 감에 따라 새로운 아이디어와 테크놀로지는 더욱 많은 방법들을 제공하게 되리라는 사실이다.

이동식 압축 서가는, 많은 도서관과 기록관에서, 단순한 보관시스템 이상의 역할을 수행해 오고 있다. 이동식 압축 서가는 기존의 고정서가에 비해 세배 이상 많은 책을 보관할 수 있으므로, 자료에 대한 자유로운 접근을 위해서는 물론이고 도서관 건물의 공간 절약을 위해서도 커다란 도움을 주고 있다. 대학도서관들이 특별한 관심을 보이는 또 다른 혁신은 "이미지 시스템"이다. 이미지 시스템은 오래된 정기간행물을 저장하고, 이미지 데이터베이스에 대한 색인을 제공하며, 필요에 따라 논문을 프린트하는 기능을 갖추고 있다. 아직은 개발의 초기 단계여서 몇몇 작은 규모의 프로젝트에 적용되고 있지만, 향후 이 기술적 혁신은 도서관의 공간을 대규모로 절약하고 이용자에 대한 서비스의 질을 높이는데 크게 기여할 것으로 보인다. 물론 이러한 예측은 기술적 혁신의 도입 비용을 도서관이 감당할 만하며, 기술적 혁신이 도서관이 소장하고 있는 오래된 자료에 무한한 생명력을 불어넣는 것을 입증할 수 있게 될 때 비로소 현실이 될 것이다.

## "이상적 장소"로서의 도서관

도서관 건물은 형태와 크기에 있어서 다양하다. 기념비적인 건물에서부터 평범한 건물에 이르기까지 건물의 양식과 목적 또한 이용자 커뮤니티만큼 다양하다. 그러나 이 모든 건물들이 우리가 앞서 논의하였던 도서관의 지속적인 가치를 구현해야만 한다는 것 또한 사실이다. 도서관 건물은 효율적이어야 하지만 동시에 질적으로도 높은 수준이어야 한다. 그것은 학자와 어린이, 신분이 높은 자와 낮은 자, 권력자와 약자 모두로부터 존경을 받으면서 진리의 추구를 독려하는 장소가 되어야 한다. 왜냐하면 이 모든 사람들은 공통의 목적과 이상을 공유하면서 도서관을 찾아오기 때문이다. 도서관 건물은 또한 일하기에 좋은 장소가 되어야 한다. 왜냐하면 일터에서의 조화는 업무 수행의 즐거움을 낳고, 즐겁게 업무를 수행할 때 사회에 대한 생산적이고 효과적인 서비스를 제공할 수 있기 때문이다. 지금까지의 이야기가 지나치게 이상적이어서 소위 '기술과 정보의 시대'에 역행하는 내용일는지 모른다. 그러한 의문에 대한 답변으로 나는 다음과 같은 질문을 던지고자 한다: 이상과 가치를 빼고 나면 도대체 무엇이 중요하단 말인가? 우리는 항상 삶의 모든 영역에서 의미를 찾고자 노력하고 있다. 이러한 맥락에서 볼 때, 장소로서 그리고 공간으로서의 도서관을 유용하고 조화롭게 만들고 유지하는 것은 사서로서의 업무를 수행함에 있어 '의미'를 찾아가는 중요한 행보인 것이다.

# 관리자정신

## 관리자정신의 의미
*Littera scripta manet*[1]

집사 혹은 관리자라는 뜻의 스튜워드(*Steward*)는 "집(house)"과 "관리인(warden)"을 의미하는 두 개의 고대 영어 단어로부터 파생되었다. 스튜워드는 이처럼 저택이나 작은 단위의 공동체를 안전하게 관리하고 질서 있게 유지하는 책임을 가진 사람을 의미한다. 이 단어는 오늘날 비행기의 남자승무원을 지칭할 때처럼 협의로 사용되기도 하지만, 역사적 관점에서 그 의미를 정확히 알아보려면 欽定譯 聖書(The King James Bible)로 거슬러 올라가야 한다.[2] 欽定譯 聖書에서 스튜워드는 "후세 사람들이 옛것과 동일한 혹은 강화된 가치를 지닌 유산을 즐길 수 있도록 하기 위하여 그 유산의 가치를 잘 보존하는 사람이나 실체"를 의

---

1) 로마시대의 시인 Horace가 한 말로 "기록은 영원하다"는 의미이다 (역자 註).
2) 기독교 성경(Chirisitan Holy Bible)을 영어로 번역해 놓은 것으로 "the Authorized Version"으로도 불리는데, 영국교회(the Church of England)가 1604년에 시작하여 1611년에 완성하였다.

미한다.3) 이처럼 어떤 사람이 재산을 상속받아서 잘 관리하였다가 후대의 상속인에게 물려주었다면, 그 사람은 관리자정신(stewardship)을 온전히 실천에 옮겼다고 말할 수 있다.

## 관리자정신과 도서관의 관계?

도서관의 맥락에서 볼 때, 관리자정신은 다음 세 가지 요소로 구성된다:

- 우리가 현재 알고 있는 것을 후대 사람들도 알도록 하기 위하여 인류의 기록을 잘 보존하는 것
- 우리 사서직의 전문적 가치와 실무기술을 후배들에게 최상의 상태로 전달하기 위하여 사서직의 교육과정을 돌보고 육성하는 것
- 우리 사서들이 커뮤니티로부터 존경을 받을 수 있도록 도서관을 돌보고 유지하는 것

## 인류의 기록을 보존하는 일

사서의 책무는 옛것을 보존함으로써 현재 사람들에게 깨우침의 기회를 제공하는 것이며, 옛것 자체를 위해서나 골동품에 대한 호기심에서가 아니라 현재와 미래를 위해 옛것의 가치와 의미를 보존해 나가는 것이다.4)

우리가 관리자가 되어 보존해야 할 것은 다름이 아니라 인류의 기

---

3) Luke 16 (누가복음 16장).
4) Jesse H. Shera, "Apologia pro Vita Nostra," in his *Knowing Books and Men: Knowing Computers Too* (Littleton, Colo.: Libraries Unlimited, 1973), 120.

록이 갖는 문화적이고 역사적인 가치이다. 관리자정신이 추구하는 가치는 이처럼 우리 사서에게 있어 가장 중요한 의무인 동시에 부담 중의 하나이다. 우리가 인류의 기록을 보존하여 후대에 전달하는 사명을 충실히 이행한다면, 관리자정신에 깃든 가치는 우리에게 커다란 영예가 될 것이다. 그러나 미래 도서관에 대한 논의가 여기저기서 진행되고 있지만, 기록된 지식과 정보를 디지털 형태로 보존하는 문제에 대한 논의가 매우 드물게 이루어지는 것은 매우 흥미롭다. 간혹 기록물을 디지털 형태로 전환하는 문제가 제기되는 경우, 앞으로 때가 되면 테크놀로지를 활용하여 마술처럼 해결하면 된다는 식으로 일축해 버리곤 한다. 어찌되었든, 인류의 기록을 보존하는 도서관의 역사적 역할은 머지않아 무시되어질 것처럼 보이는데, 이는 아마도 디지털 맹신자들조차 디지털 아카이빙 작업이 제기하고 있는 실무적이고 기술적인 문제들이 얼마나 엄청난 것인지를 잘 이해하고 있기 때문인 것으로 보인다.

　사서와 아키비스트(나는 아키비스트를 비록 종파는 다르지만 우리와 같은 종교를 믿는 동료로 여기고 있다)는 인류의 기록을 후대를 위해서 보존하고 전달하는 "고유"의 역할을 지니고 있다. 여기서 나는 "고유"라는 단어를 매우 진지하게 사용하고자 한다. 사서의 가치와 사명 중에서 많은 것이 다른 집단이나 사람에 의해 공유되어지지만, "기록된 지식과 정보의 보존"은 오직 사서와 아키비스트만이 몰두하고 있는 가치이자 사명이다. 출판업자, 서점주인, 학교교사, 연구자, 박물관의 학예사 등은 모두 과거의 기록이 활용 가능한 상태로 보존되어 있기 때문에 직접적인 혜택을 보는 사람들이다. 그러나 사서와 아키비스트는 그러한 과거 기록의 혜택을 보기보다는 그들을 온전하게 보존하기 위해 바쁘게 움직이는 사람들이다. 만약에 상당한 양의 "기록된 지식과 정보"가 단지 디지털 형태로만 활용할 수 있게 된다면, 우리는 인류의 기록을 보존해 가는데 있어 커다란 위기에 직면하게 될 것이며, 결국에는, 인쇄술이 시작된 이래 우리가 보아왔던 많은 것들은 왜소해져 버리고 말 것이다. 우리 사서들은 "미래의 관리자정신"을 위한 장대한 계획을 함께 마련하여, 우리가 지금 알고 있는 것을 후대의 사람들도 알게 하기 위한 실용적이고 비용효과적인 방법을 부지런히 찾아 나서야 할 것이다.

## 1) 전자시대?

머지않아 인쇄시대는 가고 전자시대가 올 것이라고 한다. 만약 여러분이 그러한 가능성을 염두에 두고 있다면, 필사시대로부터 인쇄시대로의 전이가 어떻게 이루어졌는지를 살펴보는 것이 도움이 될 것이다. 제퍼슨(Thomas Jefferson)은 다음과 같이 쓰고 있다:

> 얼마나 많은 고대의 작품들이 사라져 버리고 단지 필사본의 형태로만 남아있는가? 그러나 인쇄술 덕분으로 복본의 제작과 배포가 실용화 되고 난 이후에 사라져버린 작품이 어디 단 하나라도 있었던가? 이처럼 우리의 법적 유산을 보존하기 위한 유일한 방법은 인쇄물의 복본을 많이 만들어 놓는 것이다.[5]

인쇄술의 "변형 효과"를 다룬 권위 있는 저서에서, 아이젠스타인(Elizabeth Eisenstein)은 필사본과 인쇄본(그녀의 표현대로라면, 필사 문화와 인쇄 문화)의 세 가지 차이점에 대해 논의하고 있는데, 그것은 바로 표준화, 보급성, 고정성이다. 필사 문화에 대한 그녀의 분석은 소위 전자 문화에 대한 나의 분석과 여러 면에서 유사하다. 특히, 세 번째 특성인 고정성의 경우에 그러하다. 어떤 한 작품의 필사본들은, 마치

---

[5] Elizabeth Eisenstein, *The Printing Press as an Agent of Change*, vol. 1 (Cambridge: Cambridge University Press, 1979), 115-116.

전자문서의 다양한 버전들이 서로 다르듯이, 서로 매우 다르다. 이는 필사 혹은 복사하는 사람들이 원본을 고의로 혹은 실수로 변형함으로써 유해한 결과가 발생하기 때문이다.

인간 커뮤니케이션의 역사를 지속적인 성장의 관점에서 바라보는 것은 매우 흥미롭다. 인류는 문자가 없었던 선사시대로부터 점토판과 석판을 거쳐 종이와 전자에 이르기까지 다양한 커뮤니케이션 매체를 개발하여 사용해 왔다. 그리고 새로운 매체는 항상 그 이전의 매체보다 확장성과 내구성이 뛰어났다. 새로운 매체의 등장과 함께 커뮤니케이션의 양은 지속적으로 증가하였으며, 우리는 오래된 매체의 내구성 덕분으로 지금까지도 그들을 보유하고 있다(가령, 추모를 위한 비석이나 역사를 기록한 양피지는 대표적인 사례이다). 이러한 관점에서 볼 때, "계속해서 앞으로 나아가자"는 사람들의 외침은 우리의 귓가에 솔깃하게 다가온다. 그러나 지금까지 내가 했던 이야기도 결국은 진보에 관한 것이 아니었던가? 미래에 커뮤니케이션 역사가가 있다면, 그는 아마도 우리의 역사에서 구텐베르크로부터 시작하여 전자 테크놀로지와 함께 종식된 500여년의 기간을 "일탈의 시대"로 회고하면서, "인류의 기록을 고정적으로 보존하고 널리 배포하던 섬나라가 필사의 늪에서 일어나더니 전자의 늪으로 사라져 갔다"고 기술하지 않을까 싶다.

존스(Adrian Johns)는 인쇄의 의미를 "진실성"과 "정중함"의 개념에 연계하여 설명하고 있다.[6] 그가 제시하는 논리의 핵심은 인쇄의 안정성과 출판의 표준화가 저자, 출판사, 그리고 독자 사이의 신뢰감을 기본으로 하는 지식 문화를 창조해 냈다는 것이다. 그에 따르면 이들 세 주체 사이에는 다음과 같은 내용의 암묵적인 협약이 존재한다:

---

6) Adrian Johns, *The Nature of the Book* (Chicago: University of Chicago Press, 1998).

- 평판이 좋은 출판업자가 출판한 책은 좋은 내용을 담고 있다.
- 평판이 좋은 출판업자는 신뢰할 만한 책을 출판한다.
- 평판이 좋은 저자의 책은 저자, 편집자, 출판업자가 자신의 능력을 최대로 발휘하여 검증을 마친 사실만을 수록하고 있다.
- 평판이 좋은 출판업자가 출판한 책에 수록된 인용사항이나 참고자료 등의 학술적인 장치는 그 책에 포함된 사실과 견해의 출처를 명확하게 제시해 준다.
- 책의 판(edition)에 대한 명확한 기술이 있어야 하며, 해당 판에서 기술된 모든 내용은 서로 일치하여야 한다.

저자와 출판업자 그리고 독자 사이에 맺어진 이러한 불문율 가운데 어느 것도 지금 혹은 가까운 미래에 맞이하게 될 전자 세계에는 존재하지 않는다. 누군가가 전자 문서에 접근하여 자기의 취향이나 목적에 맞게 문서의 내용을 편집해 놓고 마치 그러한 변형이 없었던 것처럼 다른 사람들에게 배포하여도 그러한 행위를 저지할 아무런 방법이 없다. 바로 이것이 "고정성과 표준화 그리고 진실성의 입증이 불가능한" 전자 세계에서 저자와 출판업자 그리고 독자가 당면하게 되는 딜레마의 본질인 것이다.

## 2) 관리자정신의 실천

그렇다면 인류의 기록에 대한 관리자정신을 우리는 어떻게 실천에 옮겨야 하는가? 그 대답은 간단하다. 우리가 할 수 있는 모든 것들을 실천에 옮김으로써 "중요한" 기록된 지식과 정보를 단순히 우리의 다음 세대뿐만 아니라 그 다음 세대 나아가 머나먼 미래 세대까지 활용할 수 있도록 제대로 보존하는 것이다. 여기서 여러분이 주목해야 하는 것은

"중요한"이란 단어이다. 기록의 보존이라는 난제와 관련된 모순 중의 하나는 "중요한" 기록에 대한 가치판단의 기준조차 마련해 놓지 않고 보존 문제를 해결하고자 나서는데 있다. 의문의 여지없이, 기록된 지식과 정보를 보존하기 위한 최상의 방법은 중성지에 그것을 인쇄하여, 많은 복본을 만들고, 훌륭하게 제본하여, 전 세계의 도서관들에게 배포하는 것이다. 이때 "중요한 기록"에 대한 판단은 출판이나 인쇄를 담당하는 사람 혹은 그 둘 다에 의해 이루어지는데, 일단 인쇄와 출판 그리고 배포에 대한 결정이 내려지면 그 다음의 작업은 자동적으로 진행된다. 이보다 나은 보존 방식은 지금까지 존재하지 않았으며, 이러한 보존 방식은 제본된 자료를 보관하기 위한 공간적 비용이 드는 것을 제외하곤 도서관에 별도로 부과하는 책무가 미미하다. 기록된 지식과 정보의 "중요성"을 어떻게 평가할 것인가 하는 가치판단의 문제에 대해서는 후에 상세히 언급하기로 하고, 여기서는 오늘날 다양한 커뮤니케이션 매체들이 당면해 있는 보존에 관련된 문제점들에 대해 간략하게 설명하고자 한다.

### (1) 책과 인쇄본 잡지

종이에 인쇄하는 작업에는 여러 가지 어려움과 장애가 따른다. 가령, 습기, 열기, 종이의 재질, 그리고 적절하지 않거나 빈약한 제본 등이 그에 해당한다. 그러나 제대로만 작업이 진행된다면, 두 가지 엄청난 혜택이 따른다: (1) 인쇄 출판물 각각에 대해 많은 수의 복본이 만들어지게 되며, (2) 중성지에 인쇄하여 훌륭하게 제본한 후 좋은 여건에서 보존한다면 인쇄 출판물은 거의 무한한 생명력을 갖게 된다는 점이다.

### (2) 필사본

필사본은 "종이나 다른 매체에 기록된 그림이나 글로써 본질적으로 유일무이하며, 적어도 일정 기간 동안은 최적의 조건이라고 할 수 없는 곳에서 보관되어온 책의 鏡像"을 의미한다. 나는 과거 한 때 즐거움과 보람을 느끼면서 작업했던 세계적으로 유명한 시인의 필사본 장서를 잘 기억하고 있다. 그 시인이 썼던 많은 시의 초고들은 각종 고지서 봉투의 뒷면에 기록되어 있었고, 그러한 초고들은 구두와 식료품을 담았던 상자들이나 시인의 역정과 모험의 삶을 보여주는 여러 장소로 옮겨졌던 상자들에 담겨있었다. 내 생각에, 테크놀로지, 그중에서도 광디스크 테크놀로지는 이러한 필사본들을 보존하고, 보호하고, 보급하기 위한 핵심 도구가 될 것으로 보인다.

### (3) 지도와 악보

인쇄본 책에 적용할 수 있는 방법들 중에서 많은 것은 지도나 악보에도 적용할 수 있다. 그러나 한 가지 주의해야 할 점은 지도나 악보는 인쇄본 책보다 손상되기 쉽고, 복사본의 숫자도 훨씬 적다는 점이다.

### (4) 녹음자료

사람들은 흔히 녹음을 위한 매체는 내구성의 면에서 지속적으로 발전해왔다고 말한다. 주지하다시피, 녹음 매체는 실선에서 시작하여 밀랍원통, 78s, EP, LP를 거쳐 현재의 디지털 테이프나 디스크에 이르기까지, 쉽게 부서지던 매체로부터 좀처럼 부서지지 않는 매체로 변화해 왔다. 그들의 말대로 CD는 아무리 오래 사용하여도 별 문제가 없을지 모른다. 그러나 조금만 주의 깊게 생각하면, CD의 수명이 오래 갈 것임을 입증하는 어떠한 데이터도 우리는 지금 가지고 있지 않다. 더욱이 녹음의 재생을 위한 어떤 매체(즉, 녹음기)도 손상으로부터 자유롭지 않으며, 그러한 기기의 활용이 미래에도 가능할지는 불투명하다. 우리 할머니는 그녀가 즐겨 듣던 아일랜드인 테너가수 맥코맥(Count John

McCormack)의 78s형 음반을 듣기 위해 나팔이 달린 축음기를 보유하고 있었다. 오늘날의 시각에서 볼 때 그녀의 축음기는 진기한 골동품으로 더 이상 구할 수 없다. 이처럼 지금 우리 손에 놓여있는 매끈한 CD 플레이어도 2050년에 가면 진기한 골동품으로 보일 것이며 더 이상 구할 수조차 없을 것이다.

## (5) 필름과 비디오

내가 듣기에, 지난 100년 동안 제작되었던 장편극영화 필름의 삼분의 일이 영원히 소실되었다고 한다. 또한, 미국의 고전영화(The American Movie Classics) 텔레비전 채널의 보존 부서에 의하면, 1950년 이전에 제작된 미국의 장편극영화 필름의 절반가량이 더 이상 존재하지 않으며,[7] 남아있는 필름 중에서도 많은 분량이 끊어지기 쉬운 재질로 만들어져 있고, 색채가 바랜 상태에 있으며, 더 이상 구할 수 없는 영사기에서만 재생이 가능하다고 한다. 우리는 또한 여러 비디오 포맷(가령, U-Matic, Beta, DVXs 등)이 이미 사라졌으며, 얼마나 오래갈지 모르지만 일부 비디오 포맷(VHS, videodiscs, DVDs)만이 살아남아 있음을 잘 알고 있다. 아마도 현재 우리가 사용하고 있는 비디오 포맷과 비디오 플레이어의 전체 혹은 일부는 지금으로부터 50년 후에는 우리 주변에서 좀처럼 보기 힘들 것이다.

## (6) 공예품과 미술품

많은 도서관들이 "기록된 지식과 정보"를 담고 있거나 구현해 놓은 공예품과 미술품을 소장하고 있다. 현명한 사서라면 그러한 물품의 보존과 특별한 관리를 위해 박물관이나 미술관 혹은 다른 전문가들에게 안내나 도움을 요청할 것이다.

---

7) Heard Monday, July 19, 1999.

## (7) 마이크로폼

1870년의 프랑코-프러시아 전쟁(Franco-Prussian War) 때에 처음으로 등장했던 마이크로필름, 마이크로피시, 마이크로카드, 마이크로오페이크, 그리고 그 밖의 다른 변형 매체에 관련된 이야기는 우리에게 매우 유익한 교훈을 준다. 20세기의 대부분 기간 동안 마이크로폼은 도서관의 공간과 자료의 보존이라는 측면에서 "도서관의 구세주"로 인식되었다. 마이크로폼의 변형 중의 하나인 울트라피시는 우리 모두가 "(그것만 있으면) 미의회도서관도 서류가방에 담을 수 있을 것"이라고 예견할 정도로 많은 이미지를 수록할 수 있었다. 이처럼 시도는 좋았다. 그러나 마이크로폼은 여러 가지 결함을 안고 있었다. 그러한 결함 중에서 가장 심각한 것은 도서관이용자들이 그것을 싫어한다는 것이었다. 더욱이 초기의 마이크로폼은 안정성의 면에서도 결함이 있었다: 가령, 일부 마이크로폼(마이크로카드, 울트라피시 등)의 판독기들은 표준성을 결여하고 있었으며; 이미 제작된 마이크로폼조차도 장기적인 내구성에 대한 확신을 주지 못하였다.

## (8) 디지털 자원

디지털 형태로 변환된 자료의 보존에 관해서는 지금까지 제안되었던 해결책의 대부분이 실용적이지 못하였으며, 따라서 앞으로 해결해야 할 난제가 수두룩하다. 디지털 맹신자들이 제시한 방법들 중에 사람들의 이목을 끄는 것들이 있긴 하지만, 여기서는 그러한 것들은 일단 접어두고 우리의 관심과 숙고가 필요한 몇몇 현안에 대해 논의해 보자:

- 거의 대부분의 디지털 정보는 가치가 없다. 단지, 일시적으로 유용할 뿐이며 지엽적 관심을 끌고 있을 뿐이다. 그러한 쓸모없는 왕겨들을 어떻게 가치 있는 밀알로부터 분리해 낼 수 있겠는가?

또한 헤라클로스의 괴력만큼이나 막대한 노력을 요구하는 그러한 작업을 과연 누가 시작할 것인가?

- 디지털 정보에 접속하기 위한 하드웨어가 매우 빠르게 그리고 빈번하게 바뀌고 있다. 이 말은 도서관이 디지털화를 통한 보존 프로그램을 계획하고 있다면, 디지털 정보에 접속을 위한 하드웨어에 대해 심사숙고하여야 함을 의미한다.
- 주의 깊게 선정한 디지털 아카이브만도 그 규모와 분량이 막대하다. 과연 누가 나서서 정부와 단체들로 하여금 그러한 아카이브를 앞으로 수세기 동안 관리하고 유지해 나가도록 만들 것인가?

## 3) 보존을 위해 어떤 자료가 "중요한가"?

여러 면에서 이 질문에 대한 답변은 쉽지 않다. 앞서 지적하였듯이, 사서들은 대체로 이 질문에 대한 답변을 출판업자나 서점업자, 그리고 다소 정도는 덜하지만, 관련 법률의 적용이나 도서관에 책을 공급하는 도매업자에게 넘기고 있다. 결국, 출판의 여부와 출판의 합법성 여부를 가늠하는 것은 사서의 몫이 아니라는 이야기이다. 여기서 잠시 우리 대부분이 만장일치로 지니고 있는 신념(즉, 도서관이용자들은 활용 가능한 모든 것을 이용할 권리가 있다)을 상기해 보자. 그 회상의 끝자락에서 당신은 아마도 출판의 기준이나 합법성의 기준을 그렇게 중요하고 값진 것으로 여기지 않는 우리 자신의 모습을 마주하게 될 것이다. 도서관의 크기에 관계없이 모든 도서관들은 일정 규모의 자료를 선성하는 작업을 수행한다. 그러한 선정 작업의 일차 단계는 출판된 모든 자료들을 대상으로 하여 이루어지고, 이어, 일차로 선정한 자료가 도서관이 봉사하는 커뮤니티에 적합한 자료인지를 가늠하는 후속 작업이 뒤따른다. 정리하자면, 대부분의 도서관에서 사서들은 어떤 자료의 상대적 중요성이나 가치에 근거하여 자료를 선정하지 않을 뿐만 아니라 검열 과정에서 받게 될 비난에 대한 두려움 때문에 상대저 중요성이나 가치에 대한 질문을 애써 기피한다. 이러한 업무 양태에 있어 예외적인 경우가 있는데, 어린이사서의 경우가 그러하다. 나는 항상 어린이사서들에 대한 칭찬을 아끼지 않는데, 거기에는 여러 가지 이유가 있다. 무엇보다도 그들이 "좋은" 책과 "나쁜" 책을 기꺼이 구분하려고 노력하기 때문이며, 자신들의 원칙과 가치관에 근거하여 선정 작업을 수행하기 때문이다. 그러나 나머지 사서들은 선정 과정에서 특별한 기준을 갖고 판단하기를 주저하며, 그렇게 하는데 서투르다.

그렇다면 앞으로 인터넷과 전자자원을 마주하게 될 때 우리는 무엇을 어떻게 해야만 하는가? 이 질문에 대해서는 오직 세 가지 전략이 있을 뿐인데, 안타깝게도 그중의 어느 것도 사서의 심장을 즐거움으로 박동 치게 만들지는 못할 것이다:

첫째, 우리는 그러한 질문 자체를 무시할 수 있으며, 전자자원의 가치에 관계없이 우리가 할 수 있는 만큼의 전자자원에 대한 접근을 제공할 수 있다. 이러한 전략은 물론 전자자원의 보존 문제는 다른 이들에게 이양하는 것을 의미한다.

둘째, 우리는 심사숙고하여 우리가 구매 혹은 대여하고자 하는 전자자원을 선택하거나 우리의 웹사이트로부터 연결하고자 하는 대상을 선택할 수 있으며, 그렇게 함으로써 나머지 전자자원에 대해 신경을 쓰지 않아도 된다.

셋째, 우리는 중요하며 가치 있다고 판단한 전자자원을 의식적으로 선택하고, 평가하고, 접근하게 하고, 보존하는 것에 착수할 수 있다. 이는 매우 숭고한 시도이다. 그러나 이러한 시도는 우리 중의 누구도 감당하지 못할 비용을 요구하게 될 것이며, 우리 중의 누구도 갖추지 못한 업무기술에 근거하게 될 것이며, 우리 중의 누구도 수립해 본 적이 없는 정책을 요청하게 될 것이다.

그러나 전자 세계에서의 이러한 구분이 얼마나 까다로울 수 있는지는, 질서정연한 인쇄 세계에서 벌어졌던 다음의 두 사례를 통해서 깨달을 수 있다.

이십 년 전, *New Yoker*誌의 작가인 피츠제럴드(Frances Fitzgerald)는 "미국이 자신의 역사를 꾸준히 발전시켜 나가는 방법"을 주제로 한 흥미로운 책을 출판하였다.[8] 널리 읽혔으며 많은 사람들에게 영향을 주었던 이 책은 백 년 전에 고등학교에서 사용하던 교과서들에 대한 폭넓은 연구에 바탕을 둔 것이었다. 그러나 아주 오래 전에 사용하였던 쓸모없는 교과서들을 주요 출판물 리스트의 앞자리에 올려놓는 대학도서관 사서들은 아마도 없을 것이다.

한편, *The West*라는 책은 유고슬로비아 연방이 해체된 이후의 우울한 여파를 다루고 있다. 인종 청소를 당한 사람들의 시민권을 말소하려는 계획적인 시도는 그러한 우울한 사건 중의 하나였다. 이때 미시간 대학교를 비롯한 여러 대학의 사서들은, 당시 UN이 주도하던 피난민들의 신분을 확인하여 시민권을 회복시키려는 작업을 돕고자, 지난 이십 년 동안 출판된 유고슬라비아 사람들의 전화번호부를 모으는 작업을 협동적으로 수행한 바 있다.

이 두 사례는 교과서는 값진 연구 자료이며 전화번호부는 불행에 처한 나라의 귀중한 역사 기록임을 보여준다. 이처럼, 하찮게 보이지만 "중요한" 가치를 지니는 자료의 사례는 무수히 많으며, 그러한 자료의

---

[8] Frances Fitzgerald, *America Revised: History Schoolbooks in the Twentieth Century* (Boston: Little Brown, 1979).

존재는 우리가 당면한 "선정을 위한 판단기준"의 문제가 얼마나 막중한 것인지를 잘 설명한다. 그러나 당면한 문제가 아무리 막중하다 하더라도(전자자원을 포함한) 우리의 모든 기록을 훌륭하게 보존하고자 하는 우리의 관리자정신이 약해지거나 꺾이지는 않아야 한다. 오히려 그와는 반대로, 우리의 현재 기록을 보존하는 것은 물론이고 미래 기록을 보존할 수 있는 시스템을 구축하기 위해서 스스로 격려하면서 용기를 북돋아야 한다.

미국언어협회(Modern Language Association)는 1995년에 발표한 성명서를 통해 책의 중요성과 학술적 탐구에 있어서 책의 주도적 역할을 다시 한번 확인하였다.9) 비록 우리 모두가 책의 보존과 보급에 있어서 일정 부분 기여하고 있음은 사실이지만, 그러한 노력을 주도하는 역할은 수백만 권의 장서를 갖춘 연구도서관들에게 주어져 있는 것이 사실이다. 에니스(Stephen Enniss)가 의문을 제기하는 것처럼, 전자자원으로의 전환에 대한 숱한 논의가 진행되어 왔지만 과연 어떤 연구도서관들이 "종이 책의 구입과 장서의 확충을 중단했었는가?"10) 에니스는 산성 종이에 인쇄된 책들과 책의 중요성에 대한 부정적 인식이 확산됨으로 인해 발생하는 심각한 문제들에 대해 학자들과 사서들이 발 벗고 나서서 저항할 필요가 있다고 주장한다. 여기서 한발 더 나아가서, 그는 전체 학술 기록물을 보존하고자 하는 논의의 중심축이 인쇄자료에 대한 보존으로부터 전자자원에 대한 보존으로 옮겨가고 있는 것을 "정신 나간 짓"이라고 단언한다. 그는 두 문제는 본질적으로 다른 것이며, 서로 다른 답변을 요구하는 별도의 문제라고 주장한다. 우리는 지난 수세기 동안 인쇄 기록 중에서 가치를 지닌 거의 모든 것들을 보존하는 업

---

9) "MLA Statement on the Significance Primary Records," in *Profession* 95 (New York: MLA, 1995), 27-28.
10) Stephen Enniss, "collaborative Values and the Survival of the Print Record," *C&RL News* 60, no. 6 (June 1999): 459-460, 464.

무를 훌륭하게 수행해 왔다. 만약 의도적인 악의가 없거나 악의적인 것을 무시하고자 한다면, 과거에 우리가 해왔던 거의 완벽한 성공을 앞으로도 지속하지 않을 이유는 없다. 한편, 우리는 아직 전자자원을 보존하는 작업에 본격적으로 착수하지도 않았다. 모호한 계획만 무성하고 많은 말들이 오고 갔지만 이루어진 것은 거의 없다. 전자자원을 보존하려는 시도가 성공하려면 앞으로 넘어야 할 험준한 산들이 수두룩하다.

## 인류 기록의 보존을 넘어서

횡크스(Lee Finks)는 관리자정신을 "기관으로서의 도서관을 존속시키고자 하는 책임감"으로 정의하고 있다.[11] 그는 도서관과 도서관장서의 존속은 문화와 사회의 존속을 위해 필수적임을 강조한다. 이처럼 관리자정신은 인류 기록의 보존에 초점이 맞추어져 있지만, 도서관과 사서직의 존속과 발전에도 커다란 비중을 두고 있다. 도서관과 사서직의 존속과 발전을 위한 관리자정신에는 다음 두 가지 중요한 의무가 포함된다:

- 사서교육(Library Education)을 통해 사서직의 지식기반을 보존하고 미래 사서를 양성하는 것과
- 사서의 사명과 헌신을 행동으로 실천함으로써 사서와 커뮤니티의 상호이익을 제고하고, 그를 통해 도서관과 지역사회 사이의 신뢰적 연대를 강화하는 것

위에서 제시한 두 번째 요소는 우리가 우리의 지역사회는 물론이고 사회 전체를 위해 봉사하면서 얼마나 책임감 있고 윤리적으로 행동

---

11) Lee W. Finks, "Values without Shame," *American Libraries* (April 1989): 353-356.

하느냐 하는 문제와 깊은 연관을 갖는다. 우리는 우리가 봉사하는 대부분의 사람들에게 암묵적인 존경심을 갖고 있는데, 그것은 매우 훌륭한 직업적 태도이다. 그러나 사람들에게 가지고 있는 보편적인 호감을 실용적으로 활용하려면, 그러한 호감을 더욱 강화해 나가야 한다. 우리가 우리의 커뮤니티로부터 지속적인 존경과 지지를 이끌어 내려면, 우리는 우리의 사명이 그들의 삶 나아가 그들의 문화에 밀접하게 연관되어 있음을 증명해 보여야 한다. 그를 위한 최상의 길은 다름이 아니라, 우리의 사명을(사람이 이해하기 쉽게) 소박하게 설정하고 그에 수반한 업무를 성실히 수행하는 것이다. 구체적으로, 인류의 문화를 지켜내는 훌륭한 종복이자 인류의 기록을 보존하는 훌륭한 관리자가 되는 것이다.

## 사서교육(Library Education)

전반적으로 볼 때 나는 우리의 도서관들이 인류의 기록을 보존하는 업무를 훌륭하게 수행해 왔다고 믿고 있다. 나는 우리에게 부족한 것은 우리 사서들이 훌륭한 관리자라는 사실을 이용자 커뮤니티와 사회에 입증하는데 실패한 것뿐이라고 믿고 있다. 겸손은 미덕이다. 그러나 지나친 겸손은 치명적인 정치적 실수가 될 수 있다. 우리가 업무를 훌륭하게 수행해 온 만큼 그것을 외부에 밝히는 것을 두려워하지 말아야 한다. 특히, 우리의 활동을 재정적으로 지원하는 사람들 앞에서 우리는 당당해져야 한다. 그래야 함에도 불구하고 우리의 사서교육은 오히려 대재앙을 초래할지도 모르는 아슬아슬한 위기의 상태에 처해있다.

미국의 사서교육에 관련된 우울하고 쓸쓸한 이야기에는 많은 악당들과 숱한 실패자들이 등장한다. 현장사서들은 교육자들을, 교육자들은 현장사서들을 비난하고 있다. 교수들, 학생들, 사서들, 그리고 미국도서관협회(ALA)와 여타 전문직 단체들, 그리고 도서관에 대한 책이나 논문을 쓴 저자들 모두가 이렇듯 고장나 버린 상호비난의 열차에 연루되어 있다. 거의 모든 논쟁의 중심에 도서관을 뜻하는 "L"자가 있다. 학교 명칭에 "도서관"을 사용하지 않는 "도서관학교(이하, 도서관전문대학원)"가 계속해서 늘어나고 있다. 명칭에서 "도서관"자를 빼버린 학교들의 졸업생들이 도서관에서 직업을 구하려고 애쓰고 있는 모습을 바라보고 있자면 참으로 어리석다는 생각이 든다.[12] 비록 이러한 의미론적인 논의가 겉모습처럼 헛된 것일지라도, 그것은 우리의 전문직이 독감이라는 질환에 걸렸음을 상징하며 현존하는 위기의 심각성을 있는 그대로 보여준다(컴퓨터 관계자들은 컴퓨터라는 명칭에 함축되어 있는 '계산기'라는 의미보다도 훨씬 많은 기능을 가진 기계를 호칭하면서 "컴퓨터"라는 단어를 즐거이 사용하고자 하는데, 일부 사서들은 "도서관"이라는 단어가 시대에 뒤떨어졌다면서 그로부터 도망가려고 하다니 참으로 이상한 일이다)[13]. 여기서 잠시 나 자신에 대해 이야기하자면, 나는 내 인생의 대부분을 사서로서 살아왔으며 도서관을 사랑하고 있다. 나는 이 세상을 떠날 때 내가 사서였음을 매우 자랑스럽게 여길 것이며, "도서관"이라는 단어와 그 단어의 이원이 둘 다 영원히 변하지 않기를 소망할 것이다.

"L"자 전쟁의 이면에는 다음과 같은 우울한 사실이 있다:

- 강단의 교수들과 현장의 사서들 사이에는 관심사에 있어 커다란 차이가 있다.

---

[12] 아마도 유일한 예외는 California대학 Berkeley분교의 교육과정일 것이다. 미시경제학자가 학장으로 부임하면서 Berkeley대학의 새로운 교육과정은 공식적으로 사서직의 교육을 포기하였다.
[13] *Compute*: To determine by calculation; to reckon. *Webster's New Collegiate Dictionary* (1953).

- 미국 사서직의 교육에 있어 실세였던 세 교육프로그램(Columbia 대학, Chicago대학, Berkeley대학의 도서관대학원)이 폐교하거나 부정적 방향으로 변화하였다.
- 많은 도서관대학원 졸업생들이 사서직의 핵심 업무를 수행하는데 필요한 기초 교육을 결여하고 있다.
- 많은 도서관대학원들이 상호 양립할 수 없는 두 가지 문화적 특성을 지니고 있다: 즉, 여성 중심의 도서관학 문화와 남성 중심의 정보학 문화.[14]
- 많은 실무사서들과 고용자들이 신임 사서들을 훈련시키는 역할을 할 수 없거나 하지 않으려고 하다 보니 사서의 교육과 훈련을 차별화 하는데 실패하고 있다.
- 미국도서관협회(ALA)의 도서관학 교육프로그램의 인가 절차가 권위를 잃어 왔다.

여기서 다시 기본 문제로 돌아가자. 어떤 "사려 깊은" 고용자가 사서교육을 제대로 받아 사서직의 핵심 능력을 갖추고 있는 사서를 채용하기를 바란다고 가정하자. 여기서 문제는 사서직을 위한 핵심 교육영역을 결정하는데 있어 숱한 논쟁이 있어 왔다는데 있다. 나는 그러한 논쟁을 더 이상 참아낼 수가 없다. 세상에 어떤 도서관의 고용자가 다음 중 어느 한 영역에서라도 기본적인 교육을 결여하고 있는 사람을 전문직 사서로 채용하고자 하겠는가: 서지통정, 참고업무, 장서개발, 도서관시스템, 그리고 전자자원? 앞서 나는 이 논의의 핵심 개념은 "훈련"이 아니라 "교육"이라고 밝힌 바 있다. 만약 "사려 깊은" 고용자라면 신임 사서에게 편목이나 참고업무 혹은 장서개발을 위한 훈련의 기

---

14) Suzanne Hildenbrand, "The Information Age versus Gender Equity?," *Library Trends* 47, no. 4 (spring 1999): 669-681.

회를 제공할 것이다. 그러나 아무리 "사려 깊은" 고용자라고 하더라도 어느 누가 기본적인 사서교육조차 받지 못한 사람에게 훈련 기회를 제공하고자 하겠는가? 현 시점에서 너무도 자주 듣는 불평 중의 하나는 새내기 편목사서를 채용하기가 너무도 힘들며, 많은 도서관대학원들이 편목을 더 이상 필수 교과목으로 설정하고 있지 않다는 것이다. 이는 문제의 아주 작은 부분에 불과하다. 신참 편목사서의 부족이라는 문제는 단순히 여기서 그치지 않는다. 이 문제는 서지통정의 아키텍처조차 모르는 신참 사서들의 엄청난 증가로 이어지고 있으며, 결국, 신참 사서들을 참고업무나 장서개발업무 혹은 어떤 유형의 업무도 적절하게 수행할 수 없는 상태로 만들고 있다.15) 이에 대한 사례를 들어보자. US News and World Report 誌는 사서교육을 주제로 한 "The Modern MLS Degree: Library Schools Today Are Turning Out Webmasters"라는 제목의 기사를 헤드라인으로 보도하면서 부지불식간에 슬픈 진실을 밝히고 있다.16) 그 기사는 정확히 반문하고 있다. "도대체 한 도서관에서 얼마나 많은 웹마스터를 필요로 하는가?" 우리 모두 알다시피, 기껏해야 한 명? 아니면 전혀 필요로 하지 않을 수도 있지 않은가?

### 1) 정보학과 그것이 초래한 결과

정보학이 도서관대학원에 미친 부정적인 영향은 아무리 강조하여도 지나침이 없다. 애석하게도 전체 상황을 간과하고 있는 한 연구결과는 "정보학"이라는 것이 실제로 존재하지도 않는다고 주장하지만, 이 가

---

15) Michael Gorman, "How We Should Teach Cataloguing and Classification," in *AACR, DDC, MARC, and Friends* (London: Library Association, 1993).
16) Marissa Melton, "The Modern MLS Degree: Library Schools Today Are Turning Out Webmasters," *U.S. News and World Report*, March 29, 1999. http://www.usnews.com/usnews/edu/beyond/grad/gdmls.html

상의 학문은 여러 면에서 우리 도서관대학원의 목을 조르고 있다.[17] 사서교육을 위해 추가되어야 하는 여러 교과목들이 현실 도서관에서 현장 사서가 실제 업무를 수행하는 것과는 거의 혹은 전혀 관련이 없는 정보학 관련 교과목들에 의해 밀쳐 내지고 있다. 그 까닭은 학자들(거의 대부분 남자 학자들)이 자신의 관심분야, 연구비, 그리고 승진이나 정년보장을 추구하기 위해 현장에서 필수적인 사서교육을 훼손하고 있기 때문이다. 그들 중의 많은 이는 사서가 아니며, 도서관과 도서관의 사명에 대해 관심조차 없으면서, 도서관은 미래가 없다고 생각하는 사람들이다. 미국은 자유국가이며, 누구나 자신의 고유한 견해를 가질 수 있다. 설령 그 견해가 잘못된 것이라 하더라도 말이다. 그러나 그러한 믿음을 가지고 있는 사람들은 그들 자신의 학교를 설립하여만 하며, 미래 사서를 양성하고자 하는 사람들에게 해를 끼치지는 말아야 한다. 만약 이러한 방식으로 우리 사서직이 약해지고 병든다면, 휭크스가 말했던 "도서관과 그것의 값진 과실"을 보존해야 하는 우리의 사명은 결국 실패하고 말 것이다.

### 2) 교육 프로그램의 인가

1992년에 미국도서관협회(以下 ALA)는 도서관대학원의 인가에 관한 표준을 개정하였는데, 내 생각에 그 개정으로 인해 사서교육과 사서직의 전문성은 이전보다 더욱 허약해진 것 같다.[18] 현재 ALA의 인가 절차와 과정은 본질적으로 다음과 같이 진행된다: 즉, ALA 인가위원회에 위원으로 선임된 사람들은 모든 도서관대학원을 대상으로 하여 각 학교의

---

17) Lloyd Houser, "A Conceptual Analysis of Information Science," *Library and Information Science Research* 10 (January 1988): 3-34.
18) American Library Association, Committee on Accreditation, *Standards for Accreditation* (Chicago: ALA, 1992).

성취목표에 대해 질문하고, 각 학교에서 작성하여 제출한 내용을 평가한다. 가령, X대학교의 정보학대학원이 "우리 학교는 다가오는 새 천년을 대비해 정보전문가를 양성하는 것에 집중하고 있다"고 주장하면서 그들의 교육과정에 서지통정에 관련된 것이 아니라 웹마스터 관련 교과목을 개설해 놓는다면, 그 대학원에 대한 평가는 웹마스터를 얼마나 잘 길러내는지에 집중될 것이다. 이러한 시각을 가진 미국도서관협회는 "당신들이 좋아하는 것을 가르쳐라. 그러면 우리는 당신네 졸업생들이 도서관에서 일할 자격이 있다는 증명서를 내줄 것이다"라는 식의 이야기를 하고 있다. 신임 사서를 채용하고자 하는 거의 모든 광고에는 "ALA에서 인가한 대학원에서 도서관 정보학 석사(MLS)를 받은 자(혹은 대등한 자격을 가진 자)"라는 마술과 같은 문구가 포함되고 있다. 십 년 전만 하더라도 사서를 채용하고자 하는 고용자들은 ALA 인가 대학원 졸업생들은 누구나 공통의 지식 기반을 갖추고 있는 것으로 추정하였다. 그러나 이제 더 이상 그렇지 않다. ALA가 그들의 인가 과정을 상당 부분 자가인준 방식으로 바꾸었기 때문에 사서를 고용하고자 하는 사람들은 지원자의 학위, 학교, 그리고 커리큘럼을 세심히 살펴보아야 하는 지경에 이르렀다(결코 모든 도서관대학원으로부터의 석사학위가 기존의 MLS와 동등한 것은 아니기 때문이다). 이 모든 상황은 사서의 채용을 위해 우리가 해왔던 것보다 훨씬 많은 일을 앞으로 해야만 하는 것을 의미한다.

 과연 미국의학협회가 의사가 되고자 하는 학생에게 '수술' 과목도 이수하지 않게 하는 의학대학원의 교육과정을 인가하려 들겠는가? 마찬가지로, 미국변호사협회가 헌법을 가르치지 않거나 가르칠 의사조차 없는 법과대학원의 교육과정을 인가하려 들겠는가? 그렇다면 학생들에게 편목의 가장 기본적인 지식조차 가르치지 않고 졸업시키는 도서관대학원을 ALA가 인가하고 있는 작금의 수수께끼는 과연 누가 풀어줄 것인가?

최근에 ALA의 초청으로 이루어진 전문직 교육에 대한 회의(Congress on Professional Education)에서는 걷잡을 수 없이 대조적인 행위들이 표출되었다. 그 회의에서는 여러 추천과 제안들이 쏟아져 나왔고, 그러한 추천과 제안들에는 ALA가 지명했던 여러 전달팀과 위원회 등에 대한 현안 연구도 포함되어 있었다. 당시 제시된 여러 추천들 중에서 나는 특히 두 가지 사안에 주목하고자 한다. 그 회의의 운영위원회가 작성한 보고서는 다음과 같은 내용을 담고 있다:

...적절한 파트너 그룹으로부터의 자문을 받아, 미국도서관협회(ALA)는 다음 사항을 이행하여야 한다...

1.2 전문직을 위한 핵심 능력이 무엇인지 식별하여야 한다.
- 능력에 대한 명확한 설명이 교육자, 실무자, 그리고 일반 대중에게 제시되어야 한다; 특정 부분의 핵심 능력에 대한 관심이 부족하다는 의견이 있는 만큼, 현행(1992년) 인가 표준의 핵심 능력에 대한 설명 부분은 확인되고, 정리되고, 숙고되고, 개정될 필요가 있다...

더불어,
2.1 인가를 위한 독립 위원회를 설치하는 문제에 대해 가능성을 타진해야 한다.
- ...ALA를 포함하는 모든 핵심 주체들이 참여하고 지지하는 공동의 독립위원회를 설치하는 문제의 타당성을 검증하기 위해 많은 논의가 이루어져야 한다...[19]

달리 설명하자면, 그 위원회는 다음과 같은 활동을 통해 현재 미국의 도서관계가 당면한 사서교육의 위기를 다룰 계획이다:

---

[19] "Report of the Steering Committee on [sic] the Congress for Professional Education" (June 1999). www.ala.org/congress/cope_report.html

① 사서교육을 위해 필수적인(즉, "핵심 능력"을 갖추기 위한) 학습 분야와 학습 내용을 고안하고 개정하는 일.
② 교육 프로그램에 대한 인가 권한을 ALA가 "멤버"로 참여하는 새로운 위원회에 이관함으로써 이미 매우 약해진 "도서관대학원의 교육내용에 대한 ALA의 통제"를 더욱 약화시키는 일.

그러나 도서관대학원에서는 반드시 "핵심 능력"을 가르치고 대학원의 졸업생들은 그러한 능력을 반드시 갖추라고 선언한다고 하더라도 그를 통제하기 위한 기구나 장치가 없다면, "핵심 능력"의 리스트를 작성한다고 해서 무엇이 달라지겠는가? 어찌하여 대표적인 전문직 협회(즉, ALA)는 협회원을 교육하는 문제에 대한 통제권(심지어 이론적 통제권까지도)을 "다른" 주체들이 뒤죽박죽으로 섞여있는 새로운 모임에 양도하려 하는가?

인가 문제는 또 다른 측면에서 위기에 처해 있다. 여러 도서관대학원들이 폐교되거나 사라지고 있으며, 다른 모습으로 변질되고 있다. 일부 학교는 ALA의 인가 절차로부터 떠나려고 한다는 이야기도 바람결에 들려온다("정보학"에 흠뻑 빠진 Indiana대학과 Syracuse대학의 교육 프로그램이 그러한 리스트의 선두를 차지하고 있다). 주지하다시피, 이러한 현상은 매우 바람직하지 않으며, 이제 사서교육은 치명상을 입고 길가에 나앉은 꼴이 되어 버렸다. 이러한 현상이 벌어지는 것이 어찌 보면 당연할지도 모르겠지만, 세간의 이목을 끌만한 태만이나 결함 때문에 벌어진 것은 아니다. 어찌되었든, 사서교육이 당면했던 가장 최근의 위기는 1978년에서 1993년 사이에 15개의 도서관대학원이 폐교되었던 것이며, 당시의 상황은 우리에겐 치명적이었다(Columbia대학과 Chicago대학의 유명한 폐교를 포함하여). 그들 학교는 여전히 우리의 추억 속에 있다. 그러나 그로부터 많은 시간이 흘러, 현재의 도서관대학원들을 괴롭히는 것과 그들의 폐교는 이제 더 이상 관련을 갖지 않는다. 그러나 내 생각으로는 또 다른 대규모 학교들이 정보학의 강령을 따라간다면, 동일한 상황이 되풀이 될 것 같기는 하다. 아마도 그들에게 있어 핵심적인 고민거리는 도서관에서 일하고자 하는 졸업생들의 고용 전망에 대한 문제일 것이다. 정보학의 강령을 따라가고자 하는 학교가 더 이상 없기를 바라지만, 만약 있다면 그러한 "탈주자"들은 Berkely대학처럼 명칭뿐만 아니라 실제로 도서관대학원이기를 그만두어야 할 것이다. 또한 ALA의 인가절차로부터 떠나려는 "도서관대학원들"은 그들의 졸업생들이 "ALA로부터 인가를 받은 MLS(혹은 동등한 자격)의 소지"가 기본 요건으로 제시되는 도서관 직업(사서직)을 갖는 것을 더 이상 기대하지 말아야 할 것이다.

도서관대학원의 인가와 관련된 세 번째 문제는 ALA의 인가위원회(Committee of Accreditation)가 자신의 업무를 간헐적으로 은밀하게 수행하고 있다는 점이다. 근자에 이루어진 Denver대학과 Arizona대학의 MLS 교육 프로그램에 대한 인가 철회는 여러 면에서 의문을 낳고 있다. 또한, 충분한 설명도 없이 일부 학교들에 ALA 인가표준에 정해놓은 7년 대신에 3~4년의 기간만 인가해 주는 사례는 불신의 분위기와 소통의 부재를 오히려 조성하고 있다.

교육 프로그램에 대한 인가는 전문직의 정체성에 있어 핵심적인 위치를 차지하며, 실무자와 교육을 이어주는 연결고리의 역할을 한다. 그런데 이렇듯 중요한 인가 절차가 병들고 허약해져 혼란에 빠져있는 것이다. 학교의 교육 프로그램에 대한 인가가 실제로 어떻게 진행되는지에 대해 알고 있는 사서들은 거의 없다. 그러나 인가 절차가 그들의 새로운 동료(그리고 동료의 부족)에 영향을 미친다는 점만큼은 잘 알고 있다. 만약 우리의 교육시스템이 붕괴되거나 위탁되거나 소실되어 버린다면, 우리는 앞으로 어떠한 위치에 놓이게 될까?

만약 그런 끔찍한 미래가 온다면, 우리는 *Podunk State*대학의 정보경제대학원(School of Information Economics)에서 도서관정보학석사(MLS)를 받은 후보와 *Millard Fillmore* 대학의 도서관·매체센터대학원(School of Library and Media Center Studies)에서 정보관리학석사(Master of Information Management)를 받은 후보를 놓고 누가 더 사서직에 적합한지를 저울질하는 우리 자신의 모습을 머지않아 보게 될 것이다.[20] 인가를 받은 학교가 없는 세상에서는 모든 학교가 다 인가를 받은 것이나 마찬가지이다. 그리고 바로 여기에 우리가 우리 전문직에 대한 관리자정신을 통해 우리의 사서교육에 새로운 생명력을 불어넣어야 하는 까닭이 있는 것이다. 그를 위해 우리는 다음의 임무를 수행하여야 한다:

- 우리 전문직의 핵심과 그러한 핵심을 반영하는 업무기술과 지식기반을 규정하는 일
- 핵심 교과과정을 만들어 내는 일
- 학교(즉, 도서관대학원)가 아니라 MLS 프로그램(혹은 그와 동등한 프로그램)을 인가하는 일; 물론 인가 기준은 핵심 교과과정을 얼마나 잘 교육하는가에 따라야 한다
- 인가 절차가 ALA의 관할에 있다는 것과 COA(인가위원회)를 승계할 조직에 의해 명쾌하고, 표준적이며, 이해하기 쉽고, 공개적인 방법으로 인가 업무가 수행된다는 것을 확실히 보장하는 일

---

[20] 여기서 필자가 언급하고 있는 대학과 교육 프로그램의 명칭은 가공의 것들이다 (역자 註).

## 인류 기록의 훌륭한 관리자가 되려면

인류 기록의 관리자로서 그리고 전문직 종사자로서 성공하려면, 우리는 다음 세 가지 사명을 반드시 완수해야 할 것이다:

첫째, 오늘날 우리가 알고 있는 것을 미래 세대도 알도록 하기 위해서 기록된 지식과 정보를, 형태에 관계없이, 보존할 수 있는 효과적인 공동의 운영계획 혹은 제도를 만들어내고 적용해야 한다. 이때 특히, "중요한" 전자자원을 통제하고 보존하는 문제를 해결하여야 한다.

둘째, 주어진 업무를 훌륭하게 수행하여 우리가 봉사하는 커뮤니티로부터 신뢰와 존경을 얻어야 한다.

셋째, 사서교육을 건강하게 살려내고 더욱 강화하여 유지해야 하며, 이를 위해서는, 우리 전문직의 정체성을 제대로 정의하고, 도서관대학원으로 하여금 합의된 핵심 교과과정에 따라 예비 사서를 교육하게 하며, ALA가 관장하는 효과적이고 공정한 인가시스템을 반드시 만들어내야만 한다.

# 서비스

## 서비스의 의미

"서비스"는 여러 가지 의미와 뉘앙스를 갖는 복합적인 단어이다. 가령, *Webster's Third* 사전은 "서비스"라는 단어에 대해 주요한 것만 헤아려 보아도 20개가 넘는 개념 정의를 수록하고 있다.[1] 그 중에서 이 글에서의 나의 관점을 가장 잘 반영하고 있는 정의를 발췌해 보면 다음과 같다:

— 완수된 혹은 요청된 의무
— 전문적인 혹은 기타 유용한 봉사
— 자선적인 동기에 의해 촉진된 노력 혹은 인간의 복지와 안녕을 향한 헌신

이 중에서 특히 마지막 몇 단어들에 주의를 기울이기 바란다. 이 단어들은 우리 사서직이 추구하는 정신, 동기, 그리고 목표를 축약하여

---

1) *Webster's Third New International Dictionary* (1976).

표현하고 있다. 이 단어들이 의미하는 바를 실천에 옮김으로써 "서비스"에 기반한 전문직은 비로소 이타적인 전문직이 되는 것이다. 이처럼 우리의 바램은 개인들에게 봉사함으로써 궁극적으로는 우리 사회와 인간정신을 위해 봉사하는 것이다.

## 서비스와 도서관의 관계

일부러 경건해지려 하지 않아도, 전문직의 가치에 의해 고취된 의무감, 서비스정신, 그리고 인류의 안녕에 대한 희구는 모든 사서들과 도서관 정책을 인도하는 한 줄기 빛임을 우리는 잘 알고 있다. 달리 말하자면, 서비스정신으로 채워져 있지 않은 도서관이 생산적이고 효과적이 된다는 것은 생각하기 힘들며, 그러한 도서관에서 사람들을 위해 행복한 마음으로 업무에 종사한다는 것 또한 상상하기 어렵다.

사서직은 서비스에 의해 정의되는 전문직이다. 사서직의 모든 면, 즉, 우리가 사서로서 취하는 모든 행동은 서비스의 측면에서 판단될 수 있으며 판단되어야만 한다. 그러나 서비스라는 단어에 포함되어 있는 부정적인 의미로부터는 가능한 벗어나는 것이 중요하다(불행하게도 서비스는 "굽신거림" 혹은 "종복" 등과 같이 부정적인 의미의 단어들과 동일한 어원을 가지고 있다). 어찌되었든, 도서관에서 우리가 제공하는 서비스는 대학의 교과과정에 이용자교육을 통합하여 운영하는 것처럼 대규모로 이루어질 수도 있고, 목록의 이용자에게 간단한 도움을 제공하는 것처럼 소단위로 이루어질 수도 있다. 서비스의 규모가 어떠하든지 간에, 서비스의 가치는 전문직 종사자로서의 우리의 삶에 녹녹히 배어있어야 한다. 서비스의 가치는 우리의 모든 사업계획을 평가하는 잣대가 되어야 하며, 우리의 모든 프로그램의 성패를 가늠하는 수단이 되어야 한다. 이용자서비스에 미치는 영향을 고려하지 않고 우리가 3년짜리 혁신 계획을 세웠다면, 그 계획이 과연 성공할 수 있을까? 서비스에 연관된 요소를 고려하지 않은 어떠한 계획도 결국에는 실패하고 말 것이다.

## 서비스의 실천

거시경제의 관점에서 매우 중요한 변화이자 우리 사회에 막대한 영향을 준 것이 산업경제로부터 서비스경제로의 변환이다. 현재 미국 노동자의 약 75%가 서비스업에 종사하고 있으며, 가계수입의 절반 이상이 서비스를 위해 지출되고 있다. 이제 "훌륭한 서비스"는 모든 조직의 성과를 판단하는 중요한 기준이 되었다.[2] 산업선진국에서 만들어지던 많은 제품들이 지금은 산업후진국에서 생산되고 있으며, 그러한 제품들의 대부분은 산업선진국에서 소비되고 있다. 자동차 영업사원이 자동차 기술자보다 흔하게 눈에 뜨이는 세상이 되었다. 공장에서 육체적 노동을 담당하던 많은 사람들이 서비스 분야의 노동자로 거듭나기 위해 고된 재훈련 과정을 감내하고 있다. 새로운 경제에서, 서비스 분야의 틈새를 파고들려면 매우 치열한 경쟁에 뛰어들어야 한다. 특히, 서비스가 일상적으로 소비되는 제품에 연계되어 있을 경우에 그 경쟁은 더욱 치열하다.

주지하다시피, 대중에게 널리 알려진 제품을 독점적으로 공급하는 기업이 비용이나 서비스를 가볍게 여기는 경우는 거의 없다. 특히, 패스트푸드나 음료를 판매하는 기업들, 저가의 의류를 판매하는 기업들,

---

2) Barbara A. Gutek, *The Dynamics of Service* (San Francisco: Jossey-Bass, 1995).

혹은 동일한 형태의 멀티플렉스 영화관들처럼, 유사한 상품을 놓고 치열하게 경쟁하는 경우에 비용과 서비스에 대한 고려는 필수적이다. 이처럼 틈새는 오직 두 가지, 가격과 서비스에서만 찾을 수 있다. 국제적으로 혹은 국내에서 성공한 기업들이 개인 고객들에게 갖는 관심과 서비스는 익히 널리 알려져 있다. 특히, 유사 기업들이 넘쳐나는 상황에서(가령, 값싼 의류회사들, 프랜차이즈 식당들, 비디오 가게들, 컴퓨터 도매업자들이 넘쳐나는 상황에서) 눈이 번쩍 뜨일만한 저렴한 가격을 제시하는 것이 점차 어려워지면서, 개인 고객에 대한 서비스의 중요성은 더욱 강조되고 있다.

상업적 세계에서 서비스의 개선과 혁신은 정반대의 성격을 갖는 두 가지 수단(즉, 테크놀로지와 인적 접촉)에 의해 달성되어 지곤 한다. 제대로만 설계된다면 테크놀로지는 서비스의 획기적인 발전과 고객의 궁극적인 만족을 끌어내는데 크게 기여할 수 있다. 전자 상거래 분야에서 성공한 기업들(가령, Amazon.com)은 테크놀로지 기반 서비스의 긍정적인 면을 볼 수 있는 대표적인 사례이다. 그러나 이와는 반대로, 비용절감을 목적으로 '인적 접촉'을 대체하고자 도입된 테크놀로지(가령, 전자뱅킹시스템이나 다단계로 이루어진 자동응답시스템 등)에 대해서는 소비자들의 반발이 만만치 않게 이어지고 있다. 그런 경우에 소비자들은 인적 요소의 제거를 서비스의 축소로 인식하게 되는데, 소비자들의 부정적인 인식이 확산되면서 많은 기업들이 그들의 서비스 자동화 전략을 되돌리고 있다.

거의 대부분의 도서관들은 공공 영역에 속해 있으며, 설령 그렇지 않은 경우라 하더라도, 도서관을 비용이나 가격의 측면에서 평가하지는 않는다(물론 도서관에 대한 비용효율적 그리고 비용효과적 측면에서의 평가가 지속적으로 늘고는 있지만, 그렇다고 해도 서비스 단위마다 가격을 기준 삼아 평가하는 기업들과는 분명히 다르다). 따라서 틈새를 공략하기 위한 두 가지 방법 중에서 도서관이 활용할 수 있는 것은 서비스이다. 특히, 비용효율의 증대를 위해 테크놀로지의 중요성이 강조되고 있는 오늘날, 도서관이 보다 높은 수준의 서비스를 제공하려면 테크놀로지와 "인적 접촉" 사이의 균형을 유지하려고 노력하는 자세가 절실히 필요하다.

도서관서비스에 대한 평가는 서비스의 철학적 토대나 개념적 정의에 달려있는 것이 아니라 서비스의 가치를 실제 업무를 통해 어떻게 구현해 내느냐에 달려있다. 실무에서의 구현 정도를 파악하기 위해서 요구되는 것이 평가절차의 개발과 적용이다. 도서관서비스를 평가하는 방법은 다양하다(참고질의에 대한 응답 수, 요청이후 두 달 내로 구입된 책의 수 등등). 그러나 일부 서비스(특히, 인적 요소에 연계된 서비스)는 다른 서비스처럼 계량화하기가 쉽지 않다. 가령, 참고질의의 응답비율을 산출하는 것은 응답의 품질을 평가하는 것에 비하면 매우 간단하다. 도서관이용법 강좌에 참여한 학생들의 수를 헤아리는 일 또한 이용법강좌의 성과를 평가하는 일에 비하면 훨씬 수월하다. 우리 인생의 모든 면면이 그렇듯이 도서관에서도 질을 평가하기보다는 양을 헤아리는 것이 훨씬 수월하다.[3] 그렇다고 해서 질적 측면의 평가를 포기해야만 한다는 이야기는 아닙니다. 단지, 서비스에서 구현되는 인간과 인간 사이의 상호작용은 그 자체만으로도 복합적이며 다차원적이라는 사실을 강조하고자 할 뿐이다.

도서관에서의 서비스란 무엇일까? 아마도 대부분의 도서관에서 "퍼블릭 서비스(public service)"라고 칭해왔던 서비스 요소들(즉, 참고서비스, 분관서비스, 그리고 특화 혹은 주제서비스 등)을 떠올리기 쉬

---

[3] Sharon L. Baker and F. Wilfrid Lancaster, *The Measurement and Evaluation of Library Services*, 2nd ed. (Arlington, VA: Information Resources Press, 1991).

울 것이다. 그러나 서비스는 직접적인 것과 간접적인 것이 있을 수 있으며, 간접 서비스는 직접 서비스 못지않게 중요하다는 점을 상기하여야 한다.

## 1) 테크니컬 서비스(Technical Service)

이용자들이 필요로 하는 자료를 식별하고, 신속한 수서와 편목을 통해 시기적절하게 자료의 활용을 가능하게 하는 "기술적인 업무"는 분주한 참고데스크에 앉아서 인적 서비스를 제공하는 "대중적인 업무"만큼이나 도서관에서는 중요하다. 이처럼 기술적인 업무에 기반하여 이루어지는 간접 서비스는 대중적인 업무에 기반하여 이루어지는 직접 서비스만큼이나 도서관 이용의 "인적 측면"과 밀접한 연관을 갖는다. 도서관이용자들이 자신들이 원하는 자료에 시기적절하게 접근하여 활용할 수 있도록 하는 일은 도서관의 서비스에 있어서 매우 중요한 요소이다. 같은 맥락에서, 이용자로 하여금 그들이 원하는 자료를 수월하게 찾을 수 있도록 도와주는 이용자 친화적 서지통정시스템의 구축은 도서관서비스에 있어 매우 중요한 요소이다. 과거에는 목록이나 온라인 시스템을 이용하는 사람들에 대한 진지한 고려조차 없이, 서지통정 업무와 온라인 시스템 업무를 수행하는 경우가 너무도 흔하였다. 그로 인해, 규칙에만 집착하는 편목사서 그리고 테크놀로지에만 몰두하는 시스템 전문가라는 고정적인 이미지가 형성되었다. 그러나 다양한 요소들이 영향을 미쳐 왔겠지만, 지금은 그러한 태도와 이미지는 거의 사라지고 이용자 친화적 시스템을 도서관 어디에서나 마주할 수 있게 되었다. 그러한 "기술적 업무"와 "시스템 관리"를 담당하는 부서에서 도서관이용자를 위해 제공하는 서비스는 다음과 같다:

- 도서관장서의 구축을 위해 적절한 자료를 선정한다.
- 집단 혹은 개별 주문을 통해 필요한 아이템을 신속하게 인도 받기 위해서 자료도매상과 긴밀하게 협력한다.
- 원거리에 있는 전자자원에 접속하기 위한 협약을 체결한다.
- 도서관이용자의 자료 활용을 돕기 위해서 국가표준과 국제표준에 입각하여 자료를 편목하고 분류한다.
- 지역 단위의 목록을 구축하고 유지하는 동시에, 광역 단위 혹은 국가 차원의 공동목록에 양질의 서지 데이터를 공급한다.
- 다양한 정보자원에 대한 접근을 가능하게 하는 한층 발전된 이용자 친화적 온라인 시스템을 설계하고 실행하는데 기여한다.

## 2) 참고서비스 그리고 "서비스와의 조우"

모든 서비스의 중심에는 서비스와의 조우가 있다. 모든 것은 그 만남으로부터 시작되어 흘러간다. 서비스와의 조우란 고객이 서비스의 주체, 담당자, 커뮤니케이션과 테크놀로지, 그리고 서비스 자체와 접촉하게 되는 순간 혹은 사건을 말한다... 그러한 접촉의 순간은 오래 동안 "진실의 순간"으로 칭해져 왔다.[4]

상업적인 서비스 기업에서 그런 것처럼, 회사건물의 안쪽에 자리 잡은 사무실에서 이루어지는 서비스 관련 활동을 목격하기보다는 서비스가 직접적으로 이루어지는 장면을 포착하기가 훨씬 수월하다. 도서관에서도 어떤 다른 서비스 활동보다 참고서비스 활동을 목격하는 것이 훨씬 수월하다. 참고서비스가 참고데스크에 앉아 있는 사람을 넘어서 그 범주가 확장되더라도, 참고서비스의 중심에는 언제나 인간과 인간의 상호작용이 이루어지는 "진실의 순간"이 존재한다.

---

[4] James L. Heskett et al., *Service Breakthroughs* (New York: Free Press, 1990), 2.

우리 함께, 축의 한쪽은 "서비스의 자발성"을, 다른 한쪽은 "담당자의 능력"을 나타내는 서비스 매트릭스에 대해 생각해 보자. 이 매트릭스는 네 가지 유형의 서비스 담당자들로 구성될 것이다: 자발적이고 능력이 있는 담당자; 자발적이지만 무능한 담당자; 능력은 있지만 비자발적인 담당자; 무능하고 비자발적인 담당자.[5] 만약 당신이 훌륭한 경영자라면 모든 담당자를 첫 번째 유형으로 만들어 가고자 할 것이며, 나머지 유형에 속하는 담당자들을 대상으로 재훈련 혹은 재교육을 실시하기에 앞서 그들이 "부정적인 성향"을 갖게 된 이유나 배경을 밝혀내고자 노력할 것이다. 이 섹션을 시작하면서 인용했던 문구가 밝히고 있는 것처럼, 서비스를 담당하는 사람은 전체 기관(여기서는 도서관)을 대표하며, 전체 기관은 서비스를 담당하는 사람의 자질에 의해서 평가되어지는 것이다.

백화점, 은행, 혹은 여행사와 같은 상업적 조직에서 흔히 볼 수 있는 것처럼, 도움을 구하는 고객의 시각에서 도움을 제공하는 담당자가 갖추었으면 하는 자질은 크게 세 가지이다:

- 쉽게 접근할 수 있는 접근성
- 관련 지식을 갖추고 있는 박식함
- 쉽게 설명할 수 있는 소통력

먼저, 접근성은 "좋은 하루 되세요!"라는 식의 별 의미도 없는 친근함의 표시를 뜻하는 것이 아니라 온화함과 겸손함이 자연스럽게 느껴지는 모습이나 분위기를 의미한다. 참고업무가 이루어지는 공간의 가구나 집기의 배치는 도서관이용자들의 서비스 활용에 영향을 미칠 수 있다. 따분하고 냉담해 보이는 표정의 참고사서가 높은 참고데스크에

---

5) Valarie A. Zeithaml et al., *Delivering Quality Service* (New York: Free Press, 1998), 136.

앉아서 질문하러 온 고객을 내려다보고 있는 "전형적인 모습"이 도서관이용자들에게 미치는 영향은 매우 크다. 그러한 고압적인 모습은 도서관이용자들이 지니고 있는 내면적 두려움(일부 이용자의 경우에는 실제 경험에 의한 두려움)에 정확히 일치하기 때문이다. 우리는 질문을 한다는 것은 매우 상처받기 쉬운 행위(특히, 어리석은 사람으로 여겨지는 것에 대한 두려움을 갖게 하는 행위)라는 사실을 잊지 말아야 한다.

접근성은 또한 "자리를 지키고 있는 상태"를 의미한다. 참고데스크에 누군가가 늘 앉아 있는지? 도서관이용자는 질문을 하기 위해 얼마나 오래 동안 기다려야 하는지? 참고데스크 앞의 대기 줄은 얼마나 긴지? 이용자가 다가갔을 때 참고사서는 얼마나 바빠 보이는지? 참고사서로부터의 답변은 얼마나 친절한지? 참고사서는 연령, 민족, 학력 등에 관계없이 일관된 친절과 품위를 유지하면서 이용자들을 대하는지? 그러나 도서관에서 이루어지는 참고서비스를 평가하기 위해 이러한 유형의 질문들을 활용하는 것은, 불가능하지는 않을지라도, 대단히 어려운 일임에는 틀림이 없다. 따라서 참고서비스의 평가를 위한 또 다른 방법으로 여러분 스스로 이용자의 입장에 서서 여러분이 가장 받고 싶은 서비스가 무엇인지를 가늠해 보는 것은 어떠할는지?

박식하다는 것, 즉, 지식이 풍부하다는 것은 참고사서가 되기 위한 기본 요건이 분명하다(대규모 서점과의 "경쟁"을 우려하고 있는 도서관을 위한 좋은 해결책은 훈련조차 제대로 받지 못한 저임금의 직원들이 근무하고 있는 대규모 서점에서 "지식이 풍부한 서비스 담당자"를 우연하게라도 마주칠 확률이 얼마나 희박한지에 대해 생각해 보는 것이다). 참고사서가 어느 정도의 지식을 갖추고 있는지와 어떤 영역의 지식을 갖추고 있는지는 대단히 중요한 문제이다. 훌륭한 참고사서라면 최소한 다음의 지식을 갖추고 있어야 한다:

- 자신이 근무하는 도서관의 일반 장서와 참고 장서에 대한 지식
- 목록과 분류에 의해 제공되는 서지 세계를 그려볼 수 있는 지식
- 도서관이용자가 활용할 수 있는 전자자원의 장점과 단점에 대한 지식
- 참고면담을 진행하는데 필요한 지식
- 참고 질의자에게 적절한 내용과 분량의 정보를 제공할 수 있는 지식

전문적인 참고사서들 사이에서는 잘 알려있는 학술연구자와 참고질의자의 행동에서 반복적으로 나타나는 패턴들이 있다. 존경받는 작가이자 미국 의회도서관의 참고사서인 토마스 맨(Thomas Mann)은 그러한 패턴들을 다음과 같이 정리하고 있다:

- 자주 하는 질문의 유형과 방법에 있어서의 패턴
- 무엇이 이루어질 수 있을 지에 대해 무의식적으로 가정할 때의 패턴
- 교사나 고용주 또는 동료가 주는 바람직하지 않은 충고에서의 패턴
- 연구의 효율성을 저하하는 실수나 누락에 있어서의 패턴[6]

토마스 맨은 계속해서 "이러한 패턴들은 전반적으로 대부분의 사람들이 가장 절실하게 도움을 필요로 하는 분야나 영역을 드러내 보여주는 경향이 있다"고 설명한다. 그는 참고사서의 역할을 스스로 수행하고자 하는 개인연구자들을 도와주기 위해 쓴 책에서, 그러한 패턴들에 대해 자세히 설명하고 있다. 그러나 그가 설명하는 패턴들은 개인연

---

6) Thomas Mann, *The Oxford Guide to Library Research* (New York: Oxford University Press, 1998), xvii-xviii.

구자들뿐만 아니라 도서관에서 이루어지는 참고면담의 과정과 결과를 이해하는데 있어서도 매우 중요한 역할을 한다. 숙련된 참고사서라면 토마스 맨이 설명하는 이용자들의 패턴들을 참고하면서 그들의 문제점을 보완하고자 할 것이며, 이용자들이 자신의 요구를 얼마나 잘 표현하는지에 관계없이 그들이 절실히 필요로 하는 것을 제공함으로써 최상의 참고서비스를 제공하고자 할 것이다.

나는 앞서 훌륭한 참고사서가 되려면 소통력(쉽게 설명할 있는 능력)을 갖추어야 한다고 말한 바 있다. 여기서 소통력이란 단순히 영어의 구사력을 의미하는 것이 아니다. 간결하고 정확한 언어로 소통할 수 있는 능력은 사서직의 모든 업무에 요구되는 값진 자산이다. 유능한 참고사서가 되려면, 다양한 수준의 지식을 갖는 것도 중요하지만 "지식은 그것을 전달하는 커뮤니케이션 능력을 결여할 때 효력을 상실한다"는 사실을 깨닫는 것 또한 무척 중요하다. 앞서 인용했던 자료에는 서비스에 있어서 커뮤니케이션의 의미가 무엇인지를 일러주는 간략하지만 정갈한 설명이 담겨있다: "고객에게 그들이 이해할 수 있는 언어로 알려주고 그들의 말에 귀를 기울이는 것."[7] 여기서 핵심은 참고서비스의 이용자가 이해한 수 있는 언어를 사용히되, 일방적인 진달이 아닌 쌍방향의 소통이 중요하다는데 있다. 참고질의에 대한 답변 과정에서 이용자에게 제공하는 정보의 양과 형태가 중요한 것처럼, 답변을 위해 사용하는 언어 또한 중요하다는 의미이다.

참고사서, 특히, 대규모 도서관에서 근무하는 참고사서는 모든 유형의 그리고 모든 조건의 사람들과 조우할 수 있다. 내가 근무하고 있는 도서관에는 매일 수천명의 학생들, 교수들, 그리고 지역주민들이 찾아온다. 그들 중에서 학생들에 대해 살펴보면, 학생들의 대부분은 미국

---

7) Zeithaml, *Delivering Quality Service*, 22.

의 학교도서관이 최악의 상황에 처해있을 때 고등학교를 졸업한 첫 번째 세대에 속한다.[8] 학생들에게서 발견할 수 있는 또 다른 특징으로는, 그들 중 상당수가 외국어를 구사할 수 있는 능력을 갖추고 있다는 것과 많은(아마도 대부분의) 학생들이 저소득 가정 출신이라는 것이다. 두 번째 이용자 집단인 지역주민에는 전문적인 연구자나 명예교수로부터 리포트의 작성을 위해 도움을 필요로 하는 고등학생에 이르기까지 다양한 배경의 사람들이 포함되어 있다. 그리고 세 번째 이용자 집단인 교수들은 최고의 교육을 받은 사람들로서 다양한 분야의 전공자들로 구성되어 있다. 이처럼 복합적인 이용자집단을 대상으로 서비스를 제공하려면 참고사서는 다양한 수준에서 소통할 수 있어야 하며, 서비스의 대상에 따라 적절한 수준에서 대화를 이끌어 갈 수 있어야 한다.

서비스 마케팅학자인 자이사믈(Zeithaml)[9]은 서비스를 위해 고객과 접촉할 때 "고객의 이야기를 듣는 행위가 얼마나 중요한지"에 대해 언급하고 있다. 경험이 풍부한 참고사서들은 이용자가 던지는 첫 번째 질문에 그가 알고자 하는 모든 내용이 포함되어 있는 경우는 극히 드물다는 것을 잘 알고 있다. 대부분의 경우 첫 번째 질문은 이용자가 진짜 의도하는 것보다 훨씬 일반적인 용어들로 채워지기 마련이다. 예를 들어, 이용자의 진짜 의도는 캘리포니아에 거주하는 토착 인디언의 숫자를 알고자 하는 것인데, 그의 첫 번째 질문은 "인구조사 자료는 어디에서 찾을 수 있을까요?" 하는 식으로 표현되곤 한다. 또 다른 예를 들어

---

[8] 1970년대 말에 있었던 대규모의 조세저항(the Great Tax Revolt) 이후, California주의 학교도서관들은 모든 주요 지표(가령, 사서 일인당 학생 수, 자료의 노화 정도 등)에서 미국의 50개 주 가운데 50번째의 순위를 지속적으로 유지하였다. 이에 대해서는 다음 자료를 참조하시오: Micheal Gorman, "The Domino Effect, or, Why Literacy Depends on All Libraries," *School Library Journal* (April 1995): 27-29.
[9] 서비스 마케팅 분야의 핵심적인 학자 중의 하나로 많은 서비스의 품질을 주제로 하여 많은 저서와 보고서를 생산하였다 (역자 註).

보자면, 이용자의 진짜 의도는 "1980년대 미국 국가재정의 적자에 대한 기말 리포트를 쓰는데 필요한 정보를 구하는데 있음"에도 불구하고, 그의 첫 번째 질문은 "경제학에 대한 책이 어디에 있습니까?" 하는 식으로 표현된다. 따라서 겉으로 표출된 이용자 질문의 이면에 숨겨져 있는 진짜 의도가 무엇인지 알아내려면 주의 깊게 듣고 조심스레 캐물으려고 노력하는 대화술이 필요하다. 그러나 이러한 대화술은 최고의 지식인 계층에 속하는 사서들이 자연스럽게 갖추고 있는 능력이 아닐는지 모른다.

내 동료 틱코슨(David Tyckoson)은 "지난 십 년 동안의 참고서비스"를 회고하는 매우 중요한 글을 발표한 바 있다.10) 그 글에서 틱코슨은 "전통적인" 참고서비스에 대한 대안으로 지난 십오 년 동안 제시되었던 여러 방안들을 검토하면서 각 방안이 갖는 문제점에 대해 상세하게 언급하고 있다. 전통적 참고서비스를 대체하고자 제안되었던 방안들을 정리해 보면: 전문가 시스템(인적 접촉을 대체하기 위해 테크놀로지를 사용한 시스템); 상호소통의 확대를 위한 전자메일; 질문의 수준에 따라 사서들을 배치하여 전담하게 하는 "단계적" 서비스; 개인이 아닌 팀 단위의 참고데스크 운영; 참고사서에 대한 수시 접근 방식을 "사전예약" 시스템으로; 참고서비스의 완전한 중지 등이 있었다. 틱코슨은 이러한 해결방안을 하나씩 검토하면서 각 방안의 결함에 대해 언급하고 있다. 틱코슨은, 글의 마지막 부분에서, 참고사서를 "검색 엔지니어," "지식 지도의 작성자," 혹은 "시장 조사자" 등으로 간주하려는 어리석은 짓거리에 대해 냉철하면서도 논리적으로 타당한 비판을 가하고 있다.11) 글의 결론에서 그는, "현단계 참고서비스에 있어서 유일한 잘

---

10) David A. Tyckoson, "What's Right with Reference," *American Libraries* 30, no.5 (May 1999): 57-63. 이 글은 다음 글의 속편 같은 성격을 띠고 있다: Bill Miller, "What's Wrong with Reference," *American Libraries* 15, no.5 (May 1984): 303-306, 321-322.

못은 참고서비스는 인간 대 인간의 접촉에 의해서 수행되어야 하는데 그러한 인적 접촉을 위한 행·재정적 지원을 감축하고 있는 것"이라고 지적하고 있다. 참고사서는 항상 스트레스로 인해 고통을 받지만, 그러한 스트레스는 이용자와의 만남에서 비롯되는 것이 아니라 과중한 업무에도 불구하고 허리띠를 졸라매면서 최선을 다해야 하는 현실에서부터 오는 것이다. 도서관 관리자들이 높은 수준의 서비스가 이루어지는 도서관에서 근무하기를 진정으로 원한다면, 모든 도서관서비스 중에서 가장 사람들의 눈에 잘 뜨이는 "인적 접촉을 통한 참고서비스"를 행·재정적으로 지원하는데 앞장서야 한다.

### 3) 고통 받는 사람들에게 평안을!

> 인종, 가치관, 성별, 동성애, 문화적 혹은 민족적 배경, 물리적 혹은 지적 장애, 경제력, 종교적 신념, 그리고 세계관 등을 근거로 차별하는 것 없이, 학술 커뮤니티를 구성하는 모든 사람들에게 정보에 대한 평등한 접근을 제공하고자 하는 서비스 철학은 고무되고 촉진되어야 한다.[12]

사서직에 스며있는 이타적인 서비스 윤리를 가장 명료하게 표현한다면, 그것은 아마도 모든 사람, 특히, 빈곤하고, 소외되고, 허약하고, 힘이 없는 사람들을 돕고자 하는 소명의식일 것이다. 모든 유형의 도서관에서, 여러분은 서비스를 가장 필요로 하는 사람들에게 서비스를 집중하고자 노력하는 사서의 모습을 볼 수 있을 것이다.

---

11) Jerry Campbell, "Shaking the Conceptual Foundations of Reference," *Reference Services Review* 20, no.4 (winter 1992): 29-36.
12) Association of College and Research Libraries, "Intellectual Freedom Principles of Academic Libraries" (June 1999). www.ala.org/acrl/priciples.html

## 4) 도서관이용자에 대한 이해?

성공하려면 고객의 기반을 확보하고 그들이 원하거나 필요로 하는 서비스를 제공하여야 한다. 이는 비즈니스 세계에서는 너무도 자명한 이치이다. 따라서 대부분의 기업들은 많은 예산을 들여 상품이나 서비스의 판매 대상이 되는 고객집단에 대한 연구를 수행할 뿐만 아니라 막대한 자금을 투입하여 데이터베이스를 구축하고 고객에 관한 정보를 최신 상태로 유지하고자 노력한다. 어느 한 도서관에 의해 서비스를 제공받는 이용자 커뮤니티를 규정하는 일은 그렇게 어렵지 않다: 가령, 지방자치구역, 대학, 기업, 국가, 그리고 학교의 학생과 교수, 병원의 환자, 의사, 간호사 등이 그에 해당한다. 그러나 이러한 커뮤니티의 규정은 종종 환상에 불과한 것으로 드러나곤 한다. 거의 모든 도서관들이 그들의 "본래" 고객이 아닌 다른 사람들을 위해서도 서비스를 제공하며, 그러한 현상은 도서관들 사이의 협력이 늘어나고 도서관연합체의 숫자나 규모가 커지면서 더욱 확산되고 있다. 이처럼 상황이 매우 복잡하지만, 도서관들이 서비스를 필요로 하는 곳에 그들의 서비스를 집중하기 바란다면, 서비스 대상 커뮤니티를 명확히 규정하는 일은 여전히 중요하다. 이에 더해서, 예산의 신청을 위해서나 서비스의 우선순위를 정하기 위해서도 핵심 커뮤니티와 부차적인 커뮤니티들을 분리하여 규정하는 작업은 매우 중요하다.

### (1) 공공도서관

공공도서관이 서비스를 제공하는 커뮤니티는 정치적인 구역에 의해 정해지며, 그러한 정치적 구역에 거주하는 사람들에게 서비스를 제공한다는 근거에서 공공도서관은 예산을 지원받는다. 유사한 성향의 사람들로 구성된 작은 도시나 주민이 드문드문 거주하는 시골 마을을 제외하곤, 공공도서관은 보통 연령, 수입, 민족, 언어 등에 있어서 다양한 범주의 사람들과 상이한 성격의 집단들을 대상으로 하여 서비스를 제공한다. 그러나 서비스 대상 지역의 거주민뿐만 아니라 다른 지역의 사람들에게도 공공도서관은 서비스를 제공해야 하기 때문에 현실의 상황은 더욱 복잡하다. 현대의 도시들은, 거의 예외 없이, 정치적으로 서로 분리된 여러 커뮤니티들에 둘러싸여 있다. 도시의 외곽에 위치한 이러한 커뮤니티들에는 도시에서 근무하면서 도시의 공공도서관을 이용하는 수많은 사람들이 거주하고 있다. 이런 상황에서 대부분의 공공도서관들은 서로의 도서관회원증을 공유하는 협약을 통해 다른 공공도서관의 이용자라 하더라도 자기 도서관의 자료와 서비스를 활용하도록 허용하고 있다. 따라서 어떤 공공도서관이 여러 이용자 집단들의 우선순위를 정하는 것을 포함하는 전반적인 서비스 계획을 수립하고자 할 때는, 그 공공도서관에 예산을 지원하는 정치적 커뮤니티의 내부 집단들뿐만 아니라 외부의 집단들까지도 고려의 대상에 넣어야 한다.

　　공공도서관을 가장 많이 찾는 이용자들은 어린이와 빈곤한 노인들이다. 주지하다시피 그들은 우리 사회에서 가장 힘이 약한 소수자 집단이다. 이 책의 앞 장에서 설명한 대로, 공공도서관은 19세기에 가난한 사람들을 위해서 만들어졌으며, 많은 공공도서관들이 "시민의 대학"으로 진화해 왔다. 즉, 공공도서관은 가난한 사람들이 자가 학습을 통해 빈곤의 굴레로부터 벗어나는 것을 도와주는 사회적 장치로 기능해 왔다. 공공도서관은 종종 도서관을 찾아오는 사람들뿐만 아니라 바깥출입을 못하는 사람들이나 교도서의 수감자 혹은 원거리 거주자들을 위하여 이동도서관을 운영함으로써 도서관의 울타리 너머까지로 서비스를 확대하여 왔다. 병들거나 외롭거나 절망에 빠진 사람들을 위한 서비스는 공공도서관의 서비스가 높은 수준에 이르러 있음을 보여주는 사례이다. 한편, 거의 모든 지역의 커뮤니티들은 그들 지역의 어린이도서관과 어린이를 위한 도서관서비스를 공공도서관이 제공하는 프로그램들 중에서 가장 소중하게 여기고 있다.[13] 여기서 우리는 어린이는 가난한 사람들이나 노인들과 마찬가지로 다른 집단들에 비해 이동성이 매우 적다는 점에 주목할 필요가 있다(우리 사회에서 이동이 가장 적은 집단은 가난한 어린이와 노인이다). 만약 어린이를 위한 도서관서비스에 정치적이고 도덕적인 우선권이 주어져야 한다면, 그동안 미국의 많은 지역을 들끓게 만들었던 "지역 중심의 도서관서비스와 중앙 집중의 도서관서비스를 둘러싼 예산지원에 있어서의 우선순위 논쟁"은 지역 중심의 도서관서비스에 보다 큰 비중을 두는 방향으로 정리되어야 할 것이다.

### (2) 대학도서관

다양한 수준의 대학교육(즉, 전문대학, 예술대학, 그리고 종합대학)을 지원하기 위해 설립된 도서관들은 거의 대부분 핵심 서비스 대상으로 "규정해 놓은" 이용자집단을 가지고 있다. 문제는 그러한 이용자집단이 서비스의 핵심 대상임은 분명하지만, 대학도서관이 서비스를 제공하는 모든 사람들을 포괄하지는 않는다는데 있다. 특히, 공적 기금으로 설립되어 운영되는 대학들(국공립 대학들)의 경우, 그들 대학의 도서관들이 서비스하는 대상에는 지역주민이 포함된다. 2년제 시립대학이나 4년제 주립대학, 특히, 작은 도시에 설립된 대규모 종합대학(가령, Illinois주 Urbana나, Indiana주 Bloomington, New York주의 Ithaca와 같은 "대학도시"의 대학)들은, 해당 지역사회의 문화적, 정치적, 사회적 중심 기관으로서의 역할을 수행한다. 그러한 대학들은, 그들이 원한

---

13) The Boston Foundation (Washington, D.C.: 1996)에서 생산한 책인 Buildings, Books, and Bytes에 의하면, 어린이서비스는 연구자들이 면담하였던 포커스 그룹에 의해 지금까지 가장 가치 있는 도서관서비스로 평가되었다. 이에 대해서는 다음 자료를 참조하시오: Library Trends 46, no.1 (summer 1997): 178-223.

다고 하더라도 해당 지역사회로부터 벗어날 수는 없으며, 그러한 대학들의 도서관 또한 동일한 처지에 놓여있다. 미국 연방정부나 주정부의 문서를 보관하는 장소로 지정된 공립 혹은 사립대학들은 법률에 의해 자신들이 보관하고 있는 문서를 대중에게 서비스할 의무를 지니고 있다. 공립대학들은 또한 그들의 시설을 납세자와 그들의 가족에게 개방하도록 되어 있다. 물론 그들 대학의 도서관에서는 대출이나 상호대차 혹은 무료복사와 같은 일부 서비스에 관해서는 일반인들의 이용에 제한을 둘 수 있다. 그러나 그 외에 도서관 시설의 이용이나 자료의 열람과 같은 다른 서비스에 있어서는 대부분 제한을 두지 않고 있으며 둘 수도 없게 되어 있다.

중요하지만 보편적인 관점에서 우리가 관심을 가져야 하는 것은, 대학의 구성원이 아닌 사람들에게 전자자원에 대한 참고서비스나 검색서비스를 제공하기 위해 별도의 예산을 지원받는 대학도서관들은 거의 없다는 사실이다. 그러나 대학구성원이 아닌 외부의 이용자들은 자신들이 납부한 세금에 의해서 재정적인 지원을 받는 공적 시설과 서비스를 자신들이 이용할 수 없다는 사실을 쉽게 납득하려 하지 않는다. 사실이지, 시설이나 서비스의 이용과 관련하여 외부의 이용자들에게 제재를 가하는 것을 정치적으로나 도덕적으로 선호하는 공립 대학이나 대학도서관은 거의 없다. 흔한 사례를 들자면, 대도시의 대학도서관에서는 저녁시간이나 주말에 고등학생들의 이용률이 매우 높다. 그런 대학도서관에서 근무하는 참고사서들은 고등학생들의 도움 요청이 넘쳐나서, 때론 그들이 서비스해야 하는 대학생들이 손해를 보고 있다는 보고서를 올리기도 한다. 같은 맥락에서 그런 대학도서관에서는 많은 수의 검색용 단말기가 저녁시간이나 주말에는 리포트의 마감일을 대비하려는 고등학생들에 의해 점거된다. 그러한 고등학생들에게 참고서비스나 검색서비스를 제공하기 위해 단 일원의 도서관 예산도 잡혀있지 않지만 그런 일은 다반사로 일어난다. 그런 가운데, 유능한 고등학생을 신입생으로 유치하고자 하는 주립대학들은 과제 수행을 위해 대학도서관을 찾을 정도로 부지런하고 지적 호기심이 충만한 학생들이 그들 도서관을 적극적으로 활용하도록 오히려 격려하기도 한다. 이처럼 대학도서관들은, 한편으론 예산 지원조차 받지 못하는 서비스를 제공하도록 요청받으면서, 다른 한편에선 고등학생들과 대학생들이 추구하는 교육적 목적에 도움을 주고자 서비스를 제공하고 있는 것이다. 이런 상황에서, 모든 교육 대상자들에게 고른 혜택을 주기 위해서는 협력과 자금을 이끌어 내기 위한 보다 창의적인 접근이 필요해 보인다. 가령, 유치원생부터 대학원생까지 모든 학생들을 위한 도서관서비스를 재정적으로 지원하기 위해 연방정부나 지방정부의 재원을 통합적으로 활용하는 접근 방식을 반대할 만한 어떤 원칙적인 이유가 있을까? 같은 커뮤니티에 있는 공공도서관, 학교도서관, 그리고 대학도서관이 그 커뮤니티 전체를 대상으로 하여 최대의 도서관서비스를 제공하기 위하여 그들의 예산을 통합하여 운영하지 말아야 하는 어떤 원칙적인 이유가 있을까? 이 두 질문에 대한 대답은 "그렇지 않다"이다. 그러나 그러한 서비스 중심적 접근을 가로막는 헤아릴 수 없이 많은 실무적이고 관료주의적인 장애를 어떻게 극복할 것인지는 아직 미지수이다.

대학도서관들이 이용자교육에 할애하는 예산은 현재도 많지만 지속적으로 증가하고 있는 실정이다. 이용자교육은, 말 그대로, 사회적으로 혜택을 받지 못하는 학생들에게 집중적으로 혜택을 주기 위한 서비스이다. 그 이유는 명료하다. 주립대학의 신입생들은 크게 세 개의 그룹으로 분류할 수 있다: 고등학교를 갓 졸업한 학생들, 지역소재 2년제 대학에서 전학 온 학생들, 그리고 "재입학한" 학생들. 이용자교육을 필요로 하는 고교졸업생들의 대부분은 궁핍하고 불우한 지역의 학생들이다. 왜냐하면 부유한 지역에는 교육을 제대로 시키는 "좋은" 고등학교들이 있지만, 빈곤한 지역의 고등학교들은 기초 교육조차 제대로 시키지 않는 경우가 많기 때문이다. 후자 그룹의 고등학교에는 소수민족 학생들이 많이 섞여있다. 두 번째 그룹인 2년제 대학으로부터 전학해온 학생들 또한 대부분이 빈곤가정 출신이다. 주립대학의 낮은 등록금은 그들로 하여금 주립대학을 선택하게 하는 주요한 이유 중의 하나이다. 한편, "재입학생"들의 대부분은 이혼을 했거나 경제적으로 곤궁해 졌거나 인생의 쓰라림을 경험한 후에 보다 나은(미래의) 직업에 대한 희망을 안고 대학으로 돌아온 성인들이다. 따라서 그들이 알고 있는 도서관이용법은 이미 시대에 뒤떨어져있기 십상이다. 이상의 세 그룹에 속한 학생들은 대학교육의 혜택을 확실하게 받기 위해서 도서관이용교육을 절실히 필요로 하는 실질적인 대상들이다. 여기서 잠시 사서들이 추구하고자 하는 서비스 윤리를 상기해 볼 필요가 있다. 그것은, 가장 적절하게 표현하자면, "절실히 필요로 하는 사람들"에게 "기록된 지식과 정보의 세계"에 대한 친숙함을 선물하는 것이다.

### (3) 학교도서관

사서교사들은 그들이 서비스하는 학교의 어린이와 청소년이라는 "잘 규정된 고객집단"을 가지고 있다. 사서교사들은 대학도서관 사서들이 대학교육에서 하는 역할과 동일한 맥락에서 학교교육에 있어 중요한 역할을 수행하고 있다. 그들의 역할은 모든 형태의 기록된 지식과 정보로 학생들을 안내함으로써 강의실에서 이루어지는 교과 중심의 교육을 보완하는데 있다. 그들은 또한 교육자로서도 중요한 역할을 수행하는데, 젊은이들에게 도서관을 이용하는 방법을 교육하기도 하고, 문해교육을 돕기도 하며, 독서와 배움의 즐거움을 깨닫도록 도움을 주기도 한다. 이러한 막중한 업무를 수행하기 위해서는 헌신적인 마음과 열정에 더해 전문적인 업무기술을 필요로 한다. 그럼에도 불구하고 그들 대부분은 기본적인 자원조차 구비되어 있지 않은 열악한 환경에서 업무에 종사하고 있다.

　　공교육의 "위기"를 보여주는 슬픈 징후 중의 하나는 미국의 많은 주에서 학교도서관이 줄어들고 있다는 사실이다. 예산삭감의 바람이 불 때마다 학교의 행정가들은 그들이 상대적으로 중요하지 않다고 여기는 학교의 기능을 감축하려고 한다. "인터넷에 대한 과대 선전에 노출되어 전자 허수아비를 끌어안고자 하는" 학교의 행정가들은, 학교도서관(그리고 학교도서관이 차지하고 있는 공간 - 그 공간이 공간부족 문제로 인한 그들의 스트레스를 완화시킬 것이기 때문에)을 "반드시 필요하지는 않은 것"으로 분류하곤 한다. 그들은 학교도서관을, 오늘날과 같은 물질 중심적 세상에서 가치가 평가절하 되어 있는 예술이나 음악을 비롯한 무형의 값진 자산들과 함께 묶어서, 평가절하하곤 한다. 그러나 학교도서관은 "교육을 위해 필요하지 않기는커녕" 반드시 존재해야만 하는 핵심적인 장치이다. 학교도서관은 최소한 문해교육과 평생교육을 위한 영구적인 토대이자 기반이 될 수 있기 때문이다. 오늘날 젊은이들의 기초 문해력의 저하가 학교도서관과 서비스에 대한 재정적 삭감과 밀접하게 연관되어 있음을 어느 누가 감히 부인하려 들겠는가? 한편, 1980년대에서 1990년대에 이르는 경제적 불황기에 미국의 학교들은 "학교도서관"을 유지하면서도 사서교사를 해고하는 일을 다반사로 벌였다. 전문가에 의해 운영되지 않는 "학교도서관"은 책과 단말기를 갖추어 놓은 단순한 공간에 불과하다(그렇다고 해서 암흑의 시기에 학교도서관의 불씨를 유지하려고 열심히 싸워온 많은 분들의 노고를 폄하하는 것은 아니다). 우리가 우리의 공교육이 강건해 지기를 소원하면서(이는 가장 신랄한 교육 비평가들조차 바라는 것이다) 공교육이 민주주의의 대들보임을 믿는다면, 우리는 학교도서관과 사서교사가 모두 강건해질 수 있도록 적극적으로 지원하고 격려해야만 한다.

### (4) 전문도서관

박물관이나 연구소와 같은 비영리 기관에서부터 컴퓨터회사나 법률회사 혹은 자동차회사와 같은 영리 기관에 이르기까지 많은 기관들이 도서관을 보유하고 있다. 그러한 전문도서관들은 그들이 서비스를 제공하는 조직들만큼이나 다양하며, 그들의 서비스는 특별한 고객집단에 맞추어 특화되어 있다. 따라서 전문도서관에 근무하는 사서들이 자신들의 이용자집단을 규정하고 자신들의 사명을 정의하기란 상대적으로 수월하며, 나아가 자신들이 제공하는 서비스의 성패를 가늠하는 것도 상대적으로 수월하다. 많은 수의 전문도서관들은 영리 조직에 속해 있으며 그들의 이용자집단 또한 명확하게 정해져 있기 때문에, 전문도서관 사서들이 사서직의 혁신과 테크놀로지의 도입에 앞장서는 것은 결코 놀라운 일이 아니다. 그들의 혁신은 종종 보다 다양한 사명을 갖고 다양한 이용자집단들에게 서비스를 제공해온 다른 도서관들로 전파되어, 사서직의 전반적인 발전에 공헌해 왔다.

### (5) 기타 도서관

가장 보람을 느끼면서 동시에 가장 부담이 되는 사서로서의 직무는 아마도 병원, 호스피스, 양로원, 그리고 감옥 등과 같은 험한 환경에서의 업무일 것이다. 도서관이 추구하는 가치(특히, 서비스의 가치)가 존재하지 않는다면, 그러한 도서관에서의 업무는 불가능하기까지는 않겠지만 매우 어렵고 힘들 것이며, 그러한 도서관에서 일하는 사서들은 종종 이용자들에 의해 위압감을 느낄 것이다. 지역에 설립된 공공도서관들은 종종 병약자 혹은 교정시설의 수감자들을 위해 도서관서비스를 제공해야 하는 책무를 진다. 많은 경우에 그러한 도서관들은 관련 시설의 일부로 편입되기도 하다. 독서서비스를 비롯한 다른 도서관서비스는 우리 모두에게 항상 위안과 축복이 된다: 일반사람에게도 그러하니 극단의 환경에 놓여있는 사람들에게는 얼마나 커다란 위안과 축복이 되겠는가? 아프거나 외로운 사람들에게 있어서 독서는 고통으로부터 해방시키고 스스로의 모습과 인간의 참모습을 깨닫게 해주는 그야말로 보물이다. 수감자들 (2000년 현재, 미국에만 이백만명 이상이 수감되어 있다) 또한 위안과 축복을 얻기 위해 책을 읽지만, 그들에게 있어 독서는 보다 실용적인 목적을 갖는다. 독서를 통해 그들은 법률을 숙지하기도 하고 학식을 습득하기도 한다. 수감자들의 문맹률은 일반 사람들에 비해 매우 높은데, 문해력의 증진은 재범의 방지를 위한 훌륭한 해결책이 되고 있음은 이미 입증된 바 있다. 교도소도서간의 사서는 한 사람의 인생을 좋은 방향으로 바꾸어 놓을 수 있다. 이는 막중한 책임이지만 우리 사서직의 서비스 윤리를 대표하는 최고의 전통 중의 하나이다.

## 서비스 – 요점정리

도서관들은 그들이 봉사하는 커뮤니티는 물론이고 인간 사회 전체에 서비스를 제공하기 위해 존재한다. 사서직에는 온통 서비스 정신이 깃들어 있다. 우리가 할 수 있는 모든 자원을 활용하여 서비스의 혁신을 지속적으로 추구하는 것은 매우 중요하다. 더불어 우리의 서비스가 물질적 가치가 아닌 인간적 가치를 지향하고 있음을 널리 알리는 일 또한 매우 중요하다. 비즈니스 분야의 실무 경험을 참조하면 좋은 아이디어나 접근법에 대해 배울 수 있겠지만, 비즈니스 분야의 경험을 활용하거나 채택할 때에는 반드시 심사숙고하여야만 한다. 우리의 과업은, 물질주의적 사고가 만연한 시대에 이상주의적 시각에 입각하여 행동하면서, 개인들, 집단들, 커뮤니티를, 그리고 사회 전체를 위해 서비스를 제공하는 것이기 때문이다. 그러나 이상주의적 시각이 우리에게 필요하다 하더라도 우리는 현실에 대한 고려와 참작을 게을리 하지 말아야 한다. 현실로부터 괴리된 터무니없는 목표나 비전으로는 어느 누구에게도 제대로 된 서비스를 제공할 수 없기 때문이다.

# 지적 자유

## 지적 자유의 의미

"지적 자유"라는 용어는 "사람이 어떤 아이디어나 신념에 대해 생각하고, 말하고, 글을 쓰고, 널리 알릴 수 있는 자유를 보유하고 있는 상태"를 나타내기 위해 널리 사용되어 왔다. 미국에서 지적 자유는 수정헌법에 의해 기본권으로 보장되고 있다. 미국 헌법의 수정조항 제1조는 "연방의회는 국교를 정하거나 자유로운 신교 행위를 금지하는 어떠한 법률도 제정할 수 없으며, 또한 표현의 자유나 언론의 자유를 제한하는 법률을 제정할 수 없다"고 명시하고 있다. 물론 절대적인 자유라는 것은 소설이나 유토피아적인 글에서나 등장하지 현실 세계에는 존재하지 않는다. 실제로 우리가 살고 있는 현대 사회에서 지적 자유는 거주지역의 법률이나 규정에 의해 제한을 받고 있다. 현실에선 이렇듯 지적 자유의 개념을 존중하는 법률과 그렇지 않은 법률이 지역에 따라 공존하며, 그러한 법률은 시대와 견해에 따라 다양하게 변화해 왔기 때문에 일견 단순해 보이는 지적 자유의 개념은 실제로는 매우 까다로운 것이 된다. 아주 오랜 기간 동안, 특정 유형의 정치적인, 사회적인, 성적인,

문학적인, 그리고 종교적인 표현은 법률에 의해 금지되어 왔다. 특히, 지적 자유에 관한 법률은 연방정부, 주정부, 그리고 시정부 차원에서 각각 제정되어 왔으며, 그러한 법률은 종종 상충된 내용을 담고 있었다. 지난 수 세기 동안 신성모독, 폭력선동, 그리고 외설 등의 표현은 정부에 의해 규제되어 왔다. 그러나 오늘날 미국에선, "외설적인" 내용의 성적 표현만이 법률에 의해 금지될 뿐, 적어도 이론적으로는, 정치적, 문학적, 사회적, 그리고 종교적 표현은 정부에 의한 규제의 대상에서 벗어나 있다. 그러나 지적 자유의 문제를 복잡하게 만드는 것 중의 하나는 "외설"에 대한 분명한 정의가 존재한 적이 없으며, 그로 인해 외설에 대한 판단은 해당 지역의 관습이나 가치에 좌우되어 왔다는 사실이다. 그 결과, 그리니치(Greenwich) 마을에서는 자유롭게 열람되던 자료가 캘리포니아의 작은 마을에서는 "외설"로 간주되어 열람이 금지될지도 모르는 상황이 연출되는 것이다.

## 지적 자유와 도서관의 관계

지적 자유와 도서관계 사이의 복잡한 관계는 *Encyclopedia of Library and Information Science*에 수록된 관련 논문에 상세하게 기술되어 있다.[1] 여기서 한 가지 언급하고 싶은 것은 미국도서관협회(以下 ALA)는 조직 내에 "지적자유사무실(Office of Intellectual Freedom)"을 두고 수많은 선언과 발표를 통해 지적 자유에 관한 자신의 입장을 표명해 왔음에도 불구하고, 아직까지 지적 자유에 대한 어떠한 개념 정의도 내려본 적이 없다는 사실이다. ALA의 관점에서 볼 때, 지적 자유는 책을 비

---

1) *Encyclopedia of Library and Information Science*, ed. Allen Kent(New York: Dekker, 1974).

롯한 도서관자료에 대한 검열에 반대하는 것으로부터 출발한다: 이런 연유로 그들의 "지적 자유" 활동은 매년 열리는 "금서주간" 행사에 집중되어 있다. 거기서부터 시작하여 ALA의 관심은 "모든 도서관자료에 접근하여 활용할 수 있는 도서관이용자들의 권리"로 이어지고, 다시 "모든 도서관자료를 모든 사람에게 활용 가능하게 만드는 도서관의 책무"로 연계된다. 사서는 도서관이용자에 대한 책무를 지닐 뿐만 아니라 자기 자신의 개인적인 권리도 보유하고 있다. 사서의 개인적 권리에는 표현의 자유, 민주적인 절차에 따른 업무수행, 그리고 자신만의 삶의 방식을 추구할 권리 등이 포함된다. 그리고 이 모든 것은 지적 자유의 수호자로서 도서관의 개념에 밀접하게 연관된다. 그러나 도서관을 지적 자유의 수호자로 간주하는 일부 사서들의 시각은 논쟁의 소지를 안고 있다. 즉, 그러한 시각은 "도서관은 지적 자유의 수호에 앞장서야 한다고 믿는 사람들"과 "도서관은 모든 사회적 갈등으로부터 중립적인 입장(헌법의 수정조항 제1조와 관련 것들도 포함하여)을 취해야 한다고 믿는 사람들" 사이의 갈등과 충돌을 야기하는 단초가 되고 있다.

이에 관한 사서들 사이의 갈등은 "지적 자유가 과연 사회적 평등과 민주주의를 신뢰하지 않는 사람들만이 반대히는 절대적인 기본권"인지를 둘러싼 견해의 차이에서 시작되곤 한다. 그러나 그러한 갈등은 종종 원칙의 문제보다는 적용 과정에서의 견해 차이로 표출되곤 한다. 즉, 지적 자유에 대한 사서들의 논쟁은 지적 자유의 지지자와 반대자 사이에서 벌어지는 것이 아니라, 지적 자유에 대한 지지는 공통적으로 저변에 깔고 그것을 도서관 현장에 어떻게 적용할지에 대한 방법을 둘러싸고 벌어진다. 구체적으로, 무언가를 창조하고 보급하고 말하고 보고 읽을 권리는 누구도 부정할 수 없다고 주장하는 "절대적 신봉자"들이 한쪽에 있는가 하면, 광의의 관점에서 접근하면서 "특정 집단(가령, 어린이)에 의한 특정 자료(가령, 인터넷)에 대한 접근 및 활용은 제한할 수 있다"는 입장을 취하는 사서들이 다른 한쪽 편에 자리를 잡고 있다. 물론 그들 중에는 또한 검열하고자 하는 의도를 숨기려고 "어린이 보호"를 구실로 내세우는 사서들도 있다. 따라서 지적 자유에 대한 문제를 논의함에 있어 우리가 항상 명심해야 하는 것은 우리가 다루고 있는 것은 선과 악의 문제(물론 선과 악은 당연히 현존하지만)가 아니라 견해의 다양성에 대한 문제라는 사실이다. 결국, 인터넷으로부터 어린이를 "보호"하는 것에 대한 논쟁도 따지고 보면 어린이를 위한 최선이 무엇인지를 찾아보자는 논의인 것이다. 어떤 사서들은 기록된 지식과 정보에 자유롭게 접근함으로써 지적인 발전을 이룩할 수 있다면 그에 수반되는 모든 위험을 감수할 가치가 있다고 믿을지 모른다. 반면에 다른 사서들은 그들의 어린이고객을 유쾌하지 않은 현실로부터 안전지대로 대피시키기를 바라고 있을지 모른다. 심지어 일부 사서들은 모든 어린이(그들이 직접적인 책임을 지지 않아도 되는 어린이를 포함하여)의 독서습관과 시청습관을 규제하기를 바라고 있을지 모른다.

 사서들은 지적 자유는, 마치 숨을 쉴 때 필요한 공기처럼, 자신들에게는 자연스럽고 필수적인 것이라는 신념을 갖고 있다. 따라서 사서들은 검열에는 절대적으로 반대하는 신념을 가지고 있다. 검열은 사서에게 주어진 본연의 역할(즉, 신앙의 유무, 민족, 성별, 연령, 그리고 인간을 서로로부터 구분하는 모든 요소에 관계없이, 인간으로 하여금 기록된 지식과 정보에 자유롭게 접근하여 활용하도록 하는 것)을 수행하는 것을 억제하고 방해한다. 따라서 우리 사서들은 지적 자유의 가치를 계속해서 지지하여야 하며, 지식에 대한 자유로운 접근을 제한하고자 하는 사람들의 주장에 좌우되지 않으면서 주어진 과업을 묵묵히 수행하여야 한다. 나는 대학도서관 사서이기 때문에 다른 영역에서 일하고 있는 사서들에 비해 업무환경이 훨씬 좋다는 것을 잘 알고 있다. 즉, 대학도서관 사서는 학문의 자유가 온전히 보장되어 있는 학교라는 공간에서 지적 자유의 가치를 공유하는 사람들(학자와 학생)을 위해 일하고 있으며, 따라서 고립된 환경에 놓여 있지 않다. 그러나 시골의 작은 공공도서관에서 외로운 전투를 벌이고 있는 사서들이나 학교도서관에서 반계몽적인 학교이사회와 전투를 벌이고 있는 사서교사들의 어렵고 힘든 상황을 생각해 보자! 당신이 매년 지정되는 "금서 리스트"나 "문제 서적 리스트"를 마주하게 된다면, 당신은 공공도서관의 사서들이나 학교도서관의 사서교사들이 지적 자유를 지켜내기 위해 최전선에서 얼마나 열심히 싸우고 있는지 실감하게 될 것이다. 이러한 상황에서, 우리에게 있어 가장 중요한 "전문직의 가치를 보호하기 위해" ALA의 "지적 자유사무실"이 수행해 오고 있는 업무를 우리 사서들이 앞장서서 지지해야 하는 이유가 바로 여기에 있는 것이다.

## 지적 자유의 실천

도서관협회나 전문직 단체들은 거의 대부분 지적 자유에 대한 선언문을 가지고 있으며, 그들의 회원들에게 도서관의 모든 활동에 지적 자유의 개념을 적용하도록 촉구하고 있다. 그러한 사례 중에서 가장 훌륭한 것 중의 하나가 캐나다도서관협회가 1974년에 공표한(그리고 1983년 11월 17일과 1985년 11월 18일에 수정한) 선언문이다.[2] 그 선언문의 내용을 일부 발췌하면 다음과 같다:

- 도서관은 지적 자유의 개발과 유지를 위한 기본적인 책임을 진다.
- 표현된 모든 지식과 지적 활동에 대한 접근을 보장하고 용이하게 하는 것은 도서관의 책임이다. 여기에는 사회의 특정 기준에

---

2) *The ALA World Encyclopedia of Library and Information Services*, ed. Robert Wedgeworth(CHicago: ALA, 1980), 442.

서 볼 때 전통에 위배되고 대중적이지 않으며 수용하기 힘든 것으로 판단된 그러한 지식과 지적 활동의 표현도 포함된다. 이러한 목적의 달성을 위해서 도서관은 가능한 다양한 주제의 자료를 수서하여 활용 가능하게 만들어야 한다.
- 도서관 내의 모든 공공시설과 서비스를 필요로 하는 개인이나 집단이 활용하도록 함으로써 자유로운 표현의 권리를 보장하는 것은 도서관의 책무이다.
- 도서관은, 비록 개인이나 집단에 의한 비판이 있을지라도, 위에서 기술한 책임의 이행을 제한하는 어떠한 시도에도 굳건히 맞서서 저항하여야 한다.

앞서 나는 지적 자유에는 여러 차원에서 복잡한 문제가 내재되어 있다고 언급한 바 있다. 캐나다도서관협회의 짐짓 순수해 보이는 권고조차도, 도서관 현장에서의 실질적인 적용 단계에서는 문제를 야기할 수 있으며, 실제로 여러 문제를 야기하고 있다. 물론 지적 자유의 절대적 지지자나 검열주의자의 입장에서 볼 때는 어떠한 하자도 있을 수 없다. 하지만, 첫째, 모든 사람들로 하여금 모든 것에 대한 접근을 허용하자는 내용과, 둘째, 전적으로 개인적인 선호와 확신에 의거하여 누가 무엇을 활용하게끔 할 것인지를 결정하자는 내용은 문제가 있어 보인다. 우리들 나머지 사람들의 입장에서 볼 때, 끝없이 복잡하기만 한 세상에서 지적 자유의 문제는 원칙과 현실성을 함께 고려하여 절충하는 것이 필요하다. 다음은 도서관 현장에서 우리가 실제로 봉착하게 되는 몇몇 사례를 정리한 것이다:

- 학교 이사회가 南美 사람을 주제로 한 두 편의 소설을 학급의 독서목록에서 소거하고 학교도서관에서의 활용을 제한하라는 명령을 내렸다.

- 공공도서관이사회가 "보수 성향의 인물들"이 주도하는 조직에 의해 장악되면서, 도서관이사회는 성인과 어린이가 인터넷에 접속하기 위해 사용하는 도서관이용자용 단말기에 탑재된 모든 소프트웨어를 걸러내라는 명령을 내렸다.
- 일부 시민들이 인종문제에 민감한 용어를 사용하고 있다는 이유로, 한 편의 19세기 문학작품을 도서관에서 소거해 줄 것을 요청하였다.
- 자신들이 출판한 자료를 도서관에 기증한 한 종교단체에서 자신들이 기증한 자료가 도서관장서에 포함되지 않고 서가에도 배열되지 않자 "검열"을 항의하고 나섰다.
- 한 무정부주의자 단체가 도서관의 미팅 룸에서 매달 모임을 갖는 것과, 정부에 대항하여 무장봉기할 것을 촉구하는 출판물을 전시하기를 원하고 있다.

여기서 잠시, 당신이 이러한 문제를 어떻게 처리하느냐에 당신의 직장생활, 직업, 심지어 경력까지도 달려있다고 상상해 보라! 바로 이 지점에서 사람들은 가치의 충돌을 목도하게 된다. 구체적으로, 첫 번째 사례에는 지적 자유의 가치에 더해서 커뮤니티에 대한 서비스의 가치가 담겨 있다. 실생활에서 이러한 사례의 대부분은 작은 도시들, 지역의 학군들, 혹은 공공도서관의 시스템에서 발생한다. 자신이 시골의 작은 마을에서 도서관서비스의 건강함을 유지하기 위해서 개인적으로 중요한 역할을 하고 있다고 믿는(충분히 그럴만한 이유가 있는) 순수한 여성사서가, 도서관과 도서관이용자들의 보다 큰 이익을 위해서 그녀에게 쏟아지는 압력을 어느 정도 수용하기로 마음을 먹는 것은 어찌 보면 너무도 당연해 보인다. 만약 당신이 그런 자그마한 수용조차 거부하는 쪽으로 마음이 기울었다면, 제발이지 당신이 처해있는 상황과 앞선 사례에서 여성사서가 처해있는 상황을 비교해 보아라. 또한, 유용하며 생산적인 경력이 갖는 가치에 대항할 때의 반대 가치에 대해서도 숙고해 보아라. 더불어, 우리 모두 함께 다음의 실질적인 질문에 대해 고민해 보자: 위의 사례에 봉착한 사서가 원칙을 고수하다가 해고당했다면, 당신 생각에 그 사서를 해고한 사람은 어떤 사서를 다시 고용하고자 하겠는가? 당신은 이것이 미국 헌법 수정조항 제1조를 절대적으로 신봉하는 사람이 저지른 또 다른 사례에 불과하다고 생각하는가? 나는 "도덕적으로 높은 잣대를 선택한 사람들"을 칭송하는데 있어서는 누구에게도 양보하지 않을 것이며, 권력에 대한 줏대 없는 굴종에 대해서는 결코 옹호하지 않을 것이다. 그러나 나는 다음과 같은 기본적인 입장만은 반드시 밝히고 싶다. 인생은 멀리서 바라볼 때처럼 그렇게 단순한 것이 결코 아니다. 때때로 당신의 작은 희생이 다수의 도서관이용자들에게 이득을 줄 수도 있다. 양심껏 살아가기 위해서 항상 완벽해야할 필요는 없는 것이다.

## 인터넷 속의 악마와의 싸움

ALA는 수십년동안 검열과의 전쟁을 지속적으로 벌여왔다. 우리가 보아왔던 것처럼 ALA는 연령, 성별, 민족, 종교, 그 외의 어떤 차별적 요소에 관계없이 모든 사람들이 기록된 지식과 정보에 대한 접근의 자유를 갖는 것에 대해 지지를 표명해 왔다. 그런 가운데, ALA와 그 회원들이 치러온 대부분의 전투는 비교적 단순한(그리고 헌법에 의해 보장된) 언론의 자유에 집중되어 있었다. 언론의 자유는 미국 헌법 수정조항 제1조에 포함되어 있다. 인쇄하거나 읽을 수 있는 대상에 제한을 두어야 한다고 주장할 수 있으며 실제로 그렇게 주장하는 사람들이 있긴 하지만, 언론의 자유에 대해 대부분의 미국인들은 뚜렷하게 긍정적인 입장을 취하고 있다. 주지하다시피, 비록 시간이 오래 걸릴지라도 정의는 반드시 승리하게 되어 있다. 미국을 건국한 아버지들이 "웹의 자유"를 헌법에 포함하였으면 좋았을 텐데!

언론의 자유를 위해, 나아가 금서와 검열에 대항하면서 지속적으로 벌여온 인쇄시대의 모든 전투에도 불구하고, 디지털 자료로 인해 발생하고 있는 끔찍할 정도로 복잡한 최근의 상황 때문에 우리 사서들이 옛 시절을 향수에 젖어 그리워한다면, 여러분은 아마도 믿기 어려울 것이다. 1998년 현재, 미국가정의 약 40%가 개인용 컴퓨터를 소유하고 있다. 그러한 컴퓨터 중에서 상당수가 인터넷에 연결되어 있으며, 그 숫자는 거침없이 증가일로에 있다. 학교의 교실과 공공도서관에는 강의 목적의 컴퓨터 단말기들이 설치되어 있긴 하지만, 그러한 단말기를 이용한 인터넷 사용은 인터넷에 대한 과대광고에 의해 한껏 부풀려져 있다. 그러다 보니 검열 선호자들은 인터넷에 대해 많은 걱정을 하고 있으며, 특히 어린이와 청소년들이 인터넷의 전자자료에 무제한으로 접근하는 것을 제지하는 방안들을 지지하고 있다. 인터넷 같은 새로운 매체의 열풍이 강하게 부는 상황에서는 한 발짝 뒤로 물러서서 역사적 통찰력을 갖기가 어려운 법이다. 그러나 그렇게 할 만한 가치는 충분히 있다. 지난 150년을 돌아보면, 새롭게 등장한 커뮤니케이션 매체의 "거의" 대부분은 국민, 특히 젊은이들의 도덕성에 대한 심각한 도전으로 받아들여졌다(내가 "거의"라는 표현을 쓰는 이유는 마이크로필름의 경우에는 젊은이들의 마음에 부정적인 영향을 미쳤다는 신문기사를 본 적이 없기 때문이다). 이를 이해하려면 다음의 몇몇 사례를 상기하는 것이 좋다: 1920년대의 신여성들을 혼란스럽게 만들었던 무성영화; 춤바람을 일으켜 젊은 미혼자들의 도덕성에 끔찍한 상처를 입혔던 축음기; 어린이를 살인의 충동으로 몰아넣었던 "갱스터(깡패)" 랩과 영화. 심지어 1950년대에는 만화책에 함축되어 있는 "숨겨진 메시지"의 해악적인 영향을 신랄하게 비판하여 인기를 끈 책들이 있을 정도였다.3) 폭력영화는 새로운 것이 아니지만, 인터넷은 그러하다. 사서들은 인터넷에 대한 지나치게 과대한 공격에 적절히 대처해야 하지만, 인터넷에 대한 접근을 과도하게 허용하는 사람들에 대해서도 적절히 대처하여야 한다. "어린이는 항상 접근이 금지된 책이나 잡지 혹은 다른 매체에 호기심을 갖고 찾아다녔으며, 도덕성의 유지를 위해 애쓰던 사람들은 그러한 자료들이 어린이의 행태에 부정적인 영향을 준다고 종종 비난해 왔다."4)

여기서 한 가지 중요한 사실에 대해 생각해 보자. 검열이나 여과(filtering)를 찬성하는 사람들이 "문화의 타락이나 도덕의 부패"에 대해 언급할 때는 언제나 혐오스런 이인조(즉, 섹스와 폭력)에 대한 비난이 따라온다. 그러나 섹스나 폭력도 뉘앙스에 따라 미묘한 차이를 갖는다. 가령, 어떤 사람들에게 있어서 섹스에 대한 묘사나 서술은 그 자체로 극도의 역겨움을 준다. 그러나 다른 사람들에게 있어서 그것은 성적 변태를 다룬 불쾌한 내용의 영상이나 소설에 불과할 뿐이다. 이와 관련하여 영화배우 존 웨인(John Wayne)의 경우를 생각해 보자: 즉, 만약 폭력적인 영상이 해로운 것이라면, 존 웨인이 주연한 영화 그린베레(The Green Berets)의 폭력적인 장면은 어떻게 용납될 수 있는 것인가? 그가 "애국심을 고취시키는" 영화에 출연한 "좋은" 배우이기 때문에? 그렇지 않다. 비록 "대의명분"이 있는 폭력이라 할지라도 비디오게임의 폭력과 마찬가지로 해롭기는 마찬가지이다. 만약에 그렇지 않다면, 종종 불거지곤 하는 "원인과 결과"를 따지는 논쟁은 난마처럼 얽히거나 "견딜 수 없을 정도로 복잡한 논제"가 되고 말 것이다.

---

3) Frederic Wertham, *The Seduction of the Innocent* (New York: Rinehart, 1954).
4) George Dessart, "Barring Rambo from the Potemkin Village: Reflections on the V-Chip," *Television Quarterly* 28, no.3(summer 1996): 37-41.

새로운 커뮤니케이션 도구로 인한 "위협"이 불거질 때마다 세상 사람들(특히, 어린이)을 "감지된" 불이익으로부터 보호하기 위해 법률을 제정하자는 요구가 일어나곤 하였다. ALA 지적자유위원회(Intellectual Freedom Committee)의 1999년도 보고에 따르면, 어린이를 인터넷의 위협으로부터 보호하기 위한 많은 법안들이 연방정부, 주정부, 그리고 시정부의 차원에서 발의되었고, 그들 중의 일부는 법률로 채택되었다.[5] 同보고서는 그러한 법안들이 공통적으로 다음과 같은 결함(보고서에서 사용한 용어 그대로)을 내포하고 있다고 밝히고 있다:

- "미성년자에게 해롭다는 것"이 무엇을 의미하는지 정의하는데 실패하고 있으며,
- 사서에게 미성년자의 인터넷 사용을 감시하도록 요구하고 있으며,
- 어린이와 미성년자가 미국 헌법 수정조항 제1조에 명시된 기본권을 가지고 있다는 사실을 무시하고 있으며,
- 성인의 언론의 자유를 잠재적으로 규제할 뿐만 아니라 헌법이 보장하는 미성년자의 언론의 자유도 규제하려는 의도를 담고 있다.

그런 법안들은 또한 공공도서관의 공용 단말기에 "여과장치"를 사용할 것을 지시하고 있다. 그러나 그러한 여과장치는 철학적으로 혐오스러운 만큼이나 실제에 있어서도 효과가 없다(이에 대한 자세한 논의는 이 섹션의 후미에서 진행하고자 한다).

그러한 "여과장치"에 대해 논의하기에 앞서, 여과장치가 무엇을 목적으로 하여 고안되었는지에 대해 알아보자. 가령, 인터넷을 사회적 목적을 달성하기 위한 도구로 사용하고자 하는 검열주의자들과는 태생

---

[5] "ALA IFC Report to Council, Tuesday, June 30 [1999]," *Intellectual Freedom Actions News* (June/July/August 1999): 6-10.

적으로 다른, 순수한 의도에서 어린이들을 보호하고자 하는 사람들의 주요 관심사는 어린이들이 도덕적으로 해로운 영상을 보거나 글을 읽을지도 모른다는 사실에 주어져 있다. 고의든 우연이든, 미적으로 혐오스럽고 본질적으로 비도덕적이며 인간 착취적인 내용을 담고 있는 영상이나 글을 인터넷에서 발견하기란 쉬운 일이다. 그러나 당신이 만약 자신의 도덕관이 보편적이라고 믿는다면, 그러한 영상이나 글이 도덕성에 대한 침해라고 여기지는 않을 것이다. 그러한 영상이나 글을 도덕성에 대한 침해로 여기는 사람들은, 미국과 같이 방대하고 다양한 사람들로 구성된 나라에서 모든 사회 문제와 관련하여 다수가 신뢰하는 것이 무엇인지 스스로 잘 알고 있다고 자부하면서 "미국인들은 신념을 갖고 있기를…"로 시작하는 상투적인 말을 즐기는 부류이기 십상이다. 나는 채식주의자이다. 공장형 농장이나 요리되고 있는 육고기를 담은 그림들은 보는 것만으로도 나는 역겨움을 느낀다. 그렇다고 해서 내가 가진 모든 힘을 동원하여 사람들(채식주의자든 육식주의자든)이 그러한 그림을 보는 것을 막아야 하는 것은 아니지 않는가? 그것은 어설픈 일일지 모른다. 그러나 진짜로 어설픈 일은 나에게는 아무런 느낌도 주지 않는 성적 변태에 관한 영상을 보통 사람들이 보지 못하도록 하기 위해서 내가 앞장 서는 일이 아니겠는가?

　　검열주의자들이 주장하는 우월성에는 풀어야 할 과제가 있다. 그런 사람들은 자신들에게는 아무런 해가 되지 않지만 다른 사람들에게는 해가 될 것이라고 생각하는 그런 글이나 영상을 자유롭게 읽거나 볼 수 있다. 이러한 검열주의자를 일컬어 "자신이 알고 있는 것을 다른 사람이 알기를 원하지 않는 사람"이라고 정의한 사람이 있다. 영상이나 글이 사람의 마음에 미치는 효과는 간단히 헤아릴 수 없는 막대한 것이 아니겠는가? 마치 그들이 사람의 행위에 어떠한 효과를 미칠지 예측할 수 없듯이 말이다. 정직한 사람이라면 누구나 성적인 혹은 폭력적인 영상이나 글이 사람의 마음에 오래 동안 남아 있으면서 동요의 원인이 된다는 점을 인정할 것이다. 그러한 영상이나 글은 수천만의 보통 사람들의 마음에선 순식간에 사라지거나 잊혀지지만, 어떤 사람들의 마음에는 평생 동안 남아서 영향을 주기도 한다. 인터넷에서 볼 수 있는 폭력적이거나 성적인 영상이 누군가에게 유익하리라고 믿기 어려운 것처럼, 그런 영상이 누군가에게 반드시 해로울 것이라고 단정하기도 어렵다. 전 세계의 수많은 사람들이 영화 람보(Rambo)와 다이하드(Die Hard)에 나오는 무시무시한 폭력장면을 이미 시청하였지만, 그런 영화가 관람자의 99.9%에게 끼친 가장 나쁜 영향은 "시간을 낭비했다"는 것이었다.

일본의 대중문화에는 생생하게 폭력적이고 혹독하게 성적인 영상과 글이 넘쳐난다. 일본의 웹사이트가 특히 그러하다. 그러나 일본의 대중문화에서 폭력의 수준은 여러 면에서 미국의 수준에 미치지 못한다. 더욱이 일본의 성적 풍습이 미국의 성적 풍습에 비해 열등하다는 것을 입증할 만한 어떠한 증거도 없다. 이러한 것들은 우리에게 무엇을 말해 주는가? 아마도 첫째는 일본의 사회와 문화는 미국의 사회와 문화와 대단히 다르다는 지극히 당연한 사실일 것이나. 그러니 우리가 보다 관심을 가져야 하는 것은 폭력적이고 성적인 영상이나 글에 노출되어 있는 정도가 특정 사회의 본질을 규정하는 핵심 인자는 아니라는 사실이다. 가령, 덴마크나 네덜란드는 성적인 영상이나 글에 대해 지나칠 정도로 자유방임적인 나라로 잘 알려져 있다. 그렇다고 해서, 과연 누가 덴마크인이나 네덜란드인이 미국인에 비해 도덕적으로 열등하다고 주장하고 나서겠는가? 글쎄, 아마도 성적인 내용을 포함하는 영상이나 글이 근본적으로 잘못된 것이라고 생각하는 사람이라면 그렇게 주장할지 모른다. 그러나 그러한 주장은 자신의 관점에만 몰입하는 경우에나 가능하다. 여기서 우리는 단지 혐의만 있을 뿐인 "해로움"에 대해서는 더 이상 논의하지 않으려 한다. 다만, 그로 인한 해로움을 받게 될지 아닐지조차 모르는 사람들을 대상으로 하여 한 가지 잣대만을 가지고 도덕성을 운운한다는 것이 얼마나 어리석은지에 대해 진지하게 논의하고자 한다.

## 1) 어린이들의 경우

ALA는 강경한 소수자들(즉, 미국 헌법 수정조항 제1조에 의해 18세 이상의 성인에게 주어지는 모든 권리를 어린이와 청소년도 소유한다고 주장하는 사람들) 사이에서는 그다지 인기를 얻지 못하였다. 설령 당신이 폭력이나 섹스에 대한 영상이나 글이 18세 이하의 사람들에게는 해로울 수 있다고 믿고 있을지라도, 과연 "그 해롭다는 것"을 규제하기 위해서 그들의 기본권을 제한할 필요가 있는지에 대해서 당신은 타협의 여지를 남겨두어야 한다. 내 생각으로는, 만약 규제하려면 "해로움"을 어떻게 정의할 것인지 그리고 어떻게 측정할 것인지에 대한 논의가 선행되어야 할 것 같다. 텔레비전의 시청이 어린이들에게 미치는 영향에 대한 연구는 줄잡아 수 천편에 이른다. 텔레비전의 시청과 인터넷의 서핑은 매우 유사한 행위이다. 단지 후자가 상호작용의 가능성을 지니고 있다는 점(그러나 실제에 있어 대부분의 인터넷 서핑은 텔레비전의 시청만큼이나 수동적으로 이루어진다)에 더해, 전자에 비해 최근에 등장한 "보다 뜨거운" 매체라는 점에서 차이가 있을 뿐이다. 많은 연구들이 명백한 사실(즉, 지적인 내용과 사회적 가치를 거의 담고 있지 않은 텔레비전 프로그램을 매일 장시간 시청하는 것은 어린이들의 정서나 육체의 건강에 도움이 되지 않는다는 사실)을 반복해서 강조해 왔다. 일부 연구자들은 성적이고 폭력적인 내용의 프로그램을 시청하는 것이 심리적으로 해로울 수 있다는 것을 입증하고자 시도하고 있지만, 아직은 그것을 입증할만한 객관적 데이터를 확보하지 못하고 있다. 오히려 많은 연구자들은 폭력행위 자체와 텔레비전에서 폭력을 시청하는 행위 사이에는 직접적이면서 강력한 상관관계가 없다고 믿고 있으며, 텔레비전 프로그램은 일부 어린이들을 반사회적으로 만드는 복합적인 요인들 중의 아주 작은 부분에 불과하다는 견해에 동의하고 있다. "모든 것을 감안할 때, 텔레비전의 폭력을 시청하는 것과 실질적인 폭력을 자행하는 것 사이에 어떤 관계가 있는지 아직 알려지지 않았지만, 아마도 그 관계는 많은 변수를 고려해야만 하는 복합적인 것으로 판단된다.[6]

텔레비전이나 인터넷에서의 폭력과 일상에서의 폭력이 어떻게 연결되는지 밝혀내는 것이 그토록 어렵다면, 텔레비전에서의 성적 장면과 일상에서의 성적 행위 사이의 연결 관계를 밝혀낸다는 것은 또한 얼마나 어려운 일이겠는가? 대부분의 어린이들은 강력한 성적 호기심을 가지고 있긴 하지만, 자신들의 연령 수준에 맞게 성적 진실에 대처할 수 있는 자연적인 능력을 지니고 있는 것 같다. 인터넷에서 탐색할 수 있는 성을 주제로 한 많은 글들과 텔레비전과 인터넷에서 볼 수 있는 성에 대한 많은 영상과 상황은 참으로 저속하고 볼썽사납다. 그러나 여기에서 새로운 것은 과연 무엇인가? 텔레비전이나 인터넷에 등장하는 상황 묘사는 대부분이 저속하고 볼썽사납지 않았던가? 어차피 새로운 것은 없다. 현 시점에서 어린이들이 최신 매체를 통해 저속한 성적 자료에 접근하는 것을 통제하려고 하는 것이나 수십 년 전에 어린이들이 책이나 필름 혹은 다른 매체를 통해 성적인 내용에 대해 접근하는 것을 통제하고자 했던 것이나, 그 목적하는 바는 크게 다르지 않다. 그 뿌리에는 성의 "타락함"으로부터 어린이의 "순수성"을 보호하고자 하는 도덕성과 사상이 자리 잡고 있다. 자식의 독서습관과 시청습관을 바른 길

---

6) Kirstin J. Hough and Philip K. Erwin, "Children's Attitudes toward Violence on Television," *Journal of Psychology* 131, no.4 (July 1997): 411-416.

로 안내하고 충고하는 것은 부모의 책임이자 의무이다. 그리고 부모는, 아니 부모만이 그들의 도덕성과 신념에 따라 자식의 습관이 올바르게 형성되는지를 감시해야 한다. 나는 젊은이들에게 슬래셔 영화7)를 관람하거나 폭력적인 비디오 게임에 빠져드느니 차라리 "섹스의 즐거움 (The Joy of Sex)"이라는 책을 읽으라고 권하고 싶다. 그러나 이 또한 나의 도덕성에 근거한 권유이지, 내 도덕성에 의거하여 슬래셔 영화의 관람이나 폭력 비디오 게임을 금지하자는 것은 아니다.

## 2) 여과의 광풍

젊은이들을 인터넷으로 인한 질병으로부터 보호하기 위해 가장 많이 제안된 해결책은 "필터링"이라 불리는 "여과장치"이다. 필터링 프로그램들은 "바람직하지 않은" 인터넷 사이트들을 배제하기 위해 고안되었다. 그러한 여과장치를 옹호하는 사람들은 바람직하지 않은 사이트들에 접근할 수 없도록 하자는데 찬성하는 사람들이다. 그러나 여과장치 찬성론자들의 반대편에는 여과장치가 개인의 자유를 침해하는 반헌법적 행위라고 주장하는 사람들이 버티고 있다. 신중하게 말하자면, 나는 그들 사이의 오래된 갈등은 지금 우리에게 닥쳐있는 새로운 이슈와는 관련이 없다는 입장이다. 보다 솔직히 말하자면, 여과장치는 그 자체로도 효력이 없지만, 앞으로도 효력이 없을 것이라고 믿고 있다. 여과장치가 제대로 작동하지 않는 까닭 중의 하나는 아주 간단한 탐색의 결과로 48,332개나 되는 "관련 아이템"을 제공하는 인터넷 시스템이 비통제 어휘를 사용하는 "키워드 탐색"에 기초하고 있기 때문이다. 서지통정에 대한 지식을 갖추고 있는 사서라면 누구나 "통제어휘"와 "세부

---

7) 정체 모를 인물이 등장하면서 닥치는 대로 살인을 저지르는 끔찍한 내용을 담은 영화 (역자 註).

분류"만이 탐색의 정확률과 재현율을 높일 수 있는 유일한 방법임을 잘 알고 있다. 역으로 말하자면, 여과장치가 효력을 갖도록 하기 위한 유일한 방법은 모든 웹페이지를 대상으로 하여 편목과 분류 작업을 하는 것이다! ALA는 여과장치에 반대하는 것을 이미 공표한 바 있으며 (실무적 차원보다는 헌법의 수정조항 제1조에 의거한 원칙적인 반대 입장이지만), 그로 인해 자연스럽게 장차 사이버 검열자가 되고자 하는 사람들의 다음과 같은 분노를 이끌어내었다: "노골적인 외설물에 대한 공개적인 접근을 옹호함으로써… [ALA]는 우리 사회의 순진한 사람들을 타락의 길로 이끄는 은둔처가 되어버렸다."[8]

### 3) "Dr. Laura"의 사례

"로라 박사(Dr. Laura)"의 세계로 오신 것을 환영합니다! 로라 박사는 "원시상태로 돌아가자"는 사회운동을 주도하고 있다. 그런 유형의 운동에는 항상 꼬여들기 마련인 "목사"나 "박사" 타이틀을 내세우는(실질적으로는) 통신판매업자들과는 달리, 그녀는, 비록 그녀가 하고 있는 일과는 거의 관련이 없지만, 존경할 만한 학문적 배경을 가지고 있다.[9] 그녀는 라디오 쇼들 중에서 대중의 인기가 높은(1999년 7월 현재 러쉬 림보(Rush Limbaugh)에 이어 두 번째로 인기가 높다) 우익 성향의 쇼를 진행하고 있으며, 여러 권의 책과 신문칼럼을 집필한 바 있는 성공한 작가이다. 그녀는 인생의 목표를 "우리 사회의 전반적인 개혁"에 두고 있다.[10] 그러한 목표를 향해 열정적으로 나아가던 그녀의 시선이 ALA를 향했던 때는 1999년의 봄이었다. 그녀가 주목한 것은 *casus belli*

---

8) Laura Schlessinger, Letter to ALA Executive Director, William Gordon, May 5, 1999.
9) A Ph.D. in physiology from Columbia University.
10) Patrizia Dilucchio writing in the online magazine *Salon.com*.

라는 이름의 인터넷 링크로, 이 링크는 ALA 청소년국(The Young Adult Division)의 웹페이지로부터 컬럼비아대학 소속 포르노그래퍼들이 운영하는 *Go Ask Alice*라는 웹사이트로 연결되어 있었다. *Go Ask Alice*는 사회적, 성적, 종교적, 그리고 감성적 건강을 추구하는 사람들에게 직접적인 상담을 제공하는 웹사이트였다. 로라 박사가 관심을 가진 내용은 그 웹사이트가 제공하는 상담 중에서 성적상담에 대한 것이었다. 구체적으로, 해당 웹사이트를 상세히 뒤져 보면 성적 변태에 관해 상담한 여러 내용을 찾아낼 수 있었다. 그러나 로라 박사가, "십대의 청소년들은 섹스와 성적 복합성에 대해 흥미를 갖지 말아야 하며 그러한 성적 복합성은 존재하지도 말아야 한다"는 신념을 평소에 가지고 있을 줄 그 누가 알았겠는가? 더욱이 당시 로라 박사가 늘 새로운 것을 요구하는 라디오청취자들과 신문독자들의 욕구를 충족시키고자 "뜨거운 이야기 거리"를 열심히 찾고 있을 줄 그 누가 알았겠는가? 어찌되었든, 그녀는 "노골적인 외설물"에 대한 접근을 옹호하는 ALA의 원칙(실제는 소프트웨어에 대한 여과장치에 반대하는 ALA의 원칙)과 한판 전투를 치루고자 하였다. 문제가 되었던 링크(*casus belli*)는 ALA의 청소년국(YALSA)이 구축하고 추천했던 *Teen Hoopla*라는 웹사이트의 "건강과 의학"이라는 섹션에서부터 시작된 것으로 나중에 밝혀졌다. 이렇듯 그 링크는 과거에 인쇄지 전단에서 사용하던 "독자안내"를 위한 엔트리를 전자 형태로 바꾸어 놓은 것에 불과하였다. 물론 여기에는 올가미가 있었다. 즉, 어떤 종류의 링크를 통해서든 일단 그 웹사이트에 접속하게 되면, 끝없이 펼쳐지는 놀이동산의 흥미로운 장면들을 계속해서 뚫어져라 응시하게끔 소프트웨어가 설계되어 있었다.

오늘 날짜 Nature 誌의 기사에 따르면, 웹사이트의 엄청난 규모(현재 약 800만 페이지에 달한다)에도 불구하고 그 사이트의 많은 웹페이지들에는 다수의 하이퍼링크가 포함되어 있어, 단지 몇 개의 링크를 횡단하는 것을 통해 웹사이트의 어느 곳이라도 방문하는 것이 가능하였다.11)

적나라하게 표현하자면, 보다 많은 대중에게 서비스를 제공하고자 헌신하는 사서 집단(그것도 자기들의 시간과 비용을 써가면서)이 컬럼비아대학의 전문가 집단(비록 포르노그래퍼이지만)이 구축해 놓은 웹사이트를 대중에게 추천할 수조차 없다면, 사서들은 앞으로 자신들이 구축한 웹사이트로부터 어떠한 링크도 만들어 낼 수 없을 것이다. 로라 박사가 자신만의 방법을 가지고 있듯이, 우리 사서들은 전자자원에 딱 어울리는 축적된 경험과 안내 방법을 가지고 있다. 그런데도 불구하고 ALA는 로라 박사의 비판에 과잉 반응하면서 웹 링크에 대한 그들의 정책을 재고하려고 하고 있다. 이것은 ALA가 회원들의 판단을 무시하고 있을지도 모른다는 것을 의미하며, 그로 인해 결과적으로, 도서관의 가치를 둘러싼 전례 없는 논쟁을 촉발하고 있다는 점에서 우리에게 커다란 두려움을 준다. 이와 관련하여 가장 슬픈 현실은 ALA의 그러한 대응이 궁극적으로는 아무런 의미를 갖지 못할 것이라는 점이다. 왜냐하면, 그 대응이 로라 박사 같은 사람들의 분노를 가라앉히기 위해 어쩔 수 없이 취해졌지만, 결국에는 아무런 효과가 없을 것이기 때문이다. 나는 많은 언론인들이나 만년 대통령 후보인 패트릭 부캐넌(Patrick J. Buchanan)의 견해에 개인적으로 동의하진 않지만, "미국은 현재 문화전쟁의 한가운데 서있다"는 부캐넌의 주장에는 동의한다. *Go Ask*

---

11) Vincent Kiernan, "As Goes Kevin Bacon, So Goes the Internet, Researchers Report," *Chronicle of Higher Education* (September 9, 1999), http://chronicle.com/free/99/09/99090901t.htm

*Alice* 같은 웹사이트에 대한 공격은 그러한 문화전쟁에 있어서 여과주의자들이 사용하는 핵심 전략이며(이처럼 여과장치를 둘러싼 논쟁은 핵심 전투에 해당한다), 로라 박사가 일으킨 논란은 그러한 공격의 상징에 불과하다. 우리가 봉착했던 로라 박사로 인한 작은 위기는 그녀의 평소 소망, 나아가, 그녀의 견해에 찬성하는 검열주의자들의 소망과 밀접한 관련을 갖는다. 그렇지만, ALA와 일반 사서들의 사명은 가능한 많은 사람들에게, 가능한 많은 자료에 대한, 가능한 많은 접근 기회를 제공하는데 있는 것이다.

### 4) 여과의 광풍에 대처하기

나는 ALA가 그동안 "여과"에 대한 반대에 있어 그다지 효과적이지 못하였다고 생각하지만, 그렇다고 해서 ALA가 제시해온 방안의 어떠한 요소가 비합리적이었는지에 대해 논의하기란 쉽지 않다. 나는 철학적이고 도덕적인 관점에서 이 전투를 치르기 보다는(그렇게 하면 이론적인 승자는 되겠지만 실질적인 패배자로 남게 될 것이다) 사서들이 두 갈래의 전략을 취해야만 한다고 믿고 있다. 첫째, 우리 사서들은 여과장치의 무용성에 초점을 맞추는 것이 필요하다. 가령, 일부 "불량" 키워드를 봉쇄하는 장치는 전혀 효과가 없다는 것을 입증하기란 그렇게 어렵지 않다. 웹 사용자들의 대부분은 키워드 탐색이 비효과적이라는 사실을 이미 잘 알고 있다. 웹의 탐색엔진을 사용하여 얻게 되는 수천 개에 이르는 관련이 없는 검색결과에 대해 사람들은 이미 오랫동안 짜증을 느껴왔다. 여기서 우리의 임무는 그러한 상황이 벌어지게 된 근본적인 이유(즉, 원문 탐색을 위해 키워드를 사용하는 웹의 검색방식)를 설명하면서, 필터장치에 사용되었던 것과 동일한 기법(즉, 원문에 대한 사전 편목과 분류 작업)이 필요한 이유를 설명해 주는 것이다. 둘째, 우리 사서들은 인터넷의 사용법과 인터넷이 가지는 한계에 대한 보다 적극적인 메시지를 내놓을 필요가 있으며, 미성년자들의 도서관 이용에 있어 부모들의 관여를 촉구할 필요가 있으며, 미성년자들로 하여금 보다 많은 책을 읽도록 이끌어 갈 필요가 있다. 우리 사서들의 마지막 임무는 도서관과 사서들이 오래 동안 쌓아온 선의의 자산을(특히, 사서들이 헌법의 수정조항 제1조를 빌미로 삼아 어린이와 가정을 희생시키려고 날뛰는 도덕성의 침해자 혹은 비현실적인 완벽주의자들로 비추어질 가능성이 있는 그런 전투가 아니라) 사서의 가치를 제대로 드러내는 그런 전투를 위해 모두 사용하는 것이다. 1970~80년대에 지적 자유를 반대하던 사람들은 당시 미국시민자유연맹(American Civil Liberties Union)을 악마의 단체로 인식시키기 위해 그 단체의 훌륭한 신념과 활동을 왜곡하여 대중에게 전달하곤 하였다. 우리에 대한 왜곡 선전을 지금처럼 방치한다면, ALA 또한 동일한 상황에 처하게 될 수 있음을 우리는 명심해야 한다.

이것은 결론이 없는 그림자 전쟁도 아니요, 선(ALA)과 악(여과주의자들) 사이의 전쟁도 아니다. ALA는 선의에 의해 행동해 왔고, 철학적으로나 도덕적으로나 지적으로나 올바른 편에 속해 있다. 어과장치를 지지하는 사람들은 일부 선동가들에 의해 이끌리고 있는지 모른다. 그들 중에는 종교적 신념이 두텁고 문화와 아이들의 미래에 대해 진심으로 염려하는 많은 사람들이 포함되어 있다. 우리는 그런 사람들에게 다가가서 논쟁을 통해 여과의 오류를 깨닫게 만들어야 하며, 특히 아이의 부모들로 하여금 도서관의 이용에 직접 참여하게 하여 도서관 문해 프로그램의 가치와 유용성을 몸소 느끼게 만들어야 한다. 우리는 또한 여과 전쟁이 한창 벌어지고 있는 커뮤니티의 현장에서 근무하는 우리의 동료들에게 커다란 동정심을 가져야 한다. 우리 동료들 중의 많은 이들은, 우리와는 전혀 다른 환경에 놓여 있는 일부 사서들이 어찌하여 죄어 오고 있는 여과주의자들의 압력을 전혀 모르는 것처럼 행동하는지 이해하지 못한다. 가령, Idaho주 Nampa시의 의회는 공공도서관이 내부의 인터넷 단말기에 여과장치를 설치하지 않으면, 이미 편성된 $120,000의 공공도서관 예산중에서 수서를 위해 배정된 $50,000을 지불하지 말자는 제안을 투표로 통과시켰다.12) 이에 Nampa 공공도서관의 관장은 여과장치 문제로 심각한 고심에 빠졌으며, 자료구입 예산에 대한 삭감 공격이라는 심각한 압력에 시달려 왔다. 그러다가 그녀는 결국, 직업을 잃을지도 모르는 위험과 열심히 일해서 구축한 도서관이 비참하게 될지도 모르는 위험을 감수하면서 싸우고 있는, 우리 동료들의 모임에 참여하였다. Nampa의 사례는 여과장치를 둘러싼 특이한 이념적 혼란을 잘 설명하고 있다. Ljdigital 잡지에 보도된 기사에 의하면, Nampa의 사례는 Heather Has Two Mommies and Daddy's Roommate 라는 제목의 소설을 소장하고 있던 공공도서관이 그 소설을 성인 섹션으로 옮겨 달라는 이용자의 요청을 거절한 것에 대한 불만에서 촉발되었으며, 도서관에 대한 여과주의자들의 공격들 중에서는 가장 최근에 발생하였다.13) 그러나 이 사례를 비롯한 여과장치에 관한 최근의 논쟁들은 지난 수십년동안 진행되어 온 검열주의와의 전쟁에서 벌어진 일선의 전투 중에 하나에 불과하다. 이처럼 여과장치는 딱히 이념적이지 않더라도 다수의 사람들에게 두려움을 불러일으키는 강력한 상징이라는 점을 우리는 결코 잊지 말아야 한다. 그러한 사람들을 위해서 그리고 여과장치라는 십자 포화를 맞고 있는 우리의 동료들을 위해서, 전문직으로서 우리 사서들은 여과장치에 대항하기 위한 효과적이고 성공적

---

12) Ljdigital (April 30, 1999), www.bookwire.com/ljdigital/leadnews.article$29049
13) 이 두 책은 두 명의 레즈비언과 한 명의 게이가 가장의 역할을 하는 가정을 배경으로 하여 그 가정에 사는 아이들의 일상을 기술하고 있다는 이유로 공격을 받았다.

인 전략을 반드시 개발하여야 한다.

그리고 그러한 전략에는 다음의 내용이 포함되어야 할 것이다:

- 도서관과 사서들이 사회에 기여해온 긍정적인 측면에 대한 강조.
- 관심을 가진 부모들을 위해 합리적인 여건의 조성.
- 여과장치가 비효과적임을 입증하려는 노력.
- 헌법 수정조항 제1조에 근거한 어린이와 성인의 헌법적 권리에 대한 강조.
- 어린이의 독서습관과 시청습관을 지도하고, 충고하고, 조절함에 있어 부모의 의무에 대한 강조.
- 이러한 메시지가 가능한 넓은 범위의 대중에게 알려질 수 있도록 활용 가능한 모든 PR 전략과 마케팅 전략을 사용할 것.

우리는 일반 대중이 도서관과 사서에 대해 호의적인 시각을 가질 수 있도록 광고를 비롯한 모든 매스 커뮤니케이션 수단을 활용하여야 한다. 우리는 일반 대중에게 들려줄 좋은 이야기 거리를 많이 가지고 있으며, 오랫동안 그들로부터 존중과 존경을 받아왔다. 기존에 받았던 존중과 존경을 더욱 크게 만들려면, 인터넷에 연결된 도서관 단말기를 사용하고자 하는 어린이들에게 부모의 서면 동의를 받아오도록 하거나 도서관의 단말기들을 잘 보이는 장소에 놓아두는 등의 행위를 통해 우리의 합리성을 부모들에게 알리고자 노력해야만 한다. 지금까지 나는 여과장치가 효과가 없다는 점에 대해 누누이 설명해 왔지만, 우리 모두는 쓸 수 있는 모든 힘을 쏟아 부어 일반 대중에게 그러한 점을 이해시켜야 한다. 우리는 어린이의 지적 발달을 위해서는 지속적인 독서가 중요하다는 사실을 거듭 강조해야만 하며, 인터넷에 대한 과대광고에 적극적으로 대항하여야 한다. 어린이로 하여금 좋은 책을 읽게 하는 것은 여과장치나 브이칩[14]과 같은 바람직하지 않은 장치에 의해 조성된 두려움을 줄여줄 수 있는 긍정적인 대응책이다. 우리 사서들은 어린이들도 헌법에 명시된 기본권을 지니며 그러한 기본권에는 자유로운 탐구를 위한 권리도 포함된다고 믿어 온 만큼, 그러한 신념을 결코 굽히지 말아야 한다. 이를 위해 우리는 어린이를 위해 삶의 안내자나 정신적 스승의 역할을 확실하게 수행하고자 하는 부모들과 협력할 수 있다. 우리의 이러한 노력이 "로라 박사"와 같은 부류의 사람들을 설득하지는 못하겠지만, 그들의 선전에 대한 대응책으로서 많은 사람들에게 도움을 줄 것이다. 만약 우리가 지금 "선전 전쟁"의 와중에 있다면, 우리도 그렇게 싸우도록 해야 한다. 이러한 점에서, 지금까지 논의한 모든 내용을 담고 있는 ALA의 홍보 비디오는 공공도서관 사서들과 학교도서관 사서교사들이, 너무도 반계몽적이어서 설득이 불가능한 이사진을 제외하고, 여러 사람들과 논쟁을 전개하는데 있어서 강력한 보조도구로 사용될 수 있을 것이다.

    도서관과 검열주의는 지난 수 세기 동안 늘 가까이에 있었다. 그런 가운데, 도서관의 환경도 변하고, 검열의 대상도 변하고, 커뮤니케이션의 매체도 변하였지만, 사상과 표현의 자유에 대한 존중만큼은 톰 페인(Tom Paine)15)의 시대에 그랬던 것처럼 지금도 우리 사서들의 마음에 깊숙이 자리하고 있다.

---

14) 텔레비전에서 섹스 폭력물을 제어하는 컴퓨터 칩 (역자 註).
15) 미국의 독립투쟁과 프랑스혁명을 지지했던 영국 태생의 미국혁명 지도자 (역자 註).

# 합리주의

## 합리주의의 의미

합리주의는 설명하기가 수월하다. 합리주의란 이성적으로 말하거나 행동하는 것을 의미한다. 감정이나 신앙 그리고 감각과는 별개로, 이성이 지식의 원천이라는 철학적 믿음은 문제에 대한 합리적인 접근을 가능하게 하는 근거가 된다. 앞서 언급했던 다른 가치와 마찬가지로 합리주의 또한 절대적인 것은 아니다. 역설적으로, 전적으로 이성에만 의존하는 것은 대단히 비합리적이다. *Gradgrinds*의 사례에도 나타나듯이, 이성을 최고의 가치로 여긴 나머지 결국에는 인간성을 상실하게 될지도 모르는 위험을 우리는 항상 경계해야 한다.[1] 그러나 현실적인 문제의 처리에 있어, 우리는 항상 감성적이기보다는 이성적이기를 선호한다.

---

1) Charles Dickens, *Hard times* (1854). Gradgrind는 인간의 본성은 전혀 고려하지 않고 단지 과학적인 측정과 직접 관찰할 수 있는 사실만을 믿고 의지하려는 사람을 말한다 (역자 註).

## 합리주의에 대한 공격!

우리가 사는 현대 사회에는 종교적인 근본주의, 미신, 그리고 기타 비정상적인 것들이 늘 넘쳐난다. 종교치료사들로부터 공격적인 성향을 가진 다양한 사람들에 이르기까지, 이 세상은 스스로 "진리"를 깨우쳤다고 믿으면서 자신의 비합리적인 신념에 동조하지 않는 사람들을 공격하거나 비난하는 사람들로 그득하다. 20세기의 대부분을 장식했던 좌와 우, 남과 북, 자본주의와 공산주의, 그리고 백인종과 유색인종 사이의 갈등은 이제 서서히 역사 속으로 사라지고 있다. 그리고 그러한 고전적 갈등 대신에, 국제주의와 합리주의를 믿는 사람들과 그 둘 모두에 반대하면서 "인간 본래로 돌아가자는 사회운동"을 벌이고 있는 사람들 사이의 거대한 갈등이 새롭게 진행되고 있다.[2] 그렇다고 해서 공산주의에 대한 자본주의 승리를 마치 인류가 "역사의 끝자락"에 도달한 것처럼 해석하는 사람들을 지지하는 것은 아니다.[3] 차라리 나는 국제적 맥락에서 다양한 형태의 비합리주의가 나타나기를 바라고 있다. 나는 국제주의를 신뢰하지 않기 때문에, 국제주의 특히 "국제화"라는 것이 모든 상황에서 다른 대안들보다 훌륭하다고 생각하지 않는다. 그러나 민족주의와(모든 형태의) 근본주의가 세상 사람들에게 끼쳐온 많은 해악을 국제주의가 완화해 줄 수만 있다면, 국제주의처럼 사람들을 하나로 묶는 운동이 사람들을 상쟁하게 만드는 운동보다 훨씬 바람직할 수도 있다고 생각한다. 더욱이, 이성적이며 논리적이고 인간 친화적인 신념이 비이성적이면서 인간 적대적인 신념보다 인류에게 유익하다는 것은 이미 역사에 의해 입증되지 않았던가? 나는 여기서 "이성적"이

---

2) Meredith Tax, "World Culture War," *The Nation* (May 17, 1999): 24.
3) Francis Fukuyama, *The End of History and the Last Man* (New York: Free Press, 1992).

라는 말을 "정신적 혹은 종교적"이라는 말의 상대적 개념으로서가 아니라 "비이성적"이라는 말의 상대적 개념으로 사용하고 있다.[4] 왜냐하면 사람들은 이성적이면서 동시에 종교적일 수 있으며, 이성과 합리성은 종교적 신앙심에 대립되는 개념이 아니기 때문이다.

나는 도서관은 계몽주의와 합리주의의 소산이라고 생각한다. 무엇보다도 도서관은 "인간은 지식과 정보를 취함으로써 발전하며 그 길에는 어떠한 장애도 있어서는 안된다"는 사상에 기초하고 있다. 우리 사서들은 모든 개인들은 자신이 알고자 하는 것을 탐구할 권리를 가지고 있다고 믿는다. 우리는 또한 도서관의 모든 정책과 업무는 합리주의에 기초한다고 믿고 있다. 서지통정, 장서개발, 참고봉사, 이용자교육 등의 모든 도서관 업무는 합리적 접근법과 과학적 방법에 기초하고 있다. 사서직은 지극히 이성적인 전문직이며, 따라서 우리는 우리의 내외에 산재하는 모든 비합리주의 세력에 대항하여야만 한다.

## 합리주의와 도서관의 관계

도서관에 있어서 합리주의는 두 가지 측면에서 중요성을 갖는다. 첫째, 도서관의 모든 실무들, 즉, 과거에는 "도서관경제"라고도 불리었던 그런 실무들은 이성적인 접근법을 적용함으로써 여러 가지 이득을 얻게 된다. 즉, 편목, 참고업무, 이용자교육, 장서개발, 자료처리 등의 모든 업무는 합리적인 방법에 기초한 정책에 의해서 수행되어야 한다. 둘째, 비이성적인 세력에 대항하는데 있어서 "제대로 자료를 갖추고 잘 조직해 놓은 도서관"보다 나은 처방은 세상에 없다. 좋은 도서관은 객관적

---

[4] Not according to reason; unreasonable," in *Webser's New Collegiate Dictionary* (1960), s.v. "irrational."

인 정보나 견실한 지식을 구하고자 하는 사람들에게는 마치 고향집과 같다. 지금부터 나는 합리주의의 관점에서 도서관에서 수행하고 있는 업무를 구체적으로 살펴보고자 한다. 내가 다음 세 가지를 선택한 까닭은, 개인들 사이의 상호작용이 커다란 영향을 미치는 참고서비스와는 다른 측면에서, 사서직의 합리주의를 보여주는 전형적인 사례이기 때문이다.

- 도서관을 조직하는 방법에 있어서의 합리성
- 도서관(자료)에 대한 합리적인 접근 방법을 교육하는 이용자교육
- 도서관(자료)에 대한 합리적인 접근 방법의 궁극적인 표현인 서지통정

## 도서관을 조직하는 방법

도서관에 합리주의가 적용된 중요한 사례 중의 하나는 사서직에 주어진 사명을 완수하기 위해 우리가 도서관을 조직해 왔던 방법에서 찾을 수 있다. 도서관의 조직 구조는, 마치 산호초처럼, 다양한 시대적 변수에 의해 변형되고 추가되는 과정을 거치면서 성장해 왔다. 왜 어떤 도서관에는 테크니컬 서비스 부서가 세 개나 있는데 동일한 규모와 성격의 다른 도서관에는 하나밖에 없는 것일까? 만약 세 개나 되는 부서가 오래 전에 종식된 인사 문제나 이미 해결된 이슈가 계기가 되어 만들어진 것이라면, 당신은 아마도 열 개의 부서라도 만들 수 있을 것이다. 오래 전에 만들어진 조직 패턴이 갖는 또 다른 문제점은 "오래 신은 신발 증후군(the Old-Shoe Syndrome)"으로 설명할 수 있다. 대부분의 사람들은 새로운 업무 패턴에 따라 새로운 사람들과 일할 때보다는 친

숙한 사람들과 일할 때 훨씬 편안함을 느낀다. 그러나 어떤 사람이 권한을 갖고 합리적인 방법을 적용하기로 결정했을 때, 우연히 생긴 조직들을 정리하거나 효율적인 조직으로 대체하지 않아도 되는 것일까? 놀랍게도 이 질문에 대한 대답은 "그렇지 않다"인 경우가 많다. 합리주의에는 모든 정책과 절차의 실질적인 효과에 대한 분명한 평가가 뒤따른다. 따라서 만약 우연히 생긴 조직이 없어지거나 대체되지 않는다면, 그 조직은 아마도 대단히 잘 작동하고 있음을 스스로 입증하였기 때문일 것이다. 그러나 비록 논리에 맞지 않는다 하더라도, 어떤 조직이 생산적이라면 그 조직을 수용하는 것이 합리적이다. 반대로, 비효과적인 조직구조는, 비록 친숙하고 편안하다 하더라도, 수용하지 않는 것이 합리적이다. 때때로 합리적인 변화가 사람들의 사기에 부정적인 영향을 미칠 수도 있지만, 장기적으로는 사기를 북돋는 결과로 이어질 것이다. 왜냐하면 효과적인 조직은 사람들을 생산적으로 만들며, 대부분의 사람들은 자신의 업무가 비효과적이거나 쓸모없다고 생각할 때 보다는 자신의 업무가 생산적이라고 생각할 때 더 큰 행복감을 느끼기 때문이다. 아마도 합리적인 조직개편 담당자가 소유하고 있는 가장 강력한 무기는, 가장 합리적인 금언 중의 하나인 "오컴의 면도날(Occam's Razor)"이 던지는 메시지일 것이다: 즉, 어떤 것이든 필요하지 않다면 증식되지 않아야 한다는 원리 말이다.[5] 이를 달리 말하면, 도서관은 가능한 최소의 부서나 조직 단위로 구성되어야 하며, 조직 계층 또한 최소로 유지하여야 하며, 조직 단위가 효과를 유지하려면 각 조직 단위에서 근무하는 직원 또한 최소이어야 한다.

---

[5] William of Ockeghem(1285-1349)은 Occam's Razor와 관련하여 가장 많이 언급되는 사람이다. 그의 말을 원문으로 그대로 옮기자면, "Entia no sunt multiplicanda since necessitate."

그럼, 도서관이 수행하는 업무와 도서관의 부서별 기능에 대한 합리적인 분석에 근거하여, 도서관이 따라야 하는 "조직의 원칙"에 대해 논의해 보자. 내가 제안하고자 하는 원칙은 다음과 같다:

- 이상적인 조직은 가능한 "평평해야" 한다. 즉, 도서관의 사명에 일치하게끔 계층 구조가 최소의 단계로 구성되어야 한다.
- 상급자가 비현실적으로 많은 사람들로부터 보고를 받는 조직 구조는 피해야 한다. 故애킨슨(Hugh Atkinson)은 도서관장에게 보고하는 사람의 상한선을 위한 모델로 미니언(Minyan)을 인용하곤 했지만, 내게는 그 숫자조차도 많아 보인다.[6]
- 업무 구조는 내가 앞서 제시한 바 있는 "Drift Down 이론"을 따를 것을 권장한다. 즉, 사서는 사서보가 담당할 수 있는 업무를 수행하지 말아야 하며, 사서보는 행정서기나 학생조교가 담당할 수 있는 업무를 수행하지 말아야 하며, 사람은 기계가 담당할 수 있는 업무를 수행하지 말아야 한다.[7]
- 각 조직 단위에는 명확한 사명과 명시적으로 규정된 책임이 주어져야 한다.
- 각 조직 단위는 충분한 그러나 적정선을 넘어서지 않는 직원으로 구성되어야 한다.
- 어떠한 조직 단위도 개인적인 혹은 일시적인 사안에 기초하여 설치되지 않아야 한다.

---

6) "유대교에서 전통적인 예배의식을 수행하는데 필요로 하는 사람의 숫자를 의미하며, 유대교의 구전 율법인 Mishnah에 따르면 전통적인 예배의식에는 10명 이하의 남자가 참여하도록 되어 있다…" *Webster's Third International Dictionary of the English Language* (1976), s.v. "Minyan."

7) Micheal Gorman, "A Good Heart and an Organized Mind," in *Library Leadership: Visualizing the Future*, ed., Donald E. Riggs (Phoenix: Oryx, 1982), 73-83.

- 조직 구조는 특별한 프로젝트나 일시적인 문제를 다루기 위한 임시 그룹(가령, 테스크 포스)의 구성을 허용할 수 있을 정도로 유연하여야 한다.
- 도서관의 보편적 기능에 관련된 조직 단위는 그러한 보편적 기능에 따라 구성되어야 하며(즉, 장서개발, 참고봉사, 편목 등), 자료의 유형에 따라 구성되지 않아야 한다. 그러나 자료의 활용을 위해 기계가 필요한 경우(가령, 마이크로필름이나 음반 등)와 특수한 처리, 저장, 보존이 필요한 경우(가령, 작품의 원본이나 아카이브 등)는 예외로 한다.
- 모든 조직 단위는 인적 자원의 유연한 배치와 활용을 위해서 조직 단위들 사이의 교차 훈련을 허용하고 고무하여야 한다.
- 조직은 조직 구성원의 개인적 발전을 허용하고 고무하여야 한다.

그러나 실무 차원에서 볼 때, 위에서 제시한 처방들 중의 일부는 함께 이행하는데 어려움이 따른다. 가령, 평평한 구조를 가지면서 어느 누구도 많은 사람으로부터 보고를 받지 않는 그런 조직을 만들어서 유지하기란 매우 어려운 일이다. 왜냐하면 가장 평평한 조직은 결국 모든 사람들이 한 사람에게 보고하는 형태의 조직을 의미하기 때문이다. 이 사례가 보여주는 것처럼, 조직 구조와 관련하여 이론과 현실은 상충될 수 있다(실제로 종종 상충되곤 한다). 또 다른 문제는 대부분의 도서관장들은 현존하는 조직 구조와 업무 패턴을 놓고 씨름을 해야 하며, 기존의 조직 구조를 인거에 바꾸는 호사를 누릴 수 있거나 간단한 계획을 통해 완전히 새로운 조직을 구축할 수 있는 호사 중의 호사를 누릴 수 있는 관장은 거의 없다는데 있다. 합리적인 접근이라고 하는 것이 도서관들로 하여금 싫든 좋든 비현실적이고 이론적인 구조를 갖도록 강요하는 것을 의미하지 않듯이, 현실적인 실행이라는 것이 도서관장들이 합리적인 접근을 포기해야만 하는 것을 의미하지 않는다. 대부분의 철학이나 가치가 그러하듯이, 합리주의 또한 해결 방안이 아니라 접근 방법이다. 따라서 성공적인 관장이 되려면, 이론과 현실, 그리고 실용과 이상 사이에서 균형을 취하고자 하는 마음가짐이 필요하다.

## 합리적인 접근법에 대한 교육

### 1) 정보제공 대 이용자교육

사서의 의무를 둘러싸고 벌어진 논쟁 중의 하나가 "이용자교육"에 대한 것이다. 듀이(Dewey)는 교육자로서의 사서의 역할을 특히 강조하였지만,[8] 많은 다른 사람들은 교육자로서의 역할을 "허구"로 칭하였다.[9] 사서의 역할은 커뮤니티의 문화적 수준을 제고하는데 있는 것으로 여겨졌던 공공도서관의 초창기부터 최근의 자동화된 도서관의 시대에 이르기까지, 사서들은 스스로를 교육자로 간주하는 것이 과연 적절한지를 놓고 많은 토론과 논쟁을 벌여왔다. 공공도서관 사서들 사이에서는 교육자로서의 역할론이 미미해졌지만, 미국의 대부분의 주에서 학교도서관의 사서들은 명실상부한 교사로서의 역할을 수행한다. 대학도서관의 경우, 사서에 의한 교육은 비교적 최근의 일이며 여전히 풀기 어려운 복잡한 문제로 남아 있다. 이용자가 원하거나 필요로 하는 지식과 정보를 그냥 전달하는 것이 바람직한지 아니면 이용자가 필요로 하는 지식이나 정보를 스스로 찾을 수 있도록 교육하는 것이 바람직

---

8) "그 시대에 도서관은 학교였으며, 사서는 가장 높은 의미의 교사였다." Melvil Dewey, "The Profession," *American Library Journal* 1, no.1 (September 20, 1876): 5-6.
9) Pauline Wilson, "Librarians as Teachers: An Organizational Fiction," *Library Quarterly* 49 (1979): 146-152.

한지를 놓고 논쟁에 논쟁이 되풀이 되었다. 물고기를 던져주기보다 물고기를 잡는 방법을 일러주는 것이 바람직하다는 동양의 경구를 모방한 말들이 자주 언급되곤 하였다. 물론, 이 현명해 보이는 경구는 당장의 허기를 채우기 위해 물고기를 원하고 있는, 그런 가운데 결과적으로는 물고기를 잡는 방법을 배우기 위해 시간을 낭비하는 것에 분개를 느끼는 사람들은 고려의 대상에 넣지 않고 있다. 이용자의 입장에서는 두 번 다시 필요하지 않을지 모르는 탐색기술을 가르치고자 하는 욕심에서 이용자가 요청하는 간단한 도움조차 거절한다면, 그것을 어찌 서비스 지향적인 접근 방법이라고 이야기할 수 있겠는가?

## 2) 서지교육이 발전한 이유

대학도서관에서는 이용자를 위한 도서관교육을 서지교육(Bibliographic Instruction)으로 칭해왔다. 서지교육은 지금으로부터 30-40년 전에 전개되었던 두 가지 현상이 계기가 되어 발전하기 시작하였다:

① 1950~60년내에 주요 대학들에서 유행했던 학부도서관의 설립 움직임[10]
② 거대한 카드목록과 복잡한 편목규칙이 지배하던 시대에 서지통정의 문제점

첫 번째 현상으로 인해 대학의 학부생들은 "연구도서관" 혹은 "대학원도서관"으로부터 물리적으로 떨어진 새로운 장소로 분리되어졌다.(이러한 물리적 분리는 학부도서관 설립 운동을 지원하던 중견 교수들이 의도한 결과는 결코 아니었다). 학부도서관의 설립으로 인해 대학

---

10) 최초의 학부도서관은 1949년에 하버드대학에 설립되었다. www.fas.harvard.edu/~lamont/history.shtml

도서관의 사서직 내에 학부학생들을 위한 정보서비스를 전담하는 새로운 사서들이 생겨났다. 그러나 사서직의 이러한 세분화 및 전문화 현상은 작은 규모의 대학도서관에서는 찾아볼 수 없었다. 그러한 대학도서관에서는 여전히 참고봉사, 장서개발, 서지통정과 같은 업무가 신입생으로부터 국제적으로 저명한 교수에 이르기까지 모든 도서관이용자를 대상으로 하여 수행되었다.

카드목록은, 비록 구체적으로 밝혀지지는 않았지만, 그 내용이 너무 부실하여 사실상 사용할 수 없게 되었다(대규모 카드목록들이 이미 사라졌거나 사라지고 있기 때문에, 그 내용이 얼마나 부실했는지 지금으로선 밝혀내는 것이 불가능하다). LCC나 DDC에 의해서 정리된 수백만권의 자료들 중에서 이용자가 원하는 자료를 찾아내기란 정말 힘들었다. 정기간행물에 대한 인쇄본 색인들 또한 사용하기에 너무 복잡하고 지루하였으며, 설상가상으로, 출판된 후 몇 달씩이나 지난 것들이 많아서 쓸모가 없었다. 이러한 부정적인 요인들이 지배하는 환경에서, 게다가 아직 온라인 목록이나 전자 색인이 등장하지도 않은 그런 환경에서, 학부생들은 도서관자료의 탐색을 위해서 연구도서관에서 그야말로 연구를 해야만 했다. 따라서, 새로운 전문 사서들(즉, 학부도서관의 사서들)이 학부생들을 위해서, 학부도서관의 경계 너머에 존재하는 "충격적일 만큼 친화적이지 않은 서지 세계의 미로"를 통과할 수 있도록 하기 위한 교육프로그램을 개발하고자 했던 것은 지극히 당연한 일이었다. 이처럼 학부생을 위한 서지교육은 1980년대 초중반까지 대규모 대학도서관들에서 벌어지던 서지통정과 관련한 여러 가지 결함을 보완하고자 하는 목적에서 추진되었다.

그러나 서지교육은 새로운 방향을 향해 진화하기 시작하여, 그 자체로 사서직의 새로운 영역으로 발전하기 시작하였다. 서지교육의 열렬한 지지자들은 도서관이용자들이 서지교육을 수료하는 것을 과도하게 선호한 나머지 이용자들에게 줄 수 있는 간단한 도움조차 거절하는 것처럼 보였다. 이처럼 그들이 비난을 받게 된 것은 서지교육을 도서관 이용자를 돕기 위한 도구로서가 아니라 본질적인 목적으로 간주하면서, 도서관이용자의 진짜 요구를 무시하였기 때문이었다. 심지어 어떤 사람들은 대학도서관 사서들이 서지교육을 통해 자신들의 지위와 이미지를 교수들과 동등하게 만들려는 숨은 의도를 가지고 있다고 비난하였다(그 당시는 대학도서관 사서들의 "교수 지위"를 둘러싼 논쟁이 격렬하게 전개되던 시기였다).

## 3) 서지교육이 변형된 이유

시간이 모든 문제를 해결해 주지는 못했지만, 시간의 흐름은 서지교육의 형태를 크게 바꾸어 놓았다. 온라인 목록과 색인과 초록 서비스의 품질이 개선되어 사용하기가 편리해 지면서, "서지교육"을 위한 요구는 점차 감소하였다. 서지적 표준을 위한 합리성의 도구(가령, MARC, ISBD, AACR2 등)가 등장하고, 널리 보급되고, 그러다가 마침내 2세대 온라인 목록과 종합 DB들이 등장하면서, 도서관이용자를 대상으로 한 서지교육, 특히, "서지적 도구"에 대한 교육의 중요성은 더욱 약화되어 갔다. 그 결과, 서지교육은 도서관교육(*Library Instruction*)의 형태로 다시 태어났는데, 도서관교육은 말 그대로 사람들에게 도서관을 이용하는 방법과 그들이 필요로 하는 자료를 찾는 방법을 가르치는 프로그램이었다. 달리 말하지면, 도서관교육의 시작과 함께 이용자교육의 초점이 부정적인 계기(즉, 쇄락한 서지통정 시스템의 결함을 보완하기 위해서)에서 긍정적인 계기(즉, 도서관서비스를 최상의 것으로 만들기 위해서)로 완전히 전환한 것이었다. 이러한 도서관 교육프로그램은 도서관에서 전자자원의 활용성이 대폭 늘어나면서 다시 변화의 과정을 거쳤다. 전자자원이 갖는 매력과 인터넷 탐색의 용이성을 고려할 때, 도서관이용자들이 전자자원의 가치와 한계에 대한 그들의 이해를 돕고자 마련된 교육프로그램을 불필요하게 생각했다고 주장하는 것은 여러 모로 부적해 보인다. 사실이지, 이용자교육에 대한 요구가 명백하고 보편적으로 드러났던 대학도서관에서는, 최소한 한동안, "정보제공이 먼저냐 이용자교육이 먼저냐"를 둘러싼 논쟁은 뒷전으로 물려져 있었다. 지금 학생들은 사서로부터의 직접적인 도움과 이용자교육을 둘 다, 그것도 다량으로, 요구하고 있다.

### 4) "도서관교육"과 공공도서관

도서관의 이용자교육에 합리주의를 어떻게 적용할 것인가에 대해 논의하기에 앞서, 공공도서관의 "도서관교육"에 대한 의문점, 특히, 도서관교육의 부재 현상에 대해서 간단히 언급하고자 한다. 초중등학교나 대학은 다양한 수준의 고정 고객(학생들)을 이미 확보하고 있다. 주요 대학도서관에서 사서로 일하고 있는 애킨슨(Hugh Atkinson)은 "일 온스의 직접적인 도움이 일 톤의 이용자교육보다 값지다"고 이야기한다. 몇 톤의 무게에 해당하는 이용자교육을 받을 수 없는 상황에 놓여 있는 도서관이용자들에게 단지 몇 온스에 불과한 직접적인 도움을 제공하는 것을 거부한다면, 이러한 행위를 "현실적 혹은 실용적"이라고 주장하기는 어려울 것이다. 그러나 정규적인 프로그램 형태의 도서관교육은 거의 모든 공공도서관에서 현실적이지 않기 때문에, 공공도서관에서 이에 대한 논의는 참고업무(즉, 즉각적인 질의응답 뿐 아니라 미래에 필요한 정보를 찾는 최상의 방법을 일러주는 서비스의 의미로)에 집중되는 경향이 있다. 해리스(Roma Harris)의 연구에 의하면(적어도 10년 전에 캐나다에서), 공공도서관 사서들 사이에는 "도서관 고객에 의해 요청되지 않더라도 참고업무는 이용자교육을 포함해야 한다"는 공감대가 널리 형성되어 있었다.[11] 1990년대는 전자자원이 공공도서관에 대거 유입되기 시작한 시기로, 전자자원의 유입이 사서들 사이에 그러한 공감대를 강화하였다고 해석하는 것이 이치에 맞을 것이다. 연방정부의 관료에서부터 게이츠(Bill Gates)에 이르기까지 모든 사람들은 이구동성으로 "정보시대"를 대비하여 모든 공공도서관들이 네트워크로 연결되어야 한다고 이야기한다. 게이츠는 특히, 이러한 네트워크를 경제적으로 가장 빈곤한 지역에서부터 시작해야 한다고 주장한다. 빈곤 지역은 다른 지역에 비해, 저학력자들이 집중적으로 거주하고 있다. 그러한 실정을 고려할 때, 모든 공공도서관을 유선으로 연결하여 구축한 엄청난 가치의 전자자원을 효과적으로 사용하는 방법을 빈곤 지역의 거주자들에게 가르치지 않는다는 것을 어찌 상상이나 할 수 있겠는가? 당신이 뭐라고 부르든, "도서관교육"은 이제 더 이상 대학생만을 위한 교육이 아닌 것이다.

## 5) 합리주의와 도서관 및 도서관자료의 이용교육

관종을 불문하고 도서관과 도서관자료의 이용을 위한 교육의 필요성을 받아들였다면(지금부터 나는 도서관에서 이루어지는 이용자교육을 포괄하는 의미로 "도서관교육"을 사용하고자 한다), 사서들은 그러한 교육프로그램을 위한 합리적 근거를 이해하고 설정하여야 한다. 도서관에서 동원할 수 있는 인적 자원에 한계가 있음을 고려할 때(가령, 일부 참고사서들은 이미 과중한 업무에 시달리고 있다), 도서관에서 시행하고자 하는 교육프로그램은 이용자들이 가장 시급하게 필요로 하는 것

---

11) Roma M. Harris, "Bibliographic Instruction in Public Libraries: A Question of Philosophy," *RQ* (fall 1989): 92-98.

에 비중을 두어야 한다. 대부분의 도서관에서 이용자들이 가장 시급한 도움을 필요로 하는 것은 인터넷과 전자자원을 활용하는 방법을 배우는 것이다. 그러나 여기에 한 가지 문제가 있다. 인터넷이나 전자자원의 이용에 교육의 초점을 맞추다 보면, 도서관에서 활용할 수 있는 다른 유형의 지식자원이나 정보자원을 이용하는데 필요한 지식은 교육할 수 없게 된다. 교육에서 다루어지는 핵심 내용은 도서관이용자로 하여금 개인적 의문이나 문제의 해결을 위해 가장 적절하고 효과적인 정보소스(인쇄자료든지 전자자료든지)를 선택할 수 있는 기술을 갖추게 하는데 집중되어야 한다. 어떤 유형의 정보소스도 모든 문제에 대한 답을 제공할 수 없다는 사실을 사람들이 인지할 수 있도록 교육할 필요가 있다. 상업주의와 인터넷에 대한 과대광고가 넘쳐나는 시대에 그러한 것을 인지시키기란 결코 쉬운 일이 아니다. 이처럼, 도서관 교육프로그램을 위한 합리적인 근거를 마련하기 위해서는 무엇보다도 도서관이용자들에게 가장 중요한 기술(skills)이 무엇인지에 대한 정의를 내려야 한다.

"도서관교육"이라는 용어는 오늘날의 시각에서 볼 때 조금은 구식 표현이다. 사람들은 도서관교육이라는 용어를 발전적으로 대체하고자 하는 의도에서 "정보역량(information competency)"이라는 용어를 사용하는데, 그렇다고 해서 실제로 정보역량이 도서관교육을 발전적으로 대체하는 것은 아니다. 내가 지금까지 관찰한 바에 따르면, 정보역량에 관한 모든 교육프로그램들은 전자자원과 디지털 정보의 탐색에 집중되어 있다. 그러한 교육프로그램들은 마치 가상도서관은 이미 현실이며, 인쇄 형태로 기록된 지식은 더 이상 도서관이용자의 관심 대상이 아닌 것처럼 단정하고 있다. 나는 정보역량교육을 도서관교육의 발전된 형태로 간주하지 않는다. 그 보다는 차라리 두 교육프로그램은 상호보완적이며 이용자의 확장된 요구에 대한 대응이라는 시각을 가지고 있다.

나는 도서관에서 진행되는 이용자교육은, 적어도 단기적으로는, 기본적인 컴퓨터 기술을 포함해야 한다고 확신해 왔다. 컴퓨터의 보급이 대중적으로 늘어남에 따라 컴퓨터의 사용은 점차 쉬워질 것이다. 그러나 그때까지는, 많은 사람들, 특히, 빈곤층을 비롯한 사회적 소수자들은 일상의 기본적 도구로 여겨지는 컴퓨터에 대한 교육과 도움을 필요로 한다. 그러한 점을 고려할 때, 도서관에서의 이용자교육을 합리적으로 구성하려면, 교육프로그램에 컴퓨터역량(computer competency), 정보역량(information competency), 그리고 도서관교육(library instruction)을 반드시 함께 반영하여야 한다.

정규 프로그램의 형태를 띠든지 혹은 참고서비스에 통합되어 제공되든지, 미래의 도서관 교육프로그램은 다음 세 가지 요소를 반드시 구비하여야 한다:

① 기본적인 도서관 활용 기술과 컴퓨터 이용 기술
② 적절한 정보소스를 식별하고, 찾아내고, 이용하는 방법
③ 비판적인 사고 능력

이러한 세 가지 구성요소는 "전통적인" 도서관자료는 물론이고 전자자원의 이용에도 각각 적용된다. 지금부터의 이야기는 대학도서관에서 전형적으로 제공되는 정규 교육프로그램과 공공도서관에서 참고서비스의 일환으로 제공되는 산접직인 교육프로그램을 모두 포함하고 있음을 기억하기 바란다.

그러면 첫 번째 요소에 대한 이야기부터 시작하자. 교육의 첫 번째 단계에서 학생들은 도서관에 대해 배우게 될 것이다. 즉, 도서관의 역할과 기능 그리고 도서관이 소장하고 있는 자료 등에 대해 배우게 될 것이다. 그것은 너무도 자명한 것이지만, 공공도서관을 거의 혹은 전혀 사용하지 않았던 사람들이나 사서교사조차 없는 학교도서관을 수업 때

문에 어쩔 수 없이 방문해 본 경험밖에 없는 학생들에게는, 도서관에 대한 기본적인 지식조차도 뜻밖의 사실로 받아들여 질 수 있다. 그러한 초급 단계의 교육에는 또한 컴퓨터에 관한 기본적인 지식을 가르치는 것도 포함되어야 할 것이다. 그를 통해, 기술에 대한 도전의식을 가진 사람들이 컴퓨터에 편안함을 느낄 수 있고, 나아가, 자신의 이익을 위해 전자자원을 사용할 수 있도록 만들어야 한다. 컴퓨터의 기본적인 사항에 대한 교육은 공공도서관들이 그들의 이용자들 중에서 많은 사람을 정규 강좌로 끌어들이는 좋은 기회가 될 수 있을 것이다.

교육의 두 번째 단계에서, 도서관이용자들은 도서관의 문헌 구조와 사서들이 검색을 위해 기록된 지식과 정보를 어떻게 조직하는지에 대해 배우게 될 것이다. 이 단계에서의 교육 내용에는 "조직"이라는 동심원을 공유하는 세 가지 고리가 서로로부터 어떻게 다른지에 대한 설명이 반드시 포함되어야 한다. 즉,

- 고도로 조직되어 구조적인 형태를 갖춘 도서관 소장 자료: 이 때, 전거통제, 통제어휘, 서지표준, 그리고 분류의 인공 언어 등의 개념과 의미를 강조한다.
- 상대적으로 덜 조직된 저널의 색인이나 초록 서비스 등: 이 때, 색인 주체의 다양함에서 오는 표준화의 결여 문제와 하나의 색인 내에서조차 어휘통제나 저자통제가 부족한 사실을 강조한다.
- 전혀 조직되지 않은 인터넷 자원: 따라서 이용자들은(Yahoo!와 같이 웹사이트를 무작위로 집합해 놓은) 키워드 중심의 검색엔진에 의존하여만 하는 사실을 강조한다.

이처럼 자료를 조직하는 수준이 낮아짐에 따라 검색결과에 있어 "관련성(relevance)"과 "재현율(recall)"은 감소하기 마련이다. 따라서 이용자교육을 통해 반드시 주지시켜야 하는 중요한 내용은 동일한 탐

색어를 사용하여 탐색작업을 하더라도 대상 자료의 조직 수준에 따라 전혀 다른 결과를 산출한다는 사실이다. 이 문제는 매우 중요하다. 왜냐하면, 도서관목록이나 색인의 탐색에서는 관련성이 높은 소수의 자료를 얻게 되지만, 인터넷의 탐색에서는 관련성이 거의 없는 과도한 자료를 얻게 되기 때문이다. 특히, 인터넷의 경우, 경험이 부족한 초보자들은 검색된 많은 자료 중에는 관련성이 좀 더 큰 자료가 있다는 사실조차 인식하지 못한 채 우선 눈에 뜨이는 것을 닥치는 대로 출력하고자 하는 유혹에 쉽게 빠져든다. 이와 관련하여 이용자교육에는 도서관이용자들이 그들의 요구에 관련된 어떤 것을 단순히 찾아내는 정도가 아니라 그들의 요구에 가장 적합한 자료를 찾아내고 식별하는 능력을 갖출 수 있도록 하는 내용이 반드시 포함되어야 한다. 이용자들의 요구에 적합한 자료는 책일 수도 있고, 학술저널의 논문일 수도 있으며, 다른 매체 혹은 전자 문서일 수도 있다. 여기서 이용자교육에서 반드시 전수해야 하는 전략은 각 매체가 갖는 장단점을 이해하게 하고, 여러 자료 중에서 가장 적합한 자료를 찾아낼 수 있는 다양한 탐색경로를 숙지하게 하는 것이다.

    교육의 세 번째 단계는 비판적 사고에 대한 것이다. 계몽적인 교육이라면, 참과 거짓, 관련이 있는 것과 없는 것, 껍데기와 알맹이, 그리고 심각한 것과 가벼운 것을 구별할 수 있는 능력을 갖추게 하는 내용을 반드시 포함하여야 한다. 인터넷이 등장하기 전까지는, 그러한 내용의 교육은 교사나 교수의 몫이라는 것이 사서들의 기꺼운 판단이었다. 주지하다시피, 사서들은 어떤 출판사가 명성이 있으며, 어떤 신문이나 언론인이 권위가 있는지, 그리고 어떤 저널이 해당 분야에서 높은 순위에 있는지에 대해 잘 알고 있다. 사서는 이용자에게 적합한 도서관목록이나 색인서비스로 안내하는 것을 통해 자신의 업무를 훌륭하게 수행해 왔다. 그러한 사서의 서비스를 통해, 도서관이용자는 옥스퍼드대학의 출판사나 랜덤하우스가 출판한 책, *New York Times*나 *US News and World Report*와 같은 신문의 기사, 혹은 *Journal of the American Medical Association*이나 *Nature*와 같은 잡지의 논문 등으로 안내되어 질 수 있었다. 그러나 오늘날에는 모든 것이 백지가 되어 버렸다. 누군가에게 인터넷에서 어떤 것을 찾아보라고 말해 주는 것만으로 사서의 임무를 훌륭하게 완수했다고 말할 수는 없다. 인터넷에 넘쳐나는 다양한 의료 사이트들에는 문제의 해결을 위해 적합하고 정확한 정보가 포함되어 있을 수도 있고 그렇지 않을 수도 있다. 당신이 인터넷 검색엔진인 *Alta Vista*에서 단 한 번의 탐색을 통해 4,932개의 결과를 얻었다면, 당신은 당연히 다른 방법(가령, 새로운 탐색 혹은 새로운 소스)을 절실히 모색하고자 할 것이다. *Washington Post*와 *Drudge Report*가 동등하게 취급되는 쓰레기장(즉, 인터넷)에서 길을 잃고 헤매는 도서관 이용자들을 사서가 나서서 일일이 도와준다는 것은 어차피 불가능하다.[12] 그러나 그를 위해서, 사서는 이용자에게 "인터넷과 벌이는 투쟁이 완전히 편파적인 게임은 아니라는 사실"을 주지시키려고 최선을 다해야 한다. 인터넷과의 투쟁을 공평하게 만들어 주는 것이 바로 비판적 사고, 즉, 모든 소스로부터 얻을 수 있는 모든 형태의 자료들을 객관적으로 평가하고 판단할 수 있는 능력인 것이다.

정리하면, 사서직에 합리성을 보태고자 한다면 이용자교육을 반드시 실시하여야 하며, 그를 통해, 도서관이용자들이 관련 지식과 정보를 자율적으로 활용할 수 있는 능력을 갖추도록 하여야 한다.

---

12) The Drudge Report는 통합 뉴스 웹사이트로, Matt Drudge와 Andrew Breitbart이 1997년에 설립하였다. 이 사이트는 미국과 국제사회의 여러 매체들이 생산한 정치와 오락을 포함하는 일상적 사건들을 보도하며, 관련 기사들에 대한 수많은 링크를 포함하고 있다. 보수적 논조를 가졌으나, 소문 등에 근거한 가벼운 가십거리들을 보도하곤 한다 (역자 註).

## 서지통정

물리적 건물과 시설 외에도, 도서관은 세 가지 자산을 더 가지고 있다: 장서(유형과 무형의), 직원, 그리고 서지통정의 아키텍처가 바로 그것이다. 훌륭한 건물, 장서, 그리고 직원을 갖추고 있더라도 서지통정을 결여하고 있다면, 그 도서관은 아름답게 꾸며놓은 거대한 책방에 불과하다. 서지통정이 적용된 장서를 갖추고 있더라도 사서가 없다면, 그 도서관 또한 아름답게 꾸며놓은 거대한 창고에 불과하다. 그러나 아무리 최고의 사서들이 있고 자료의 조직 작업을 훌륭하게 하였다고 하더라도, 그것만으로 부적절한 장서가 보완될 수 있는 것은 아니다. 러시아에는 "다리가 세 개인 의자에서 어떤 다리가 가장 중요한지?"를 묻는 우화적인 수수께끼가 있다. 이 수수께끼가 주는 교훈처럼, 좋은 도서관이 되려면 앞서 언급한 세 기둥이 모두 필요하다. 장서를 개발하고 사서를 고용하여 육성하는 것은 과학(science)이라기보다는 인적 행위(art)이다. 그러나 서지통정은 다르다. 서지통정은 사서직에 합리주의와 "과학적 접근 방법"이 존재함을 입증하는 전형적인 본보기이다.

### 1) 표준

사서직의 황금기는 1960년대 후반부터 시작되어 약 십 년 후에 막을 내렸다. 어떤 면에서 볼 때, 그 황금기는 우리들에게 21세기의 도서관을 향한 기초를 쌓을 기회를 주었다. 그 시기를 특징짓는 핵심적인 사건들로는 도서관자동화의 확산과 서지 표준들의 폭넓은 확산 및 수용을 들 수 있다. *MARC*는 카드목록의 시대에 태어났으며, 오늘날 최신형 웹기반 도서관시스템의 핵심적 요소로 존속하고 있다. *AACR2*(영미편목규칙, 2판)는 MARC의 내용에 대한 국가 표준화와 국제 표준화를 가능하게 하였으며, 특히, *ISBD*(서지기술을 위한 국제표준)를 국제표준에 포함시켰다. *AACR2*는 현재 법적으로나 실무적으로 영어권 국가들을 비롯한 많은 비영어권 국가들에서 편목을 위한 표준으로 활용되고 있다. *AACR2*의 규칙은 영어 이외의 언어로 쓰여진 많은 편목코드의 기본으로 활용되고 있다. 우리는 또한 분류를 위한 국가 표준(즉, DDC와 LCC)과 주제표목을 위한 국가 표준(즉, LCSH)을 가지고 있지만, 그들은 국제적으로 폭넓게 수용되지는 않고 있다.

이러한 거의 범세계적인 서지 표준화 작업의 핵심은 편목작업을 질적으로 향상시키는데 있는 게 아니라 사서들이 오랜 기간 꿈꿔왔던 것들을 실현으로 옮기는데 있다. 사서들은 19세기 중반부터 종합목록들을 구축해 오면서, 세계적 차원의 보편적인 종합목록을 구축하기를 열망해 왔다. 불과 30년전만 해도 두 가지 측면에서 그러한 목표는 비현실적인 것으로 간주되었다. 즉, 빈약한 테크놀로지와 표준화의 결여는 그러한 꿈을 비현실적인 것으로 만들었다. 특히, 종합 카드목록, 책자목록, 그리고 마이크로폼 목록을 구축하고 유지하는 것도 당시에는 불가능하였다. 1979년까지는 영국과 북미 국가들 사이에서조차 공통적인 편목코드를 공유하지 않았으며, 다른 나라들의 실정은 말할 것도 없었다. 현재와 같은 대규모의 종합목록을 가능하게 하고 UBC(보편적인 서지통정)의 꿈을 현실로 만들어 준 것은 바로 컴퓨터 테크놀로지와 표준화 작업이었다.[13] UBC는 보편적 서지통정을 구현하기 위한 프로그램으로, 한 문서의 생산국에서 그 문서에 대한 서지레코드를 만들어서 전 세계의 도서관들과 연구자들이 활용할 수 있도록 하기 위해서는 "테크놀로지"와 "표준"이 절대적으로 필요함을 강조하고 있다. 이러한 관점에서 볼 때, 미국의회도서관(LC)이 국내외의 협력을 기반으로 하

---

[13] Franz Georg Kaltwasser, "Universal Bibliographic Control," *UNESCO Library Bulletin* 25 (September 1971): 252-259.

는 다양한 편목스킴(cataloging schemes)을 개발한 것이나 OCLC가 세계적인 종합목록을 구축한 것은 사서직에 있어서의 합리성과 꿈이 조화로운 집합을 이룬 것을 의미한다. 정리하자면, 편목, 표준화, MARC, 그리고 협력 작업 등을 통해 세상에 모습을 드러낸 사서직의 합리성은 언뜻 보기엔 환상적인 꿈, 즉, "세계 목록(World Catalogue)"의 구축을 가능하게 하는 기반이 될 것이다.

## 2) 전자문서는 어떠한가?

"세계 목록"을 구축하려고 하면서 그 목록의 내용을 단지 有形의 자료(즉, 책, 지도, 저널 등)로만 구성하려 한다면 커다란 모순일 것이다. 즉, 구축하고자 하는 세계적인 서지 자원에 "가치 있는" 전자자원이나 그들에 대한 링크를 포함하는 것은 필수적일 것이다. 그러나 여기에는 여러 문제가 따르는데, 다음 몇 마디에 그러한 문제의 본질이 녹아 있다: 도대체 무엇이 "가치 있는" 것인가? 어떤 전자자원이 "가치 있는" 것인가? 앞서 4장에서 관리자정신(stewardship)에 대해서 설명하면서 나는 "귀중한 것과 귀중하지 않은 것을 설정하는 것"이 얼마나 중요한지에 대해 언급한 바 있다. 이제 나는 앞서 사용했던 기준을 여기서 전자자원과 그들의 고유한 문제에도 적용해 보고자 한다.

요점부터 먼저 말하자면, 전자자원은 서지통정에 있어서 두 가지 기본적인 문제점을 안고 있다. 첫째는, 대부분의 전자문서나 데이터의 집합체들은 가치가 전혀 혹은 별로 없거나 매우 국지적인 혹은 일시적인 가치만을 지닌다는 점이다. 둘째는, 전자문서는 본질적으로 안정적이지 못하며 쉽게 변형된다는 점이다. 이러한 문제점들은 일견 단순해 보이지만 실상은 매우 복잡하여, 전자자원의 서지통정에 있어 합리적인 분석과 합리적인 방안의 모색을 방해할 수 있다. 가치가 전혀 없거나 매우 빈약한 막대한 분량의 전자문서를 편목한다는 것은 분명히 합리적이지도 효율적이지도 않다. 또한 미래에 형태나 내용이 완전히 변할지도 모르는 대상을 편목한다는 것은 분명히 효율적이지 않다. 따라서 그냥 내버려둔 채, 전자자원의 거대한 늪이 스스로 문제를 해결하기를 바라거나 아니면 포기하는 것이 오히려 자연스러울지 모른다. 그러나 그와 같은 대응은 사서직의 중요한 가치인 관리자정신과 합리주의에 거슬리는 것이라고 나는 생각한다. 나는, 비록 훨씬 힘들고 많은 비용을 필요로 할는지 모르지만, 미래를 위한 또 다른 계획이 존재한다고 믿고 있다.

그러한 미래 계획에 나는 전통적인 편목과 아카이발(archival) 편목의 혼용을 포함하고자 한다. 여기서 아카이발 편목이란 문서들을 개별적으로 편목하는 대신에 문서들의 집합체를 편목하는 것을 의미한다. 일부 전자문서들은 충분한 가치를 지니고 있어 개별적인 편목작업이 필요할지 모르지만, 대부분의 다른 전자문서들(웹사이트를 포함하여)은 집단으로 편목하는 것으로도 충분하다. 그러나 집단 편목의 경우, 적어도 집단에 포함되는 개별 내용물에 대한 간단한 리스트 정도는 제공하여야 할 것이다.

지금까지 많이 논의된 또 하나의 이슈는 "메타 데이터"에 관한 것이다. 메타 데이터란 "데이터에 대한 데이터"를 의미하며, 어떤 형태의 편목작업에도 적용되어 진다. 메타 데이터를 구현해 놓은 것 중에서 가장 널리 알려진 것은 "더블린 코어(the Dublin Core)"이다. 그러나 더블린 코어는 MARC 포맷의 불분명한 부분집합으로 서지레코드의 구조(그것도 뼈대 구조)만을 다루고 있을 뿐 서지레코드의 내용적인 측면은 거의 다루지 않고 있다.[14] 어떤 면에서 볼 때, 메타 데이터는 감지된

---

14) Micheal Gorman, "Metadata or Cataloguing?: A False Choice," *Journal of International Cataloguing* 2, no.1 (1999): 5-22.

문제의 막중함에 놀라 전전긍긍하다가 찾은 방책에 불과하며, "아무 것도 없는 것보다는 무어라도 있는 게 낫다"는 식으로 생각하는 사람들이 찾아낸 궁여지책이라 할 수 있다. 내 말의 포인트는, 전자자원의 편목(명칭은 무엇이든지 관계없다)을 고려함에 있어 우리에게 필요한 것은 새로운 구조나 새로운 표준이 아니라는 것이다(더블린 코어처럼 잘못 만들어진 표준은 더더욱 아니다). AACR2, 주요 분류체계, LC 주제명표, 그리고 MARC만 있으면 어떤 형태의 어떤 문서라고 편목하는 것이 가능하다.15) 따라서 우리가 해결해야 하는 문제는 전자문서를 어떻게 편목할 것인지가 아니라 어떤 전자문서를 편목해야 하는지에 대한 것이다. 여기서 나는 전자문서를 가치의 관점(즉, 문서의 가치가 보편적이며 영원한지 - 국지적이며 일시적인 가치에 반대되는 것으로)에서 평가하면서 다음의 네 범주로 구분할 수 있는 그런 시스템을 고안할 것을 제안한다:

① 모든 서지 표준을 사용하여 완전하게 편목하여야 하는 전자문서
② 더블린 코어와 일치하거나 강화된 포맷을 사용하여 편목하여야 하는 전자문서
③ 더블린 코어의 뼈대 구조를 사용하여 편목하여야 하는 전자문서
④ 검색엔진과 키워드 탐색의 행운에 맡겨두고 편목할 필요가 없는 전자문서16)

위의 범주들은 전자문서의 영속성과 가치를 기준으로 하여 내림차순으로 정리해 놓은 것이다. 아래 범주로 내려올수록 해당되는 전자문서의 규모는 늘어난다. 첫 번째 범주에 속하는 전자문서는 전체의 2%

---

15) LCSH는 종종 그 내용에 대한 비판을 받지만(주제를 기술하기 위해서 사용한 실제 단어들 때문에), 그 구조로 인한 비판은 받지 않는다. 즉, 주제표목은 항상 변할 수 있으며 지금도 새로운 표목이 LCSH에 첨가되고 있다.
16) Gorman의 "Metadata or Cataloguing"을 보라.

이하가 될 것으로 추정된다(영속적인 가치의 전자문서를 고려할 때 지나치게 많이 추정한 것일지도 모른다). 두 번째와 세 번째 범주를 합치면 전체의 10% 정도가 될 것으로 추정되며, 그 나머지는 지금 인터넷에 돌아다니는 그렇고 그런 문서들일 것이다. 이러한 구성비는 물론 단순한 추정에 불과하다. 그러나 그러한 추정치가 어느 정도 정확한 것이라고 가정한다면, 그 막대한 분량의 문서들을 편목하기 위해서는 오랜 기간에 걸친 대규모의 지속적인 협력 작업이 필요할 것이다.

이러한 대규모 계획에 수반되는 정치적, 전략적, 그리고 재정적 문제가 모두 해결되어서 이 계획이 실행에 옮겨진다고 하더라도, 도서관들은 여전히 편목을 마친 전자문서의 훼손 문제와 보존 문제에 당면하게 될 것이다. 지금까지 제안되어 온 전자문서의 보존 제도는 신뢰성을 결여하고 있다. 보존에 대해 관심을 두고 있는 사람들(모든 사서들이 그런 것처럼)은 숙명론자이거나 낙관주의자들이어서, 지금은 아직 꿈조차 꿀 수 없는 어떤 기술적인 해결책이 가까운 미래에 나타날 것이라고 믿고 있다. 설령 그럴지 모른다 하더라도, 그 "대단한 해결책"이 나타나기도 전에 우리들 눈앞에서 사라져 버릴 현재의 문서들은 어쩐란 말인가? 사실이지, 전자문서나 이미지를 보존하여 미래 세대에 전달할 수 있는 유일하고 확실한 방법은 그들을 중성지에 인쇄하되 가능한 많은 복본을 만들어서 많은 도서관들에게 나누어 주는 것뿐이다. 타당해 보이지 않는 것들이 제거되었다면, 남아있는 것은 무엇이든지, 설령 저차원의 기술일지라도, 반드시 신중하게 다루어져야 한다!

# 문해력과 학습

 우리들 대다수가 독서보다는 운동을 즐기고, 의미를 이해하기 보다는 단순히 아는 것에 만족하는 오늘날의 세상에서, 나는 책으로 돌아갈 것을 촉구하고자 한다. 책은 우리의 삶에 있어 중요한 열쇠이다. 책은 간편하게 소지할 수 있는 작은 도구로 항상 우리 곁을 지켜왔다. 우리는 언제나 책이라고 하는 열쇠를 지니고 다닐 수 있으며, 책을 활용해 거의 모든 문들을 열 수 있다. 우리가 책을 통해서 열고자 하는 문늘은 텔레비전 수상기로부터 멀리 떨어져 있는 상상할 수조차 없는 아름다움으로 통하는 문이며, 때론 영화의 동편으로, 때론 대중매체에서 쏟아져 나오는 달빛의 서편으로 통하는 문이기도 하다. 무엇보다도 좋은 점은 책은 덧없이 날아가 버리는 일시적인 환상이 아니라는 것이다. 책은 꾸준하며 안정적이다. 때론 참조를 위해서, 때론 확인을 위해서, 그리고 역설적이게도, 때론 고독을 즐기기 위해서나 편안한 교제를 위해서 책은 항상 우리 곁을 지켜왔다. 나는 인간의 삶에 있어서 책의 기치를 존숭한다.[1]

---

1) *Walt Kelley, Pogo Files for Pogophiles* (Richfield, Minn.: Spring Hollow Books, 1992), 217.

## 문해력과 학습의 의미

본격적인 논의에 앞서, 먼저 다음 세 단어의 사전적 의미에 대해 알아보자:

- Read : 〈동사〉 글로 표현된 문자들을 해석함으로써 언어 자체와 언어의 의미를 이해하는 것... 주의 깊고 비판적인 읽기를 통해 배우거나 깨우치는 것.
- Peruse : 〈동사〉 주의 깊게 비판적으로 읽다.
- Literate : 〈형용사〉 문자 교육을 받은; 읽고 쓸 수 있는...; 〈명사〉 읽거나 쓸 줄 아는 사람...[2]

위에서 보듯이, 세 단어에 대한 사전적 정의는 의심스러울 정도로 간결하다. 어린이용 알파벳 교재를 읽는 것은 수준 높은 전문서적을 읽는 것과는 확연히 다른 행위임이 분명하지만, 우리는 두 행위를 모두 "읽는다"는 단어로 표현한다. 주의 깊게 비판적으로 읽는 행위를 의미하는 *peruse*라는 단어에 대한 설명을 위해서, 일부 사전에서는 그러한 행위가 오늘날에는 매우 드물다는 듯이 고어*(archaic)*라는 표기를 첨가해 놓기도 한다. 책을 읽는 행위, 즉, 독서는 미래의 정신적 생활과 밀접한 연관을 갖는 복잡하면서도 매우 중요한 문제이다. 따라서 문해력의 의미를 사전적인 정의로서가 아니라 실생활의 맥락에서 철저하게 이해하지 않고서는, 도서관이나 학습이 무엇을 의미하는지 제대로 이해할 수 없다.

---

[2] *Webster's New Collegiate Dictionary* (1960).

## 1) 문해력을 갖추기 위한 학습 과정

인간의 지적 발달과정을 살펴보면, 아이 때는 먼저 말하기를 배우고, 이어 문자나 기호를 식별하는 것을 배운다. 그리고 나면 아이는 문자와 기호들이 서로 연결되어, 단어, 문구, 문장, 문단, 절이나 장, 그리고 궁극적으로는 완전한 형태의 문서가 된다는 것을 배운다. 이 과정은 "문자 판독을 위한 학습 단계"로 묘사될 수 있으며, 말하기가 능숙해지고 어휘력의 확장이 수반되는 시기이다. 다음은 문장을 이해하는 단계이다(흔히, 문자 판독을 위한 학습 단계에서 문장의 이해 단계가 시작되기도 한다). 예를 들어, 아동기를 지나서 외국어를 습득하는 과정을 생각해 보자. 불어나 스페인어를 배운다고 가정할 때, 당신은 이미 알파벳 철자의 대부분을 알고 있지만 그 이외의 것에 대해서는 아는 게 거의 없다. 알파벳 철자로 조합된 단어들이 어렴풋이 낯익어 보이기는 하지만, 당신은 그러한 단어들을 어떻게 발음하며 정확한 뜻이 무엇인지 거의 알지 못할 것이다. 따라서 외국어를 학습하는 과정은 기본 철자로부터 시작하여 단어들의 판독을 거쳐 문장, 문단, 그리고 문서 전체를 이해해 나가는 과정이며, 이는 모국어를 읽을 수 있는 능력을 획득하는 과정과 동일하다. 구체적으로, ㉠과 같은 단순한 문장으로부터 시작하여 ㉡과 같은 복잡한 문장을 이해하는 긴 여정으로 이루어진다.

㉠ 고양이가 깔판 위에 앉아 있다.
㉡ 그림자가 삶과 긴밀하게 얽혀 있어서 그림자의 상실은 곧 쇠약함과 죽음을 의미하는 그러한 세상에서, 그림자가 점차 작아지고 있다면, 그림자 소유자의 걱정과 근심이 늘어나고 있으며, 동일하게 그의 생명력은 줄어들고 있다고 판단하는 것은 지극히 당연하다.

이 문장은 프레이저卿(Sir James Frazer)의 황금가지 (*Golden Bough*)로부터 발췌한 것인데, 일상생활에서 잘 사용하지 않는 단어들을 포함하고 있을 뿐 아니라 치밀한 분석과 이해를 요구하는 복합적인 생각을 표현하고 있다. 이는 또한, 12권 분량의 방대한 전집으로 출판된 복잡하고 다원적인 주제를 단 하나의 문장으로 축약해 놓은 것이다. 따라서 프레이저경의 책으로부터 지적인 도움을 얻으려는 독자라면 단순한 "읽기" 이상의 능력을 필요로 한다. 독자는 기본적인 판독 능력뿐 아니라, 해석하고, 비판적으로 사고하고, 이해하고, 학습할 수 있는 복합적인 능력을 갖추어야 할 것이다.

우드(David Wood)에 의하면, 학습 과정에 있어서의 커다란 전환은 보통 열한 살에서 열세 살 사이에 일어난다고 한다.3) 그 시기에 학생들은 말하기나 관찰을 통해 배우는 것보다 기록된 글을 통해 훨씬 많은 것을 배우고 익히기 시작한다(이 현상은 읽기 능력이 어느 정도 수준인지에 관계없이 우리 모두에게 일어난다). 이러한 연구결과는 지속적인 독서능력의 중요성과 본격적인 학습을 위해서는 그러한 독서능력을 활용하는 것이 중요함을 강조한다. 이러한 맥락에서 볼 때, 대부분의 사람들은 강의를 들을 때 노트를 함으로써 더 많이 배우며, 배운 지식을 더 오래 보유한다는 연구결과는 매우 흥미롭다. 달리 설명하자면, 입과 귀를 통해 뇌에 전달된 경험이 눈을 통해 뇌에 전달된 보충적 경험에 의해 강화되기 위해서는, 구두로 한 강의내용을 요약해 놓은 강의노트를 다시 읽는 것이 중요하다는 것이다! 같은 책에서 우드는 말하기보다 읽기 능력을 발전시키는 것이 중요하며, 진정한 의미의 문해력을 갖추는 것이 중요하다고 강조한다(그의 말은 어린 학생들을 대상으로 한 것이지만 모든 연령대의 사람들에게 적용될 수 있다):

---

3) David Wood, *How Children Think and Learn*, 2d ed. (Oxford: Blackwell, 1998), 210-211.

높은 수준의 문해력을 갖춘 아이는 재미있고, 내용이 풍부하고, 드라마틱하며, 논리적인 이야기를 창작할 수 있을 정도의 새로운 범주의 단어, 언어구조, 그리고 구성기술을 지니고 있다… 그런 아이는 자신의 이야기를 드라마틱하고, 부드럽고, 다양하고, 유용하게 만들기 위해서 말하기에 활용할 수 있는 일련의 언어적 도구와 구조를 마음대로 구사한다. 더욱이, 자신이 원한다면, 빠르고 효율적으로 구사한다.[4]

이처럼 문해력은 읽고 쓸 수 있는 단순한 능력에서부터 자신의 생각을 완전하게 표현할 수 있는 복합적인 능력까지를 포함하는 광의의 개념이다. 일부 학자들은 읽기, 쓰기, 말하기의 세 가지 능력은 서로 분리되어질 수 없는 연결된 능력으로 보고 있다. 책만 있다면 사람은 혼자서도 정신적인 삶을 영위할 수 있다(그러나 이러한 형태의 생활방식은 권장할 만하지 않다). 반면에, 책을 읽지 않는 사람이 글을 잘 쓰는 것은 불가능하다. 또한, 말을 통한 직접적인 표현이 비록 생생할지라도 지속적인 독서가 수반되지 않는다면 그 깊이와 핵심은 질적으로 열악할 것임에 틀림없다. 내가 독서능력이 이렇듯 복잡한 세상을 살아가는 데 있어서 핵심적 능력이라고 생각하는 *까닭*이 바로 여기에 있다. 물론, 문자를 사용하기 이전이나 문맹사회 혹은 구전문화 등을 언급하면서, 이러한 나의 주장을 논박하고자 하는 사람들도 있을 것이다. 그들의 논지에도 일리는 있겠으나 나는 다음과 같은 사실에 근거하여 그들의 주장을 반박하고 싶다. 가령, 오디세이 *(Odyssey)* 나 베어울프 *(Beowulf)*[5]에 대해 오늘날 우리가 알고 있는 것은 문자로 작성된 기록이 남아있기 때문이다. 좋든 나쁘든 우리는 구전의 전통이, 텔레비전의

---

4) Ibid.
5) 베어울프(Beowulf)는 8세기 초에 고대 영어로 쓰여진 서사시로 고대 영시 중에서 가장 오래된 작품으로 알려져 있다 (역자 註).

조악하고 유해한 일부 오락 프로그램을 제외하고는, 대다수 사람들의 문화와 일상에서 멀어져 있는 시대에 살고 있다.

거시적으로 볼 때, 사람은 다음의 세 가지 방식을 통해 삶에 필요한 것을 배운다:

첫째, 사람은 경험을 통해 배운다.
둘째, 사람은 하나 이상의 영역에서 자신보다 많이 배워서 유식한 사람들(가령, 교사, 전문가, 가이드)로부터 배운다.
셋째, 사람은 다른 사람에 의해 만들어진 서적이나 그 밖의 유무형의 문서에 수록된 인류의 기록과 소통함으로써 배운다.

태초부터 사람은 경험을 통해 삶에 필요한 것들을 배워왔다. 사람들은 먹기에 좋고 나쁜 것을 찾는 법을 경험을 통해 배웠으며, 날씨의 징조를 해석하고 은신처를 찾는 법, 그 밖의 생존에 필요한 모든 것들을 경험을 통해서 배워왔다. 경험에 더해, 도구, 그림그리기, 글쓰기가 발명되기 이전에 삶에 필요한 가르침을 주는 선생들이 있었다. 먼 옛날에는 부모나 가족 중의 연장자가 젊은 세대에게 삶과 생존법을 가르쳤다. 배움의 세 번째 방법은 글쓰기와 그림그리기가 등장한 후에야 가능해졌다. 그러한 혁신은 경험을 통한 배움과 선생을 통한 배움에 있어 심각한 장애가 되었던 시간과 공간의 문제를 제거해 주었다. 인류의 기록물은(돌에 새겨진 것이든 책에 인쇄된 것이든 혹은 전자 파일에 소장된 것이든) 단어와 이미지 그리고 상징으로 구성되어 있다. 따라서 그러한 기록물로부터 도움을 얻기 위해서는 단어와 상징을 이해하고 이미지를 해석할 수 있도록 숙련되어야 한다. 일단 숙련이 되면, 우리는 오래전에 세상을 떠난 사람들의 정신적 세계와 교류할 수 있으며, 새로운 지식을 창출할 수 있으며, 그 지식을 기록하여 후대에 전달하는 기적을 만들 수 있다.

읽는다는 것은 우리 대부분에게 있어 일상화된 행위에 불과하지만, 실상은 매우 경이로운 활동으로 소중히 여겨지고 권장되어져야만 한다. 우리는 "학습"과 "문해력"을 별개의 개념으로 이야기하지만, 그들은 서로 분리될 수 없이 연결되어 있다. 문해력은 학습을 위한 가장 중요한 수단 중의 하나임은 분명하지만, 단순한 수단 이상의 중요한 의미를 갖는다. 실질적인 측면에서 볼 때, 문해력은 학습에 다름없다. 신체적인 건강을 위해 공기, 물, 그리고 음식이 필요한 것만큼 정신적인 성숙을 위해서는 복잡한 글을 지속적으로 읽는 것이 필요하다. 현실적인 필요에 의해 행하는 단순한 "읽기" 수준을 넘어서는 지속적인 독서는 정신적인 성숙에 이르는 중요한 방법이며, 문헌을 읽고 의미를 깨우치는 일은 그 자체만으로도 매우 값진 지적 활동이다.

## 2) 우리의 문해 수준은?

수세기 전부터 우리의 문해율은 지속적으로 증가해 왔으며, 현단계 우리 사회의 문해율은 그 어느 때보다 높다는 것이 일반적인 견해이다. 이는 테크놀로지의 진보를 문화의 발선 및 사회의 건강과 동일시하면서 인간의 역사를 "단계별 성장과정"으로 바라보는 견해와도 일맥상통한다. 백 년 이상 지속되어온 대중교육이 지금과 같은 "문해사회(literate society)"를 만들었다는 가설도 있다. 대규모 도서관에 가서 목록을 검사해보면, 지난 수십 년 동안 우리의 현재와 미래에 대한 불안감을 표출하는 책들, 특히, "문해력과 사회"를 주제로 한 책들이 엄청나게 출판되었음을 알게 된다. 독자를 불안하게 만드는 *Why Johnny Can't Read*[6] 라는 제목의 베스트셀러에서부터, 1985년에 출판된 "죽을 때까지 즐겁

---

6) Rudolf Flesch, *Why Johnny Can't Read-and What We Should Do about It* (New York: Harper, 1955).

게 살기"에 관한 포스트맨(Neil Postman)의 책[7]을 거쳐, 1990년대 후반에 출판된 "디지털 시대의 문해력에 관한 책"에 이르기까지, 수많은 책들을 통해서 우리는 문해력과 학습의 부족을 우려하는 우리 사회의 일면을 엿볼 수 있다. 그렇다면 왜 이러한 상황이 나타나는가? 그에 대한 대답은 "문해력"이 무엇을 의미하는지에 따라 크게 달라진다. 문해력이 일정 수준의 읽기 능력을 의미한다면, 미국사회의 문해율은 비교적 높다고 할 수 있다(물론, 500만명 정도의 성인이 실질적인 문맹상태에 있고, 1,800만명 정도의 성인이 9세 이하 어린이의 독해능력에 해당하는 낮은 수준의 문해력을 갖추고 있긴 하지만 말이다).[8] 그러나, 만약 문해력이 복잡한 글을 읽고 해석하는 능력과 규칙적으로 그렇게 하는 습관을 의미한다면, 미국은 아마도 두 집단으로 분리될 것이다(계급이나 인종 혹은 경제력에 의한 분리를 의미하는 것이 아니다). 첫 번째 집단은 사회와 직장에서 주어진 직무를 수행할수 있을 정도의 독서는 하지만, 반드시 필요한 경우나 오락적인 목적을 제외하고는 독서를 거의 하지 않는 대다수의 사람들로 구성된다. 두 번째 집단은 스스로 배우고 익혀서 자신의 의식 수준을 제고하고자 하는 목적에서 독서를 하는 소수의 사람들로 구성된다. 퍼브스(Alan Purves)는 후자를 "전문적인 필경사" 집단으로 부르는데, 이는 문장을 작성하고 해석할 수 있는 기본적인 능력뿐만 아니라 문서를 완전하게 이해하고 나아가 집필할 수 있을 만큼 풍부한 참고문헌을 가지고 있는 사람들을 의미한다.[9] 퍼브스는 "매사추세츠만(Massachusetts Bay) 일대에서 식민지 국가의 형태로 미국의 초기 모습이 형성된 이후, 독서인구 대 비독서인구의 비율이 지금처럼 낮은 적은 없었다"고 추정하고 있다(이 인용문에는 그가 말하고자 하는

---

[7] Neil Postman, *Amusing Ourselves to Death* (New York: Viking, 1985).
[8] Wood, *How Children Think*, 212.
[9] Alan C. Purves, *The Scribal Society* (New York: Longman, 1990).

논점의 일부가 내포되어 있는데, 그에 따르면, 참된 의미의 문해력을 갖추려면 문헌을 구성하는 단어들을 읽고 이해할 수 있을 뿐만 아니라 단어들의 이면에 내포된 의미를 정확히 파악할 수 있는 종합적인 지식을 갖추어야 한다. 따라서 이 인용문을 제대로 이해하려면, 17세기에 지금의 미국 영토에 식민지가 존재하였으며, 그 식민지는 종교적 차별을 피해 유럽에서 탈출한 청교도들로 구성되었고, 그들 청교도들은 성경과 기타 종교서적을 일상적으로 탐독하던 사람들이었음을 알아야 하는 것이다). 한편, 미국을 두 개가 아니라 세 개의 집단으로 분류해야 한다는 주장도 있다: 지식이 풍부한 "독서가들로 구성된 엘리트 집단"; 독서를 하기는 하지만 대부분의 시간을 정보와 오락을 위해 텔레비전이나 다른 대중매체에 의존하면서 보내는 사람들로 구성된 집단(대부분의 사람들은 이 집단에 속하며, 시간이 흐를수록 이 집단에 속하는 사람들이 늘고 있다); 마지막으로 문맹자나 무학자로 구성된 하층 집단.10)

우리 사회가 두 개(혹은 세 개)의 이질적인 집단들로 구성되어 있다는 주장을 받아들인다면, 우리는 다음과 같은 두 개의 커다란 질문을 마주하게 된다:

첫째, 그동안 달라진 것은 무엇인가?
둘째, 사회와 구성원들에게 미치는 영향은 무엇인가?

우리는 현재 상황을 과거 상황의 단순한 반복으로 바라보고 싶은 유혹을 종종 느낀다. 우리 사회에는 항상 엘리트와 대중, 유식한 사람과 무식한 사람, 그리고 교육을 받은 사람과 그렇지 못한 사람이 공존해 왔다. 현대 서양문명(가령, 민주주의, 법, 교육, 철학 등)의 뿌리가 되는 고대의 그리스 문명은 어떠한 교육도 받지 못한 다수의 노예와 농

---

10) Lawrence Stedman et al., "Literacy as a Consumer Activity," in Literacy in the United States, ed. Carl F. Kaestle et al. (New Haven: Yale University Pr., 1991), 150-151.

노들에 의해 받들어지던 소수의 부유하고 교육받은 사람들에 기초하고 있다. 지금으로부터 백여 년 전에 와일드(Oscar Wilde)는 20세기의 테크놀로지가 유토피아를 가능하게 할 것이라는 글을 썼다. 기계가 노예를 대신함으로써 모든 시민이 세상의 열매와 지성의 기쁨을 즐기는 고대 그리스가 재현될 것으로 보았다.[11] 와일드는 테크놀로지에 대해서는 바르게 예측하였지만(가령, 작은 수의 농부들로 전대미문의 생산성을 이룬 현대 농업의 예를 보라) 사회에 대해서는 잘못된 판단을 하였음이 분명하다. 20세기 말까지 선진국에 사는 거의 모든 사람들은 전례가 없는 물질적 번영을 누리고 노역으로부터의 해방을 즐기게 되었지만, 그렇다고 해서 우리의 보편적 문화수준이 높아졌다고 이야기할 수 있을까? 현대 사회에서는 텔레비전, 대규모 마케팅, 선전과 광고, 상업적인 유흥 복합시설 등의 영향력이 너무도 커서, 학습을 하거나 정신적인 삶을 추구하고자 하는 사람들이 오히려 감소하고 있는 듯하다.

그렇다면, 현재 우리의 상황은 50년, 100년, 혹은 200년 전에 비해 나빠진 것일까? 아니면 나아진 것일까? 아마 어느 쪽도 올바른 진단은 아닐 것이며, 단지 우리 사회의 세부적인 모습에 변화가 있었을 것이다. 낙관론자들은 매년 엄청난 수의 책과 잡지가 출판되고 있음을 강조할 것이다. 반면, 비관론자들은 각종 매뉴얼, 쇼핑, 연애소설, 유령 작가가 쓴 연예인이나 스포츠맨의 성공담, 영화에 얽힌 과장되고 허튼 이야기 등으로 채워져 있는 *New York Times*誌의 베스트셀러 리스트를 보라고 충고할 것이다. 낙관론자들은 "인터넷이 가져올 혜택"을 강조하겠지만, 비관론자들은 인터넷의 부정적인 내용(포르노와 폭력, 과대망상의 헛소리, 가십 위주의 삼류 잡지, 개인들의 신변잡기, 일시적이며 국지적인 정보, 쓰레기 정보에 의해 왜곡되는 사회적 논제들)을 보라고 제안할 것이다. 낙관론자들은 읽고 쓸 수 있는 능력을 가진 사람들의 비율이

---

11) Oscar Wilde, *The Soul of Man under Socialism* (1891).

높음을 강조할 것이지만, 비관론자들은 직무상 필요한 수준을 넘어서서 읽고 쓰는 것을 즐기는 사람들의 비율이 상대적으로 낮다는 점을 지적할 것이다. 그러한 논쟁은, 어느 한편을 지지하기 위해 제시될 수 있는 단편적인 사실의 양만큼이나, 끝도 한도 없이 진행된다. 그러나 그러한 논쟁에, 문해력과 문해력을 통해 얻게 되는 인생에 대한 이해가 물질적으로나 정신적으로 사람들에게 얼마나 커다란 도움이 되는지에 대한 논쟁은 포함되어있지 않는 듯하다. 단순히 읽고 쓰는 것이 아니라 참된 이해를 목적으로 읽고 쓰면서 세상살이에 대처하는 사람들은 그렇지 않은 사람들에 비해 거의 모든 방면에서 훨씬 성공적인 삶을 살고 있다.

### 3) 문해력의 차이가 두 집단에 초래할 결과는?

이것은 우리 모두에게 있어 가장 중요한 질문이다. 왜냐하면 사회의 건강은 엘리트 집단과 일반 대중 사이에 관심사의 균형이 유지되고 있는지에 달려 있기 때문이다. 엘리트는 사회의 주도 세력으로, 그들의 지식을 기반으로 삼아 일반 대중의 삶은 물론이고 사회의 발전과 변화 방식을 통제하거나, 최소한 커다란 영향을 미치고 있다. 그러나 옥슨햄(John Oxenham)은 다음과 같이 말한다:

> 민주주의적 가치관을 지니고 있는 사람들에게 있어서 중요한 것은 일반 대중으로 하여금 소수 엘리트가 그늘에 관한 지식과 정보를 통제하거나 통제할 수 있는 능력을 가지고 있다는 사실을 적절히 이해하도록 만드는 것이다. 상대적으로 민주적인 사회에서 높은 수준의 문해력을 갖춘 시민들조차 그들 사회에서 발생하고 있는 일에 대해 만족할 만큼 파악할 수 없다면, 거기엔 분명히 논쟁의 여지가 있다.[12]

---

12) John Oxenham, *Literacy: Reading, Writing, and Social Organization* (London: Routledge and Keegan Paul, 1980), 121-122.

권력 엘리트와 문해 엘리트(지식층)는 부분적으로 중복되지만 완전히 일치하지는 않는다는 점에 우리는 주목하여야 한다. 다시 말하면, 자기가 속한 사회의 정치와 경제에 대해 어떠한 영향력도 행사하지 못하는 지식층이 많다는 이야기이다. 사회의 모든 구성원들이 권력 엘리트와 동등하게 지식과 정보에 접근할 수 있는 기회를 갖는다고 우리는 어떻게 확신할 수 있는가? 그러려면, 문해력과 사회에 넘쳐나는 정보를 다룰 수 있는 능력이 먼저 갖추어져야 한다.

## 문해력, 학습, 그리고 도서관의 관계?

이 장을 시작하면서 살펴보았던 사전적 정의와는 달리, 문해력은 글자를 읽을 수 있느냐 없느냐 하는 단순한 문제가 아니라는 점에 대해 논의하였다. 문해력은 특정 상태가 아니라 과정의 관점으로 보는 것이 바람직하다. 일단 글을 읽을 수 있게 되면, 사람의 문해력은 평생에 걸쳐 조금씩 발전해 간다: 복잡한 글과 더욱 많이 교류할 수 있게 되면서 지식이 축적되고 이해력이 증진되는 것이다. 바로 이것이 모든 도서관들이 전념하고 있는 학습이라는 사업의 핵심적 요소이다. 문맹인, 비독서인, 그리고 지식인으로 나누어진 세상을 그대로 받아들이는 대신에, 우리는 문해력을 그러한 세상을 종결시킬 유용한 테크놀로지로 보아야만 한다. 그러한 관점에서 보면 문해력은 무한한 가능성을 갖게 된다. 그 가능성 안에서 정신적 삶의 핵심이 되는 지속적인 독서를 통해 많은 것을 배우고, 보다 유용한 지식을 갖추기 위해서 사서와 교육자 그리고 학생이 힘을 합쳐 노력해야 하는 것이다. 이러한 점에서 볼 때, 근무하는 도서관의 유형에 따른 사서들의 차이는 그리 크지 않게 된다. 즉, 어린이 사서와 사서교사는 초기 단계의 문해력과 학습에 있어서 중요한 역할을 하며, 공공도서관 사서와 대학도서관 사서는 그 다음 단계에서 중요한 역할을 담당한다. 우리 사서들은 모두 동일한 과정(즉, 자료와 도움과 교육의 제공을 통해 개인과 사회가 지적으로 성장하고 번영할 수 있도록 하는 과정)에 몸담고 있다. 그러한 과정의 중요성은 대학도서관 사서에게도 예외가 아니다(나는 여기서 고교 졸업자들의 평균적인 독서의지와 독서능력에 대해 말하는 것이 아니다. 그것이 우리 사회가 취하고 있는 교육의 방향을 알려주는 지표가 되긴 하겠지만 여기서의 논의와는 별개의 문제이다). 이 논의에서 사서가 문해력에 의해 나누어지는 두 집단을 있는 그대로 수용할 것인지의 여부는 그다지 중요하지 않다. 여기서 내가 강조하고자 하는 것은, 여러분이 현재의 문해 수준을 어떻게 생각하든지 간에, 문해력은 개인의 안녕, 사회의 발전, 그리고 모든 도서관들이 추구하는 목표를 달성하는데 있어 매우 중요하다는 사실이다.

## 우리는 무엇을 해야 하는가?

모든 사서들은, 정도의 차이는 있겠지만, 문해력을 증진시키는 일에 참여할 수 있으며 또한 참여해야만 한다. 우리 모두가 할 수 있는 가장 중요한 일은, 도서관의 사명과 활용 가능한 자원을 고려하면서, 유익하고 가치 있는 책들과 자료들을 가능한 많이 확보하여 보존하는 것이다. 우리는 또한 독서를 장려하고 자기개발 욕구를 자극하면서 독서가 주는 기쁨을 강조하여야 한다. 극도로 전문화된 일부 도서관을 제외한 모든 도서관에서 이용자집단(잠재적 이용자를 포함하여)의 일부는 독서에 대한 관심이 전혀 없을 수 있기에, 그런 이용자들의 문해력을 강화하기 위해서는 도서관의 권면이 필요하다. 그러한 경우에, 장서를 구비하고 그들이 찾아올 것을 기대하는 것만으로는 충분하지 않다. 이용자를 독서로 이끌 적극적인 방안이 필요하며, 도서관이 취할 수 있는 방법이 (크든 작든) 많으면 많을수록 좋다. 신간 서적을 전시하거나, 신간 서적의 목록을 도서관 웹페이지에 올리거나, 이메일로 도서관 이용자에게 보내는 것과 같은 간단한 방법만으로도 가장 학력이 높은 이용자의 관심까지도 얻을 수 있다. 강연이나 공적 행사 혹은 출판물도 독서의 증진을 위해 활용할 수 있다. 일부 도서관에서는 교사, 심리상담가, 그리고 조언자들과 함께 공식적인 문해 프로그램을 개설할 수도 있을 것이다. 또 다른 도서관에서는 간접적인 방법만을 사용해야 할지도 모른다. 도서관의 유형에 관계없이 다음 두 가지 점은 강조되어져야만 한다: 첫째, 공식적이든 비공식적이든 문해 프로그램은 독서의 테크닉만을 가르쳐서는 안 되며, 독서를 평생습관으로 만드는 것 또한 목표로 삼아야 한다. 둘째, 모든 도서관들이 문해력을 증진시키는 게임에 참여하고 있는 만큼, 유익한 결과를 얻기 위해서는 각자의 고유 방식을 활용하면서 공식적이든 비공식적이든 서로의 힘을 합쳐야 한다.

## 1) 학교도서관과 어린이도서관

이 문단을 시작하면서 내가 분명히 말하고자 하는 것은, 텔레비전을 보거나 인터넷에 빠져 있는 것 보다 책이나 다른 글을 읽는 것이 어린이들에게 훨씬 좋다는 사실이다. 나는 또한, 어린이를 다루는 사서가 할 수 있는 일 가운데 독서와 독서열을 증진시키는 것보다 중요한 일은 없다고 확신한다. 어린이들은 독서습관이 확실히 몸에 밴 후에야 비로소 전자 테크놀로지의 혜택을 누릴 수 있다. 학교도서관이나 공공도서관의 어린이 사서들은 어린이들을 위한 읽기 쓰기 수업에 공식적으로 참여하는 것이 가능하다. 그들은 또한 교실 밖에서 독서를 장려하는 환경을 제공할 수 있다. 그동안 자료전시, 독서토론, 구연동화, 그리고 독서 경연대회 등이 시도되어 왔는데, 이들 모두는 어린이들의 문해력을 증진시키는데 있어 효과적인 방법이다. 오래되고 재미없는 읽을거리를 위해서 현대 사회의 모든 오락을 포기하라고 어린이들을 설득하기란 어려운 일이다. 따라서 어린이들의 관심과 흥미를 끌 수 있는 장서를 갖추어 놓는 것이 학교도서관이나 어린이도서관의 성공을 위해 가장 중요하다. 어린이들이 "정보사회"에 접촉하고 소통할 수 있도록 학교도서관과 어린이도서관을 유선 네트워크로 연결해야 한다는 것이 일반적인 견해이다. 그러나 나는 이러한 정책은 어린이들의 문해력을 증진시키기커녕 저하시킬 수 있는 잘못된 것이라고 믿고 있다. 이러한 내 생각에 대해 "그러니 어쩌란 말이냐"고 반문하는 사람도 있겠지만, 그들은 독서의 가치를 모르는 사람들이다. 엄격히 통제되지 않는다면, 영상매체와 "인터넷 서핑"의 마력은(이미 수백만명의 미국인들을 괴롭히는 중독 현상으로 나타나고 있다) 어린이들의 마음을 흔들어 놓아서, 상대적으로 힘들기는 하지만 노력에 상응하는 보상을 주는 독서 대신에, 공허하고 무익한 인터넷놀이에 점점 빠져들게 만들 것이다.

## 2) 공공도서관

공공도서관 사서들은 공공도서관을 교육센터로 활용함으로써 성인을 위한 문해 프로그램에서 직접적인 역할을 담당할 수 있다. 이는 1984년에 사이먼(Paul Simon) 상원의원이 도서관서비스와 건축에 관한 조례(Library Services and Construction Act)의 수정안에서 소개했던 프로그램의 일부이다. 여기서 우리는 사이먼 상원의원이 도서관을 교육센터로 지정한데는 특별한 이유가 있음을 주목해야만 한다. 그가 보기에, 사서는 "읽고 쓰는 능력"이 인간의 삶을 윤택하게 하는 힘이 된다는 점을 어떤 다른 전문가 집단들보다 명확히 인식하고 있는 전문가 집단이었으며, 도서관은 성인 문맹자들이 부끄러움이나 곤혹감 없이 찾을 수 있는 최적의 장소였다. 성인을 위한 공공도서관의 문해 프로그램이 성공을 거둔 까닭을 "프로그램의 제도화"(즉, 문해 프로그램을 도서관의 사명과 목적에 완전히 통합시키는 것)에서 찾는 학자도 있다.[13] 그에 따르면, 그러한 통합은 도서관의 예산과 경영계획은 물론이고, 지역사회에 도서관의 존재를 인식시키는데 있어 커다란 영향을 미친다. 따라서 공공도서관은 성인 문해 프로그램을 위한 기지로서의 단순한 역할만 수행할 것이 아니라, 문해 프로그램을 도서관 업무의 한 부분으로 자연스럽게 받아들여야만 한다는 것이다. 문해 프로그램이 성공한다면, 도서관의 프로그램과 장서의 혜택을 온전히 받을 수 있는 지역주민의 수를 증가시키는 결과로 이어질 것이 분명하다. 뿐만 아니라, 도서관이 지역사회의 문해 수준을 높이는데 기여하는 매우 값진 자산이라는 인식이 지역주민들 사이에서 확산될 것이다. 이처럼, 성인 문해 프로그램을 도서관의 사명과 목적에 온전히 통합하는 것은 이상적으로나 실용적으로나 매우 바람직한 정책이다.

## 3) 대학도서관

대학도서관 사서들은 명저 프로그램(Great Books program) 혹은 조금은 비공식적인 프로그램에 참여함으로써 책읽기와 글쓰기를 장려할 수 있다. 그들은 또한 소수의 일류 대학을 제외한 대부분의 대학들이 개설하고 있는 유감스럽게도 많은 "보충" 수업에도 참여할 수 있다. 한 가지 슬픈 사실은 오늘날 대학교육을 받고 있는 많은 학생들이 학습을

---

13) Debra Wilcox Johnson, "Libraries and Literacy: A Tradition Greets a New Century," *American Libraries* 28 (May 1997): 49-51.

위한 기본적인 기능(읽고 쓰기와 같은 가장 기본적인 기능을 포함하여)을 별로 중요시 않는 사회와 학교시스템의 산물이라는 점이다. 나는 여기서 정치적인 발언을 하고 있는 것이 아니다. 개인적으로 나는 공교육시스템과 공교육 예산의 증가를 강력하게 지지하는 사람이다. 그러나 유치원부터 고등학교까지의 의무교육이 지금보다 개선되려면, 아주 어릴 때부터 학교수업을 통해 그리고 독서 및 작문 숙제 등을 내줌으로써, 문해력과 계산력의 증진을 위한 집중적인 교육을 실시하여야 한다. 그런데 독서보다 테크놀로지를, 기본적인 작문능력보다 창의력의 증진을 강조하는 교육정책이 횡행하면서 독서를 하지 않고 작문을 못하는 세대가 출현하였다. 캘리포니아州의 악명 높은 *Proposition 13*이 특히 유명하지만,[14] 많은 주에서 학교도서관들은 거의 붕괴 수준으로 약화되었다. 이러한 마녀의 음모로 인해서 대학들마다 학생들이 교과목의 내용을 소화하는 것을 돕기 위한 보충수업을 개설해야만 하는 처지가 되었다면 참으로 놀랍지 아니한가? 나는 "도서관의 이용자교육"을 점진적으로 확대하여(이에 대해서는 이 책의 7장을 참조하라) 기본적인 컴퓨터 교육에도 적용하고, 신입생들의 문해력을 제고하기 위한 영어 보충수업에도 연계하여야 한다고 믿고 있다. 이것이 대학도서관 사서들에게는 매우 생소하고 내키지 않는 역할이겠지만, 대학교육의 이러한 상황 변화는 그들에게 새로운 대처방안의 마련과 행동을 요구하고 있다.

---

14) 고정 자산세 과세 권한을 축소하는 법안으로 1978년 6월에 California주의 주민 투표로 통과되었다. 이 법으로 인해 도서관을 비롯한 공적 영역의 서비스가 대폭 약화되었다 (역자 註).

## 4) 특수도서관

지금으로부터 2년 전, 캘리포니아州는 역사상 처음으로 주민의 교육을 위해서보다 주민의 구금을 위해서 훨씬 많은 예산을 지출하였다. 이런 우려할만한 사실에 대해서, 혹은 미국의 인구 대비 구속률이 세계에서 제일 높다는 사실에 대해서 상세히 논의할 지면이 여기에는 없지만, 그럴 필요 또한 느끼지 않는다. 단지 수감자가 계속해서 증가하고 있으며, 그들 대부분이 문맹이거나 문맹에 다름없는 수준이라는 사실을 언급하는 것으로 충분하다. 문맹률이 높다는 것이 수감자들에게서 나타나는 유일한 부정적 지표는 아니지만, 가장 두드러지는 지표들 중의 하나임은 분명하다. 문맹으로 인해 수감자들은 심한 무력감을 느끼게 되는데, 이러한 무력감은 문해 수준이 월등한 엘리트들이 누리는 자유와 권력과는 대조를 이룬다. 만약 재활과 갱생이 여전히 교도행정의 주요 목표라면, 문해 교육은 매우 중요한 해결 방안이 될 것이다. 나는 동료 사서들의 헌신에 늘 경탄하지만, 교도소도서관에서 근무하는 사서들을 가장 존경한다. 교도소도서관에 근무하는 사서들은 문맹을 퇴치하기 위한 직접적인 행동을 취할 수 있다. 수감자들에게 자신의 삶을 개선해 가도록 격려할 수 있을 뿐만 아니라, 독서를 통해 절망스런 하층계급에서 벗어날 수 있는 수단을 찾도록 권유할 수도 있다. 교도소도서관에 근무하는 사서들은 수감자들의 문맹을 퇴치하기 위해서, 읽을거리를 공급하는 일에서부터 실질적인 독서와 작문강좌, 나아가 개인교습에 이르기까지 일련의 방법들을 사용할 수 있다. 이러한 업무는 사서직에 있어 가장 훌륭한 이상주의와 실용주의를 결합해 놓은 또 하나의 사례이다. 삶에 있어서 도움을 거의 받지 못했던 사람들을 위해 마음의 문을 열어놓는다는 것은 이상적으로 좋은 일이며, 문맹이었던 수감자가 교도소에서 출감한 후 직업을 얻을 기회를 갖게 된다면 그것은 매우 실용적인 일이 아닐 수 없다.

　대부분의 특수도서관 사서들은 문해와 관련하여 단지 보편적인 참여만 가능하며, 문해력을 증진시키는 활동에 실질적으로 참여할 기회를 거의 갖지 못한다. 그러나 교도소도서관 사서들의 사례에서 보듯이 항상 그런 것만은 아니다. 예를 들면, 병원, 특히 정신병원에서 근무하는 사서들은 환자들의 즐거움과 여가활동을 위한 소스로, 그리고 치유와 재활 과정의 요소로 독서활동을 증진시킬 수 있으며, 실제로 독서활동을 증진시키고 있다.

## 문해력에 대한 대안이 있는가?

21세기 초에도, 문해력의 문제는 여전히 문화와 커뮤니케이션에 있어서 중심적인 문제로 남아있을 것이다. 테크놀로지가 글을 읽고 쓰는 문제에 있어 최소한의 대안을 제시할 것이라고(심지어 이미 공급하고 있다고) 믿는 사람들이 있다. 그들은 후기 문해사회를 사는 사람들은 그러한 대안을 통해 교육을 받고 자기 목표를 실현할 수 있을 거라고 믿고 있다. 대학캠퍼스에서 개최되는 회의에 참석해본 사람이라면, 학습활동에 있어서의 "패러다임 전환"이나 다른 형태의 "문해력"(가령 "가상 문해력" 혹은 "컴퓨터 문해력" 등)에 대한 토론에 익숙할 것이다. 그러한 토론에서는 보통 다음 두 가지 문제에 대한 이야기가 오고 간다:

- 대학생들 대부분의 작문 수준이 20-30년 전의 대학생들보다 열등하다. 우연찮게도, 지금의 대학생들은 과거의 대학생들에 비해 독서량이 적으며 독서능력 또한 부족하다.

- 주어진 일과를 마치려면, 교육받은 모든 사람들은 인쇄본 형태든 전자파일 형태든(전자파일의 경우에도 95% 이상은 종이에 인쇄하여) 문서를 다루어야만 한다. 만약 그들이 책을 효과적으로 읽을 수 없다면, 전자파일에서 출력한 문서를 제대로 읽을 수 없을 것이다.

이 문제들은 완고하고 모순된 현실을 반영하고 있다. 여기에는 단지 두 개의 현실적인 답변이 있을 뿐이다: 즉, 다시 지속적인 독서를 할 수 있도록 학생들을 되돌려 놓거나 아니면 어물쩍 상황을 회피하면서 넘어가는 것이다. 후자의 사례는 참으로 많은데, 가령, 문서 형태의 글을 그래픽이나 시각적 정보로 대체할 것을 주장하거나, 사이버 공간이나 가상현실 혹은 둘 다에 기반한 "새로운 세상"이나 "새로운 사고방식"의 등장을 강조하곤 한다.15) 그러한 주장을 펴고 있는 글들은 너무도 모호하여 읽어 내려가기가 사실상 불가능하다. 물론, 학습과 성장을 위해 필요한 글쓰기에 대한 대안을 결국은 글로 써서 제시하려고 하는 그러한 사람들에게서 명료하면서 서술적인 문장을 기대하기란 참으로 어려울 것이다. 글보다 훨씬 우수한, 지식의 축적과 전달을 위한 새로운 시각적 수단을 컴퓨터가 만들어 낼 것이라는 내용의 논문에서, 맥코덕(Pamela McCorduck)은 다음과 같이 주장하고 있다:

> 다른 유형의 인식론이나 지식을 얻는 방법이 글에 결합되어 질 것이며, 그러한 것들 중에서 최고는 시각적 지식으로의 복귀일 것이다. 그러나 지식을 얻는 새로운 방법이 글만큼 효과적이려면, 지식을 글로 표현할 때와 동일한 수준의 세심함을 갖추어서 지식이 표기되어야 하는데, 내 생각에 그것은 거의 불가능할 것 같다.16)

---

15) Myron C. Tuman, ed., *Literacy Online* (Pittsburgh: University of Pittsburgh Pr., 1992)에 수록된 논문들을 보라.

글쎄! 나는 적절한 수준의 세심함을 가지고 그녀의 논문을 읽었지만, 우리가 지난 수세기에 걸쳐 도면, 그림, 사진, 필름, 그리고 컴퓨터 이미지를 창출하기 위해서 쏟았던 것보다 더 강력한 방식으로 시각적 지식을 표기하는 문제를 해결하기 위한 방안을 그녀의 논문에서 발견하지 못했다. 그녀가 머지않아 사라질 것으로 믿었던 글의 우월성은 결코 우연히 얻어진 것이 아니며 전통에 대한 맹목적인 집착이 낳은 결과도 아니다. 우리가 글에 주목해야 하는 까닭은 그 내용이 깊이가 있고 풍성하기 때문이다. 가상현실에 대해 아무리 장황하게 늘어놓아도, 동영상이나 가상현실로는 도저히 담아낼 수 없는 지식의 깊이와 감성의 차이를 글을 통해서는 저장하고 표현할 수 있다. 어찌 이 사실마저 부정할 수 있겠는가? 우리가 다른 사람들의 경험을 통해서 배우는 과정을 지속하는 한, 가상현실을 통해 실생활의 단면을 대체할 수는 있을지 몰라도 글을 대체할 수는 없을 것이다.

문해력에 관해서 명심해야 할 사항은, 옥슨햄(Oxenham)의 표현대로, "문해력은 이성과 논리와 체계적 사고와 연구능력의 발달을 위해서 반드시 필요한 테크놀로지"라는 점이다.[17] 정신적인 삶을 추구함에 있어 글은 매우 소중한 테크놀로지이며, 소리나 이미지 그리고 상징을 합쳐놓은 어떠한 것도 글에 견줄 수 없다. 이는 순수하게 철학적인 진술과는 거리가 멀다. 정부의 부적절한 예산의 편성과 그릇된 공공정책으로 인해, 현재 각급 학교는 과다한 학생규모, 독서에 대한 낮은 관심, 건물 신축 비용의 부족과 같은 다양한 문제에 직면해 있다. 디클리(Peter Deekle)의 말에 따르면: "대학의 강의에는 점점 많은 전자 테크놀로지가 도입되고 있는데, 그것은 책을 읽지 않는 대학생들이 점점 늘

---

16) Pamela McCorduck, "How We Knew, How We Know, How We Will Know," in Tuman, *Literacy Online*, 245-259.
17) Oxenham, *Literacy*, 131-132.

어나고 그들이 배워야할 지식 또한 점점 늘어나는 상황에서 둘 사이의 벌어지는 간극을 메우기 위한 조치이다."[18] 따라서 교육전문가들, 정치가들, 그리고 행정가들이 "원거리 학습"(즉, 도서관 없는 학습)과 모든 교실에 설치된 컴퓨터를 만병통치약으로 여기면서 독서와 작문의 중요성을 간과하는 것은 결코 새삼스러운 일이 아니다. 사서들은 이처럼 지적으로 나태하기 짝이 없는 대응 방법에 절대로 동조하지 말아야 하며, 그들의 자연스런 협력자들, 즉, 교사, 교수, 학부모와 협력하면서 학생들에게 문해력과 지속적인 독서의 중요성을 일깨워 주기 위해 노력해야 한다.

## 문해력-마지막 보루

인류의 문명은 고대부터 현재에 이르기까지 많은 기복을 보이며 비틀거려왔다. 그러한 인류의 문명이 의지하고 있는 것은 문해력과 사회적 소수자의 문해력 증진이다. 텔레비전과 인터넷의 확산이 문해력에 심각한 도전이 되고 있으며(20세기 이전까지 그랬던 것처럼), 미래 사회에서는 소수의 특권층만이 문해력을 갖추게 될지도 모른다. 도서관과 사서들은 문해력에 관한한 지금까지 해온 것으로부터 뒷걸음치지 않도록 최선을 다해야 한다. 우리 사서들은 지속적인 독서가 우리 모두에게 중요하다는 점을 강조하여야 하는데, 우리의 문명이 지속적인 독서에 의존해 왔기 때문에 더욱 그렇게 하여야 한다.

---

18) Peter V. Deekle, "Books, Reading, and Undergraduate Education," *Library Trends* 44, no. 2 (Fall 1995): 264-269.

# 접근의 공평성

> 모든 사회는 도서관에 대한 보편적 접근을 허용함으로써
> 도서관으로 하여금 시민들의 독학을 지원하도록 하여야 한다.[1]

지금부터의 이야기는 "사람은 누구나 신분이나 거주지 그리고 삶의 조건에 관계없이 도서관의 자원과 서비스에 접근할 권리가 있다"는 기본적인 전제로부터 시작한다. 그러한 개념은 접근의 공평성으로 알려져 있다. 여기서 "공평"이라는 용어는 평등함보다는 공정함에 가깝다. 즉, "공평"은 사회정의에 있어 핵심이 되는 요소로, 모든 사회구성원은 공정한 대우를 받을 자격이 있음을 의미한다. 아마도 사회정의가 넘치는 세상이라면, 사회 구성원 모두의 기본권을 제한하는 장애물이 존재할 수 없을 것이다. 또한, 사회정의가 넘치는 사회라면, 사회 구성원 모두가 도서관의 자원과 서비스에 대한 접근의 공평성을 가질 것이다. 마치 모든 사람들이 사회적 위상이나 삶의 조건에 관계없이 법, 의료, 고용, 교육, 거주, 언론, 그리고 자유에 있어서 보편적 권리를 갖는 것처럼

---

[1] John Stonehouse, "Spirit of the Stacks," *New Scientist* (March 20, 1999): 47.

말이다. 그러나 우리가 사는 사회는 그렇듯 이상적인 사회가 아니다. 우리 각자를 다른 사람으로부터 구별 짓는 요소들은, 우리가 원하거나 필요로 하는 모든 다른 서비스에 영향을 미치는 것처럼, 우리의 도서관 이용에도 영향을 미친다. 그러나 접근의 공평성이 온전히 보장되는 이상적인 세상을 만드는 것이 비록 어렵다 할지라도, 사서들과 도서관이용자들이 합심하여 지금보다는 훨씬 더 공정한 대우를 받는 세상을 만들어 가는 것은 결코 불가능하지 않다.

접근의 공평성은 종종 "규제가 없는 접근"으로 해석된다. "규제한다는 것"은 제지하거나 제한하는 것을 의미하며, 사람에 대한 물리적인 구속이나 억제를 은유적으로 표현한 것이다. 그러한 은유는 "규제가 없는 접근"이라는 문구로 이어지는데, 이 문구는 도서관과 도서관서비스에 접근하는데 있어 어떠한 구속도 받지 않고 자유로운 상태를 나타낸다. 미국도서관협회(ALA)의 도서관권리헌장(Library Bill of Rights)에는 "도서관을 이용할 사람의 권리는 출신, 연령, 배경, 혹은 견해로 인해 거부되거나 축소되지 않는다"고 명시되어 있다.[2] ALA의 이러한 선언문이 불필요하게 복잡해 보일지 모르지만, 우리는 "출신, 연령, 배경, 혹은 견해"와 같은 단어들이 포함되어 있는 이유를 충분히 이해할 수 있다. 만약에 그러한 단어들이 포함되어 있지 않다면, 우리는 나체족이나 살인마가 도서관에 접근하는 것을 거부할 수 없게 될 것이다. 그러나 생명과 안전, 품위와 예절, 그리고 도서관 건물과 장서에 위협이 되지만 않는다면, 연령, 성별, 경제력, 인종, 그리고 사람의 법적 혹은 도덕적 권리를 제한하지 않는 다른 기준들을 이유로 삼아, 사람들의 도서관 접근을 거부할 수는 없는 것이다.

이러한 이야기를 현대적 관점에서 전자자원에 적용해 보면, 전자

---

2) 1948년 6월에 채택되었으며, 1996년 1월에 재차 확인되었다. www.ala.org/work/freedom/ibr.html

자원에 대한 접근의 공평성은 "도서관이용자들이 도서관이 제공하는 하드웨어와 소프트웨어를 조작하는데 필요한 정보, 훈련, 그리고 도움을 도서관으로부터 받을 권리를 가지고 있다"는 의미로 해석할 수 있다.3) 이 말에는 또한 사서와 도서관의 직원이라면, 도서관의 규모에 관계없이, 도서관 업무를 수행하는데 필요한 전문적인 능력과 기술, 그리고 최신 정보기술을 숙지하고 있어야만 한다는 뜻이 함축되어 있다. 물론 이는 과도기적 현상일 것이다. 왜냐하면 테크놀로지는, 일단 사회에 수용되어 폭넓게 보급되기 시작하면, 그 사용법이 훨씬 간단해지기 때문이다.

## 도서관과 "접근의 공평성"의 관계

도서관이 기록된 지식과 정보를 다루고 있긴 하지만, 기록된 지식과 정보를 다루는 유일한 기관은 아니다. 모든 형태의 자료에 대한 접근에 있어 "공정함"을 유지하는 것이 이상적이지만, 자료에 대한 접근의 많은 부분은 도서관 밖에서 이루어지며 사서의 책임 범위를 넘어선다. 책을 구입하거나, 비디오를 대여하거나, 인터넷카페를 이용하거나, 아트갤러리를 방문하는 것 모두가 기록된 지식과 정보에 접근하는 사례들이다. 이러한 상황에서 우리 사서들은 우리의 몫을 담당하는 것이 중요하며, 우리가 통제할 수 있는 범위 내에서, 즉, 도서관의 장서, 자원, 그리고 서비스의 범위 내에서 "접근의 공평성"이라는 가치에 다가서야만 한다. 우리는 또한 기록된 지식과 정보에 대한 모든 유형의 접근을 장려하기 위해 다른 기관들이나 단체들과도 협력하여야 한다. 교육을 받은 시민이라면 누구나 도서관을 비롯한 문화적 그리고 상업적 기관들

---

3) Ibid, "Access to Electronic Information, Services, and Networks," 2.

이 제공하는 자료와 서비스에 충분히 접근하고자 하는 욕구를 지니고 있기 때문이다.

접근의 공평성을 추구하기 위해서는 도서관의 자원과 서비스를 이용하는데 있어 장애가 되는 모든 것을 제거하거나 최소화하여야 한다. 사서직을 둘러싼 다른 논의에서와 마찬가지로, 사서와 교육자 그리고 많은 사람들은 그동안 도서관서비스의 기술적인 측면에만 초점을 맞추어 왔다. 클린턴(Bill Clinton) 대통령은 교육문제에 대해 훌륭한 연설을 한 바 있지만, 그 역시 다른 사람들과 유사한(즉, 기술에만 초점을 맞추는) 함정에 빠져있었다. 1997년 2월에 행해진 주례 라디오 연설에서 그는 다음과 같이 언급하고 있다:

> 우리 아이들에게 최상의 교육을 제공하기 위해서 우리는 아이들이 테크놀로지의 막강한 힘을 끌어안을 수 있도록 도와주어야 한다. 우리가 2000년까지 미국의 모든 학교와 도서관을 인터넷으로 연결하려는 계획을 추진하고 있는 까닭이 여기에 있다. 역사상 최초로, 가장 고립되어 있는 시골학교의 아이들이나, 가장 안락한 도시근교 학교의 아이들이나, 가장 궁핍한 도심 빈민가 학교의 아이들이나, 모두 동일한 지식의 세계에 대한 동일한 접근을 하게 될 것이다.[4]

확신하건데, 전자기술을 만병통치약으로 여기는 사람들이 일반 대중을 오도해 왔듯이, 대통령의 자문역들이 대통령에게 그릇된 조언을 하였을 것이다. 이 의제에 대해 숙고해 보면, 도서관서비스를 받아본 적이 없는 궁핍한 시골이나 도심 빈민가의 아이들은, 설령 그들의 교실이 인터넷에 연결된다고 하더라도, 부유한 지역의 아이들이 향유하는 것과 "동일한" 지식의 세계에 대한 접근의 공평성을 결코 향유할 수 없

---

[4] *Weekly Compilation of Presidential Documents* 33, no.79 (February 17, 1997): 163.

다는 사실을 깨닫게 될 것이다. 모든 아이들에게 훌륭한 선생님이 필요한 것처럼 "진짜" 도서관서비스와 장서는 모든 아이들에게 필요한 것이다. 이러한 점은 나이에 적합한 책, 이야기듣기 시간, 숙련된 사서의 관심, 그리고 독서와 학습에 대한 애정을 갖게 하는 모든 것들에 접근할 필요가 있는 유치원생으로부터 새로운 논제에 대해 연구하거나 독서하고자 하는 고등학생에 이르기까지 모든 아이들에게 해당된다.

이처럼 접근의 공평성은, 모든 사람은 신분이나(지식이나 정보의) 형태에 관계없이, 그 혹은 그녀가 원하는 기록된 지식과 정보를 제공받을 자격이 있을 뿐 아니라 반드시 제공받아야만 한다는 것을 의미한다. 이는 다시, 사람은 누구나(도서관 건물에서 가까이 있든 멀리 있든) 도서관 자원과 서비스에 대한 접근의 공평성을 누릴 권리가 있으며, 이때 도서관서비스는 도서관 자원을 최적의 상태로 이용할 수 있도록 도움을 주는 것이어야 하며, 도서관 자원은 이용자의 목적에 적합하고 가치 있는 것이어야 함을 의미한다.

나는 앞서 도서관에 있어 지적 자유의 중요성에 대해 언급한 바 있다. 도서관 자료와 서비스에 대한 접근의 문제는 지적 자유에 밀접하게 연계되어 있다. 모든 사람이 모든 것에 대해 아무런 거리낌이나 편견 없이 접근할 수 있도록 만드는 것이 중요하며, 동시에 그와 같은 접근을 도서관 현장에서 실제로 가능하게 만드는 것이 중요하다. 그러나 테크놀로지가 개입되면, 그러한 접근의 공평성에 문제가 발생하게 된다. 예를 들어, 현재 미국에서는 정부문서의 보급 과정에서 다양한 스캔들이 발생하고 있다. 잘 알려져 있다시피, 정부가 생산한 정보와 기록된 지식이 모든 시민들에게 온전히 개방되는 것은 아니다. 특히, 사업적 목적을 위한 경우에 정부문서의 활용은 엄격히 제한된다. 그러한 정부문서의 보존을 위해 그동안 훌륭하게 기능해온 우리의 도서관시스템이 정부문서의 전자적 보급을 추진하는데 매우 열성적인 현행 의회에 의해 심각한 도전을 받고 있다5)(우리는 정부가 보유하고 있는 정보와 지식은 우리가 납부한 세금을 통해 생산된 것이며, 시민들은 누구나 그러한 정보와 지식에 자유롭고 시기적절하게 접근할 자격이 있다는 사실을 앞장서서 지적하여야 한다).

한편, 도서관 자료나 서비스에 대한 접근을 유료화 하자는 주장이 점차 공감대를 넓혀가고 있다. 일부 사람들은 인쇄자료에 대한 "무료" 접근과 전자자원에 대한(투자비용의 만회를 위한) "유료" 접근 사이에는 중요한 차이가 있는 것으로 간주한다. 흥미롭게도 많은 도서관들은 전자자원을 위한 비용을 자료구입 예산이 아닌 다른 항목의 예산에서 지출하고 있으며, 아마도 그러한 관행이 기존 예산을 넘어선 "추가 비용"의 지출을 "서비스의 유료화"를 통해 만회하고자 하는 발상으로 이어진 것으로 보인다. 그러나 "지불능력"에 따라 자료에 대한 접근을 규제하고자 하는 세상에서, 모든 도서관을 가상도서관 혹은 전자도서관으로 만들려는 발상은 우리 사회의 일부를 "정보빈곤층"으로 영원히 남겨두려는 엘리트주의적 사고와 다름없다.

서비스의 강화를 위해 집중적으로 테크놀로지를 도입한 도서관들이 "접근의 공평성"이라는 가치를 배척하고자 한다면, 그것은 결코 용인할 수 없는 일이다. 그러나 테크놀로지의 사용에 관련한 우리 사회의 시각에는 본질적으로 상반되는 두 가지 견해가 공존한다. 즉, 한편에는 테크놀로지를 보다 많은 사람들이 보다 많은 정보에 접근하게 만드는 긍정적인 도구로 바라보는 사람들이 있는가 하면, 다른 한편에는 실제로 많은 사람들은 신분이나 경제력의 한계로 인해 테크놀로지로 인한 접근성의 혜택을 얻지 못한다고 생각하는 사람들이 있다. 이와 같이 상

---

5) Nancy Kranich, "Whose Right to Know Is It Anyway?" in *Your Right to Know: Librarians Make It Happen: Conference within a Conference Background Papers* (Chicago: ALA, June 1992), 12-18.

반된 견해가 존재하기 때문에, 우리 사서들은 사회적 지위나 경제적 여건에 관계없이 모든 사람들이 자유롭게 활용할 수 있도록 도서관을 유지하고자 하는 생각을 갖고 있는 것이다. 미래사회에 존재할 이상적인 도서관은 모든 자료와 서비스(전자자원과 서비스를 포함하여)에 대한 접근과 활용이, 재정적인 능력이나 기술적인 능숙함의 부족에 관계없이, 누구에게나 자유로운 도서관이어야 할 것이다. 특히, 가난한 학생들이 다수를 점하는 이용자 커뮤니티(내가 근무하는 도서관처럼)를 위해 서비스를 제공하는 도서관일수록 "접근의 공평성"이 갖는 가치는 더욱 중요한 것이다.

## "접근의 공평성"의 실천

필요로 하는 지식과 정보에 공평하게 접근할 수 없게 만드는 많은 이유가 우리 사회에는 존재한다. 우리 사회에서 모든 도서관서비스와 자원이 모든 사람들에게 차별 없이 제공되고 있는 것은 아니며, 접근을 가로막는 많은 요소들이 사람과 장소에 따라 다양하게 존재한다. 현재 도서관에 와있는 사람조차도 동일한 건물 내에 있는 다른 사람에게는 적용되지 않지만 그에게만 적용되는 장애를 안고 있기 마련이다. 이렇듯 우리 사회에 존재하는 불공평이 테크놀로지에 의해 모두 제거될 수 있는 것은 아니다: 앞서 3장에서 정보격차(digital divide)에 대해 논의하면서 강조하였듯이, 테크놀로지는 오히려 새로운 불공평을 야기하는 원인이 될 수도 있다.

접근의 공평성을 가로막는 장애물은 크게 세 가지 범주로 나눌 수 있다: 개인적, 기관적, 그리고 사회적 범주가 그들인데, 다음의 〈표 1〉은 각 범주에 따라 장애물의 유형을 정리해 놓은 것이다.

**표 1** 접근의 공평성을 가로막는 장애물

| 개인적 장애물 | 기관적 장애물 | 사회적 장애물 |
|---|---|---|
| - 경제적 빈곤<br>- 육체적 장애<br>- 기동성<br>- 지식 수준<br>- 교육 수준<br>- 문해 수준<br>- 영어 능력<br>- 컴퓨터 능력 | - 도서관의 위치<br>- 도서관 건물의 배치<br>- 장비의 유형, 수량, 활용가능성<br>- 도서관 직원의 숫자와 유용성 | - 교육<br>- 정책<br>- 공공서비스에 있어 불공평한 기금 운용 |

만약 다음 리스트를 통해 제시해 놓은 "삶의 다양한 모습이나 상태" 중에서 당신에게 해당하는 것이 하나라도 있다면, 당신은 당신이 필요로 하는 기록된 지식과 정보 그리고 관련 서비스에 대한 접근 권한이 전혀 없거나 미약한 상태에 놓여있을 가능성이 크다.

가난하다; 병약하다; 늙었다; 장애자다; 편부모 슬하이다; 시골 거주자다; 도심 빈민가 거주자다; 소수민족이다; 수감되어 있다; 학력이 낮다; 영어가 서툴다; 전자자원에 대한 접근권이 없다; 컴퓨터 조작 기술이 없다; 자가용 혹은 대중교통 수단이 없거나 제한되어 있다.

공평한 접근을 가로막는 장애물이 이렇게 많고 다양하다는 점을 고려하면, 도서관에 대한 접근에 있어 모든 사람들을 공평하게 만든다는 것이 얼마나 복잡하고 지난한 일인지 실감할 수 있을 것이다.

그럼 지금부터 도서관에 대한 접근을 보다 공평하게 만들 수 있는 방안에 대해 알아보자. 다음에 제시하는 방안이 결코 망라적인 것은 아니다; 그들 중에는 사서들이 할 수 있거나 지금 실행하고 있는 또는 실행에 영향을 미칠 수 있는 방안뿐만 아니라 사서들로서는 어찌 할 수 없는 방안도 포함되어 있다. 다음에 제시하는 방안은 공공정책과 도서관정책을 통해 추진해 나가야 할 여러 단계로 구성되어 있다. 참고로, 제시된 순서는 무작위로 추진순서나 중요도와는 관계가 없다.

- 학교도서관의 수를 늘리고 그 수만큼 "자격을 갖춘" 사서교사를 임용한다.
- 주의 카운티, 학군, 그리고 그 밖의 행정단위에 대해 보다 공평한 기금을 제공한다.
- 도서관 내에 문해력, 영어 구사력, 정보역량, 컴퓨터 기술에 대한 강좌를 개설한다.
- 시골과 도심 빈민가에 공공도서관 분관을 지속적으로 개관한다.
- 유선으로 연결된 도서관과 교실에 컴퓨터 기술과 정보역량을 갖춘 인력을 배치한다.
- 도서관을 건축하고 설비할 때, 특히 장애인 이용자들의 의견을 참작하되, 미국장애인법(Disability Act)에서 정한 최소 요건을 훌쩍 넘어서도록 노력한다.
- 수감자들의 도서관권리를 제한하는 각종 규제를 제거하기 위해 노력한다.
- 다음 수단들을 이용하여 사람들에게 적극적으로 다가가는 도서관서비스를 실천한다: 이동도서관; 도서관분관; 쇼핑몰, 대학기숙사, 보육원, 양로원, 병원 호스피스와 같은 비전통적인 세팅에서의 도서관서비스
- 온라인 시스템은 항상 최신 상태로, 접근 가능하게, 이용자 친화적으로 유지한다.

## 접근의 공평성을 향한 다섯 단계

우리가 사회의 모든 영역에서 접근의 불공평을 줄여가기 위해 협력하고자 한다면, 우리 모두에게는 각자가 담당해야 할 역할이 있음을 인식하여야 한다. 즉, 개인은 개인대로, 도서관을 비롯한 공공기관들은 그들대로, 법을 입안하는 의원을 비롯하여 공공정책에 관심을 가진 사람들은 그들대로, 각자가 담당해야할 역할과 몫이 있음을 명심해야 한다. 이러한 다양한 주체들의 관심과 영향력을 우리 사회에 널리 알리려면 사서직 전체가 참여하는 대규모의 지속적인 캠페인을 벌어야 하는데, 그러한 캠페인은 오직 미국도서관협회(以下 ALA)만이 주도할 수 있을 것이다. 그러한 캠페인은, 도서관의 자원과 프로그램에 대한 접근이 삶의 조건이나 상태에 따라 좌우지되는 것은 "사회정의에 대한 부정"이라는 사상에 기초해야 할 것이다. 현재 우리 사회에서 불공평이 발생할 잠재성은 매우 크며, 그러한 잠재성에 영향을 미치는 요인들 또한 헤아릴 수 없이 많다. 그렇다면, 그러한 상황을 개선하기 위해 우리는 무엇부터 시작할 수 있을까? 개인 혹은 집단의 차원에서 어떻게 하면 우리의 의도를 사회에 알릴 수 있으며, 사회적 약자들이 접근의 공평성을 누릴 수 있도록 만들 수 있을까? 다음의 다섯 단계는 우리 사회에 존재하는 "접근의 불공평"을 개선하기 위한 길로 우리를 안내할 것이다.

① 불공평을 당연하게 여기지 마라.
② 테크놀로지의 장단점을 이해하여, 장점을 활용하고 단점에 대처하는 방법을 배워라.
③ 공평한 접근을 방해하는 장애물을 이해하고 분석하되, 다음 범주로 나누어 대처하라:
  ■ 우리가 통제할 수 있는 장애물

- 우리가 개선을 위해 일정한 역할을 할 수 있는 장애물
- 우리의 통제 밖에 있지만 완화하는데 기여할 수 있는 장애물
- 우리가 개선을 위해 일정한 역할을 하는 것이 매우 어려운 장애물
- 우리가 개선할 수 없는 장애물

④ 체계적인 업무 수행을 위해 우리 도서관들과 전문직 단체들의 내부 조직을 강화하라.

⑤ 모든 혁신과 프로그램에 있어 접근의 공평성을 가장 중요한 원칙으로 삼으려면, 한 번에 하나씩 장애물을 지속적으로 개선 혹은 제거해 나가라.

## 1) 불공평을 더 이상 수용하지 마라

"접근의 불공평"을 개선하기 위한 첫 번째 단계는 "원칙과 우선순위"에 관련된다. 접근의 공평성 문제가 상대적으로 시급하지 않은 도서관에서 근무하는 사서들에게 있어 이 첫 번째 단계는 수용하기 어려운 과제일지도 모른다. 그러나 일선의 참호에서 매일매일 "불공평"과 사투를 벌이는 사서들에게 있어서 "공평의 원칙"은 일상적 업무의 필수적인 요소이다. 가령, 캘리포니아의 가난한 시골에 위치한 공공도서관에서 근무하는 어린이사서는 날마다 불공평의 문제와 씨름을 한다. 그녀가 매일 마주하는 고객들은, 기본적인 독해력조차 부족한데도 부모들과 농장에 나가서 일하느라고 바쁘며, 도서관을 방문하는 것을 불편하게 생각하는 그런 아이들이기 때문이다. 어디 그뿐이랴! 상아답으로 간주되는 대학의 도서관들 중에도 풍요하고는 거리가 먼 지역에 위치해 있으면서 대학구성원들은 물론이고 가난한 지역주민을 위해 서비스를 제공하고자 노력하는 도서관들이 많다. 그런 상황에서, 접근의 공평성

에 관심을 두지 않으면서 어떻게 사서로서의 임무를 훌륭하게 수행할 수 있는 것인지 내 머리로는 도저히 상상하기 힘들다. 공평한 도서관 이용을 방해하는 모든 장애물을 제거하려는 노력에 동참하기 위해서 혁명적인 폭도가 되어야만 하는 것도 아닌데 말이다.

## 2) 테크놀로지의 역할을 바르게 이해하라

처음엔 많은 사람들, 심지어 사서들조차도, 테크놀로지를 평등의 구현을 위한 위대한 도구로 간주하면서 테크놀로지가 원거리의 이용자를 포함한 모두에게 공평한 도서관서비스를 제공할 수 있게 할 거라고 생각하였다. 뿐만 아니라, 테크놀로지는 사회적 소수자를 위한 도서관서비스를 이행하는데 있어 늘 부족하기만 했던 예산 문제를 해결하는데 도움을 줄 것이라고 생각하였다. 그러나 테크놀로지가 우리에게 많은 도움을 줄 수 있으려면, 다음의 전제 조건들이 먼저 충족되어야 한다.

- 인터넷과 웹사이트에 대한 보편적 접근이 가능해야 한다.
- 모든 사람들이 기본적인 컴퓨터 조작 기술을 갖추어야 한다.
- 모든 사람들이 접근할 수 있는 인터넷 접속 설비를 갖춘 도서관이 있어야 한다.
- 모든 사람들이 정보역량을 갖추고 비판적 사고를 하도록 훈련되어 있어야 한다.
- 도서관들은 원거리 이용자에 대한 서비스 제공을 위해 조직을 갖출 수 있어야 한다.
- 테크놀로지의 이용은 도서관의 다른 자원과 서비스를 보완하는 것이어야 한다.

고어(Al Gore)와 게이츠(Bill Gates)를 비롯한 많은 사람들은 모든 도서관과 교실에 컴퓨터 단말기를 설치하고자 하는 목표를 공유해 왔다. 그러나 그러한 목표에 과연 설치하고자 하는 컴퓨터 단말기의 이용을 도와줄 전문 인력에 대한 계획도 포함되어 있는 것일까? 고속 인터넷에 접속이 가능한 컴퓨터 장비를 갖춘 교실을 만들기 위해서 전통적인 "도서관"을 25년이나 된 오래된 책들과 사서조차 없는 상태로 방치할 수 있는 것일까? 당신이 어린이, 노인, 혹은 거동이 불편한 도서관이용자라고 가정한다면, 당신이 애용하던 도서관 분관이 이미 2년전에 문을 닫은 상태에서 다른 도서관들에 컴퓨터를 설치한다고 하는 것이 당신에게 어떤 의미를 갖겠는가? 컴퓨터를 잘 아는 사람들에게는 인터넷에 접속하는 것이 일도 아니겠지만, 인터넷을 통해 접근할 수 없는 수많은 기록된 지식과 정보에 대한 접근은 어떻게 해결할 것인가? 이러한 의문들 중의 어느 하나도 답변이 쉽지 않으며, 특히, 긍정적인 답변을 기대하기가 어려워 보인다. 이런 상황에서, 우리의 공공정책을 좌지우지하는 사람들은 일단 컴퓨터를 설치하고 나서 홀연히 떠나버릴지도 모른다. 당당히 자신들의 승리를 선언하면서 말이다. 가까운 장래에 벌어질지도 모르는 이러한 상황, 즉, 인터넷에 대한 보편적 접근이 가능해졌음에도 불구하고 문해력과 교육수준은 거침없이 하락을 지속하는 상황을 우리는 어떻게 설명할 수 있을 것인가? 그러한 상황이 실제로 벌어진다면, 그것은 인터넷에 대한 보편적 접근에도 불구하고가 아니라 보편적 접근 바로 그것 때문일 것이다. 비록 원하는 것은 아닐지라도 자기가 가진 것에 만족하고자 하는 것은 인간의 본능이다. 따라서 책을 비롯한 도서관 자원이 부족한 환경에 놓여있는 원거리 학습자나 시골학교의 교사들이 인터넷에서 발견하는 자료에 만족해하는 것을 비난할 수는 없다. 이에 더해서, 몇 번의 클릭만으로 탐색한 것을 다운로드 받을 수 있는 인터넷에는 거부할 수 없는 매력이 분명히 존재한다.

특히, 지속적인 독서와 그에 따르는 사고의 과정이 상대적으로 어렵고 힘든 일이라는 점을 고려할 때 인터넷의 매력은 더욱 거부할 수 없는 것이 된다. 과거에 교육을 조롱하는 뜻으로 쓰이던 "사고의 과정조차 없이 교과서에서 공책으로 정보를 옮기는 행위"라는 말이 오늘날에는 "사고의 과정조차 없이 인터넷으로부터 기말보고서로 텍스트와 이미지를 다운받는 행위"라는 말로 변색되어 다시 등장하고 있다.

지금까지 나는 전자자원을 사용하고자 하는 도서관이용자에게 적절한 도움을 제공하는 업무가 얼마나 중요한지에 대해 지속적으로 강조해 왔다. 그러한 도움을 절실히 필요로 하는 도서관이용자들은, 책을 비롯한 有形의 도서관 자료에서만 찾을 수 있는 정보가 매우 많다는 것을 인지하고 있으면서도, 인터넷에서 발견되는 것은 무엇이든지 수동적으로 받아들이려고 하는 사람들이다. 사서의 도움을 필요로 하는 사람들은 도서관과 교실에 몸소 와있는 이용자들만이 아니다. 어떤 저자에 의해 "가상 고객"이라고 불리어졌던 이용자집단 또한 사서의 관심과 도움을 절실히 필요로 하는 사람들이다.[6] 헐셔프(Robert Hulshof)가 지적하듯이, 우리 사서들은 전화가 발명되던 시점부터(아니 그보다도 훨씬 오래 전인 우편을 통한 참고서비스 시절부터) 이미 원거리 이용자들을 위한 도움을 제공해 왔다. 헐셔프는 이메일 이용자들은 그들만의 유별나고 난해한 특성을 지니고 있다고 설명한다. 즉, 이메일을 이용하는 도서관이용자들은 그들의 질문만큼이나 빠르고 쉬운 답변을 기대하면서, 최소한 수차례의 메일 교환을 필요로 하는 복잡한 질문을 던지곤 한다는 것이다. 심지어 그들은 종종 도서관이나 개별 사서가 제공할 수 없는 기술적 도움이나 자문을 요청하기도 하는데, 그러한 질문에는 도서관에 관련된 답변의 범위를 넘어서는 복잡한 문제

---

[6] Robert Hulshof, "Providing Services to Virtual Patrons," *Information Outlook* 3, no.1 (January 1999): 20-23.

들이 포함되어 있곤 한다. 헐셔프가 주장하는 것처럼, 만약 도서관 자원에 대한 접근을 위해서 특별한 소프트웨어가 필요하다면, 도서관은 당연히 그러한 소프트웨어의 설치와 사용에 대해 자문할 준비가 되어 있어야 한다. 그러나 도서관 직원이 소프트웨어에 관련된 어떠한 질문에도 답변할 준비가 되어 있다고 하더라도, 이용자의 정보기술에 대한 지식수준이 너무 낮아서 소통 자체가 어렵거나 불가능한 경우가 있을 수 있다. 이처럼 이 문제는 예산과 인적 자원의 부족이라는 도서관의 근본적인 문제와 연관이 되어 있다. 도서관의 자원과 서비스에 대한 원격 접근이 증가함에 따라 가상 고객 또한 증가할 것이다. 그러나 대부분의 도서관은 그러한 수요에 대처하기 위해 새로운 직원을 고용할 만한 추가 예산을 확보하지 못할 것이다. 그렇게 되면 결국 "자원의 재할당"이라는 오래된 방법으로 돌아가야 할 것이며, 결과적으로는, "전통적인 서비스"에 투자되어야 할 도서관 직원의 시간이 기술적인 변화로 인해 "그다지 중요하지 않는 새로운 서비스"로 전용되는 또 하나의 사례로 기록될 것이다.

## 3) 우선순위를 설정하라

세 번째 단계에 있어 필수적인 요소는 당신의 도서관에서부터 시작하여야 하는 세심한 조사와 분석이다. 경영과 기획 분야의 전문 용어 중에 "환경조사(environmental scan)"라는 문구가 있다. 이는 접근의 공평성을 향상시키고자 노력하는 사서들에게 매우 유용한 개념이다. 당신이 당신의 도서관을 둘러보면서 접근의 불공평을 야기하는 요인들에 대해 생각하기 시작할 때, 관련 문제들은 하나둘씩 모습을 드러내기 시작할 것이다. 문제를 정의하는 것만으로도 문제는 반쯤 해결된 것이나 마찬가지라는 주장은 너무도 당연한 소리에 불과하며, 진실은 너무도 당연해 보이는 문제들 자체에 있음을 알게 될 것이다. 따라서 도서관이 관장할 수 있는 문제들로부터 시작하여 도서관으로서는 관장하기 어려운 사회적 문제들로 마무리되는 일련의 동심원을 점차 크게 그려가면서, 향후 해결해야할 전체 과정을 개념화하는 것이 중요하다.

### (1) 도서관 내부의 장애물

먼저, 도서관 내부로부터 시작하여, 현재 도서관에 와있는 사람들의 공평한 접근을 방해하는 無形의 장애물에 주목해 보자. 이 책의 앞부분에서 나는 도서관을 이용함에 있어 서지통정시스템의 중요성에 대해 언급한 바 있다. 최신 형태의, 이용자 친화적이면서, 내적 일관성과 표준성을 갖추고 있고, 항상 접근 가능한 서지시스템이 도서관 이용자들에게는 무한한 가치를 지닌 보조도구로 기능하는 것처럼, 이러한 요소들 중에서 하나 이상을 결여하고 있는 서지시스템은 효과적인 도서관 이용을 방해하는 "극복할 수 없는 장애물"이 될 수도 있다. 도서관은 자신의 온라인 서지시스템을 완전히 통제할 수 있으며, 따라서 서지시스템 내부와 외부의 장애물을 제거하거나 경감할 수 있다. 또한 오늘날의 온라인 시스템은 다양한 외부 소스들에 대한 게이트웨이로서의 역할도 수행한다. 도서관시스템을 통해 연결되는 외부 소스들은, 상대적으로 조직이 잘 되어있는 색인, 초록, 그리고 원문 데이터베이스에서부터 조직과정을 전혀 거치지 않은 인터넷의 상업적 브라우저들에 이르기까지 그야말로 다양하다. 도서관이 그러한 외부 소스들을 통제하기는 어렵지만, 사용하기 쉬운 인터페이스나 "도움말" 기능을 설계 혹은 배치하는 것을 통해 그러한 외부 소스들을 이용하는데 있어서의 장애물을 줄일 수는 있다.

도서관의 온라인 시스템에 접근하는 문제는 또한 물리적 환경에 의해서도 영향을 받는다. 도서관에는 얼마나 많은 컴퓨터 단말기를 설치하여야 하는가? 대답은 아마도 "누구나 언제라도 단말기에 접근하는 것이 가능할 정도로 충분히"일 것이다. 그러나 현실에서 그러한 조건을 충족하는 도서관은 거의 없으며, 심지어 대형 공공도서관들과 대학 도서관들조차도 컴퓨터 단말기 앞에 늘어선 대기자들의 문제로 몇 년에 걸쳐 씨름을 하고 있다. 거의 모든 도서관들이 웹에 대한 접근을 제공하고 있기 때문에 단말기의 사용은 급속히 증가하고 있으며, 심지어 소형 도서관들에서도 피크타임에는 단말기보다 많은 이용 대기자들이 몰려들어 골머리를 앓고 있다. 장차 도서관이 무선 네트워크를 갖추게 된다면, 이용자들은 도서관의 어느 장소에서도 휴대용 컴퓨터를 사용할 수 있을 것이다(물론 휴대용 컴퓨터를 소유하고 있다면 말이다). 아마도 노트북 형태의 휴대용 컴퓨터는 점차 값이 떨어져 모든 사람들이 소유하는 것이 가능해 질 것이며, 다양한 형태의 휴대용 컴퓨터들은 무선네트워크의 기능을 갖추게 될 것이다. 그러나 아마도 향후 한동안은 도서관에 단말기를 충분히 설치할 필요가 있을 것이며, 무선네트워크가 가능해지는 시점이 오면 도서관이용자들에게 휴대용 컴퓨터를 대여할 필요가 있을 것이다.

도서관 이용자들이 자신의 집이나 도서관 밖에서도 도서관의 온라인 시스템에 접속할 수 있다면 얼마나 편리하겠는가? 이는 아마도 도서관이 통제할 수 있는 범주를 넘어서는 문제일지 모르지만, 가상도서관의 이용자가 되는데 있어 어려움을 경험한 사람이라면 먼저 도서관부터 비난하려 들지 않겠는가? 그러므로, 우리의 온라인 시스템과 자원에 대한 원격 접근을 가능한 편리하고 신뢰할 만하게 만드는데 최선을 다하는 것이 우리의 의무인 것이다. 이는, 중요함에도 불구하고 항상 간과되어온, 도서관에 대한 접근의 공평성과 편이성에 관련된 대외관계(Public Relation) 측면의 의문을 불러일으킨다. 도서관이 개관해야 할 시각에 폐관을 한다면 대외관계 면에서 커다란 재앙으로 다가올 수 있듯이, 도서관 시스템에 대한 원격 이용의 가능성과 편이성에 대한 이용자들의 기대가 좌절된다면 그 또한 대외관계 면에서 엄청난 재앙으로 다가올 수 있는 것이다.

품질이 열악하거나 원격 접근을 할 수 없는 온라인 시스템은 공평한 접근을 가로막는 無形의 장애물이다. 이러한 무형의 장애물외에도 도서관 건물에는 有形의 장애물이 다양하게 존재한다. 이용자의 시각에서 도서관의 물리적인 시설들을 찬찬히 조사해 보면, 깜짝 놀랄 만큼 많은 접근을 위한 보완장치가 건물 내부에 존재하고 있음을 알게 될 것이다. 현대적 도서관이라면 구비하고 있는 많은 특징들, 가령, 엘리베이터의 점자표식, 커다란 글자의 단말기 표시, 휠체어 램프, 휠체어로 접근 가능한 단말기 표시 등은 이용자의 접근을 도와주는 확실한 장치들이다. 그러나 도서관 내부에는 사람들이 좀처럼 감지하기 어려운 여러 장애물이 존재한다. 가령, 서비스가 제공되는 지점의 가구의 크기와 배치, 대부분의 도서관 이용자들은 뜻도 모르는 전문 용어로 된 표지판들, 매우 혼란스럽게 배열된 자료들, 인터페이스에 사용된 빈약한 용어 등이 그에 해당된다. 그러한 장애물은 온전히 이용자들의 입장이 되어서 그들의 시각에서 도서관을 관찰할 때 비로소 파악할 수 있는 것들이다.

마지막에 언급한, 즉, 도서관을 새로운(즉, 이용자의) 시각에서 바라본다는 것은, 도서관 내부의 장애물을 제거하기 위한 여러 방법들 중에서 가장 어려울는지 모르지만 가장 생산적인 방법임은 분명하다. 모국어가 스페인어인 대학신입생에게 우리의 대학도서관은 어떤 모습으로 비쳐질까? 탐색을 위해 브라우즈 방식과 키워드 방식 중에서 하나를 선택하도록 요청받았을 때, 과연 사서가 아닌 일반 이용자들은 무엇을 해야 하는지 알고 있을까?(대다수의 도서관 이용자들은, 도서관 시스템을 제대로 사용하려면 도움이 필요하다는 것을 알고 있으면서도, 좀처럼 도움을 청하지 않고 도서관 시스템을 사용하고 있음을 기억하라)

## (2) 도서관 외부의 장애물

모든 도서관들은 자기들만의 특별한 환경에 처해있다. 그들이 서비스를 제공하는 기관이나 지역사회가 그러한 협의의 환경이다. 도서관들은 또한 보다 넓은 환경에도 속해있다. 그들이 위치해 있는 도시, 지역, 주, 혹은 국가로 대표되는 사회가 그러한 광의의 환경이다. 오늘날과 같은 국제화 시대에, 도서관이 속해있는 사회적 환경은 대륙 나아가 전 세계로 확장된다. 우리가 생활하는 지역, 국가, 나아가 세계에는 사서로서의 우리의 업무와 우리가 봉사하는 사람들에게 영향을 미치는 다양한 소스들이 존재한다. 그러한 소스들 중의 일부, 가령, 문해, 교육, 학술적 소통, 그리고 정보기술 등은 우리가 협력만 한다면 어느 정도 영향을 미칠 수 있는 영역에 속해있다. 그러나 일부 다른 소스들, 가령, 거대한 전자기술(가령 Microsoft, Internet 2 등), 교양오락 산업, 그리고 연방정부의 교육정책 등은 우리의 영향력에서 벗어난 영역에 속해있다. 마지막으로 남은 소스들, 가령, 전자시대의 저작권과 지적 재산권 등은 어느 누구도 좀처럼 해결할 수 없는 영역에 속해 있다. 우리가 접근의 공평성을 개선하는데 있어 보다 신중하고 효과적으로 일하고자 한다면, 이상에서 언급한 세 가지 영역을 구별하여 가늠할 수 있는 지혜와 세 영역 중에서 우리가 변화시킬 수 있거나 영향을 줄 수 있는 영역에 우리의 힘을 집중하는 지혜를 동시에 가져야만 한다.

## 4) 함께 작업하라(체계적인 조직을 갖추고)

확신하긴대, 접근의 공평성 문제는 모든 도서관들과 사서들이 참여하는 다년에 걸친 협력을 통해서만 해결해 나갈 수 있다. 지금 ALA는 미래 계획을 입안하면서 접근의 공평성을 주요 목표로 설정하는 작업을 진행하고 있다. 접근의 공평성을 개선하기 위한 캠페인은 ALA에 의해 주도될 것이나, 실무 작업은 개별 도서관들이 수많은 관련 단체들과 협력하면서 수행해 나가야 할 것이다. 그 캠페인은 접근에 관련된 모든 차원의 문제(기술적인 면을 포함하여)를 포괄하여야 하며, 정치적으로 현명하고 효과적이어야 하며, 설득을 위한 모든 수단(광고와 PR을 포함하여)을 활용하여야 하며, 실무 계획의 입안-실행-성취-분석-평가의 과정을 지속적으로 수행하는 방식으로 진행되어야 할 것이다. 그 캠페인은 또한 모든 관종의 도서관 사서들, 도서관들이 서비스를 제공하는 기관들과 커뮤니티들, 그리고 모든 레벨(즉, 연방, 주, 시)의 정치인들과 공공정책의 전문가들이 적극적으로 참여하도록 추진되어야 한다.

여기서 그러한 캠페인이 어떻게 진행되어야 하는지에 대한 나의 생각을 구체적으로 밝히고자 한다. ALA는 먼저, 공식적인 선언을 통해 접근의 공평성을 개선하는 것이 우선적으로 추진하고자 하는 대외정책임을 밝혀야 한다(내가 "대외정책"이라는 용어를 사용한 까닭은 ALA는 두 가지 역할, 즉, 내적으로는 회원을 위해 봉사하면서, 외적으로는 사회에서 도서관을 대변하는 역할을 동시에 효과적으로 수행해야 하기 때문이다). 다음으로, "접근의 공평성"을 주제로 하는 범사회적인 대회를 주최하여, 주요 의제들을 설정하고 우선순위를 결정한 후, 의제별로 사서와 일반인이 공동으로 참여하는 전담팀과 위원회를 다양하게 구성하여 실천 계획을 작성한다. 이때 각 전담팀이나 위원회는 "접근의 불공평"에 관련된 세부 영역들을 담당하게 될 것이다(가령, 문해력과 언어능력; 기술과 기술역량의 부족; 시골지역의 도서관서비스; 빈곤, 교육, 그리고 도서관이용의 상관관계; 노인과 청소년을 위한 도서관서비스; 다양성과 도서관서비스 등). 이러한 노력을 통해 그들이 생산해낼 결과물은 앞으로 해결해야 나가야할 과제들에 대한 설명과 그들의 우선순위에 대한 추천을 포함하는 백서가 되어야 할 것이다. 그러한 백서는 우리 사회의 곳곳에 널리 보급되어, 다양한 형태의 포럼 (마을회의,

인터넷 광장, 화상회의 등등)에서 논의되어 질 것이다. 그러한 논의를 통해 "접근의 공평성"에 관한 두 번째 대회를 개최하는 것을 포함하는 원대한 계획이 수립되어 질 것이다. 두 번째 대회는 첫 번째 대회와 마찬가지로 사서들과 관련 단체의 관계자들이 모두 참여하는 모습을 띠게 될 것이다. 아마도 약 2년에 걸쳐 이러한 작업들이 진행되고 나면, ALA는 최종적으로 여러 영역에서 실행해 나갈 수 있는 "다면적 종합계획"을 보유하게 될 것이다. 이러한 복잡한 과정을 제대로 풀어가기 위해서는 "도서관의 지속적인 가치"를 사회에 알리는데 초점을 둔 대외관계(PR) 캠페인이 반드시 따라야 할 것이다. 그러한 대외관계 캠페인은, 먼저 도서관의 가치를 강조하고, 이어 캠페인의 백서에 수록된 메시지를 강조하고, 마지막으로 도서관서비스의 혜택을 모든 사람들에게 공평하게 제공하기 위해서 많은 문제와 씨름하면서 주변과 협력하고 있는 사서들의 모습을 강조하여야 할 것이다.

### 5) 한 번에 한 단계씩

앞서 제안한 국가적 캠페인은 많은 지역에서 표출된 지역 단위의 노력들이 뭉쳐짐으로써 비로소 성사될 수 있을 것이다. 거듭 강조하지만, 도서관 자원과 서비스에 대한 접근의 공평성을 개선하기 위한 캠페인은, 대부분의 다른 사회운동과 마찬가지로, 개별 사서들과 도서관들에 의해서 단계별로 추진되어야 할 것이다. 공평성을 방해하는 장애물들이 먼저 파악되어야 할 것이며, 파악된 장애물들은 하나하나씩 제거되기나 완화되어야 할 것이다. 때로는 전국적인 차원에서, 때로는 아주 소수의 사람들이 참여하는 지역 운동의 모습을 띠고 캠페인은 전개되어야 할 것이다. ALA와 개별 사서들이 그러한 캠페인을 주도할 수 있으며, 제대로 실천에 옮겨진다면 그 캠페인은 많은 사람을 감화시킬 것이다. 그러나 그러한 캠페인도 물론 중요하지만, 아마도 "접근의 공평성"을 이루어 가는 가장 효과적인 방법은 개별 도서관들이 독자적으로 혹은 협력하면서 각종 불공평에 대항한 "투쟁"에 직접 나서는 것이며, 그렇게 할 때 비로소 모든 사람들이 도서관의 자원과 서비스를 자유롭게 활용할 수 있는 세상을 만들고자 하는 우리의 꿈이 실현될 수 있을 것이다. 그리고 그러한 꿈의 실현을 통해서, 우리의 모든 활동, 단지 국가적 캠페인의 일부로서가 아니라 사서로서 우리가 하는 모든 활동과 우리가 강화해온 도서관서비스의 모든 속내가 세상에 알려지게 될 것이다.

# 프라이버시

## 프라이버시의 의미

프라이버시(privacy)의 형용사인 *private*는 사전적으로 "개인 소유의 혹은 개인에 대한; 개인적인; 사사로운 혹은 사생활의…"로 정의된다.[1] 이처럼 *private things*는 특정 개인에게 귀속되는 것들로, 누군가의 개인적 소유물을 의미한다. 자유사회에서는 개인에게 귀속된 것들을 함부로 빼앗을 수 없도록 법으로 규정하고 있으며, 당사자의 허락 없이 임의로 제거하거나 간섭할 수도 없게 되어 있다. 프라이버시라는 말은 16세기 전에는 좀처럼 쓰이지 않았다. 그러나 오늘날 우리는 공간이라는 측면과 정보라는 측면에서 프라이버시에 대한 요구를 지니고 있다. 공간적 프라이버시를 통해 우리는 "혼자 있을 권리," "어울리고 싶은 사람들하고만 어울릴 수 있는 권리," 그리고 "외부의 감시로부터 자유로울 수 있는 권리"를 추구한다. 그리고 정보적 프라이버시를 통해 우리는 "개인적인 정보를 통제할 수 있는 권리"와 "타인에 의해 감시받지 않으

---

1) *Webster's New Collegiate Dictionary* (1960), s.v. "private."

면서 기록된 지식과 정보를 검색하여 이용할 수 있는 권리"를 추구한다. 우리는 또한 "사유 재산"이란 용어에 구현되어 있는 프라이버시도 추구하는데, 여기서 사유 재산은 무형의 지적 재산을 비롯하여 우리가 실질적으로 소유하는 모든 것들을 일컫는다. 그러나 이렇듯 너무도 명백한 프라이버시의 권리가 우리의 일상에서 언제나 법적으로 보장되거나 향유될 수 있는 것은 아니다. 특히, 테크놀로지의 영향이 지배적인 현대 사회에서 프라이버시의 보장과 향유는 더욱 어려워지고 있다.

## 테크놀로지가 초래한 것은?

테크놀로지는 그 자체로 유익하거나 해로운 것이 아니다. 테크놀로지의 발전이 사회적 진전에 기여할 수도 있고, 손해를 끼칠 수도 있으며, 기여와 손해를 동시에 유발할 수도 있고(가령, 60억이 살고 있는 세상에 임신 촉진을 위한 의약품의 발전이 어떤 의미를 갖는지에 대해 생각해 보자), 혹은 중립적인 상태로 남아있을 수도 있다. 보편적 혹은 세부적인 필요에 맞추어서 테크놀로지를 개인화하고자 하는 것은 인간이 갖는 자연적 성향이다. 예를 들어, 당신은 평소 "휴대전화를 증오한다"는 사람들의 이야기를 얼마나 자주 듣는가? 무분별한 사용으로 인해 미국의 식당가나 극장가에서 시민들의 원성을 자아내고 있는 휴대전화는 캄보디아(Cambodia)나 르완다(Rwanda)에서는 소통을 위한 요긴한 도구로 활용된다. 캄보디아나 르완다에는 지뢰가 다량으로 매설되어 있어서 유선전화를 설치하는 것이 너무도 위험하기 때문이다. 이처럼 대부분의 미국인들이 실제로 "증오"하는 것은 휴대전화가 아니라, 천박하고 수다스럽고 자기중심적인 사람들이 휴대전화를 공공장소에서 "예의 없이" 사용하는 행위인 것이다. 마찬가지로, 캄보디아 사람들이나 르완다 사람들이 휴대전화를 "사랑"하는 것은 아니다. 그들이 좋아하는 것은 휴대전화를 통해 원거리 소통의 위험성을 줄일 수 있게 된 현실인 것이다. 이처럼 인간의 감정에 영향을 미치는 것은 테크놀로지 자체가 아니라 테크놀로지를 어떻게 이용하느냐 하는 것이며, 우리가 관찰하고, 연구하고, 개선해야 하는 것은 테크놀로지의 남용을 줄이고 이용을 증진하는 방법인 것이다.

테크놀로지의 발전에는 항상 반대급부가 따르기 마련이다. 온전히 긍정적으로만 기여하는 테크놀로지란 이 세상에 없다. 정보기술과 관련하여, 아마도 우리가 지불해야 하는 가장 명백한 대가는 프라이버시에 대한 실질적인 그리고 잠재적인 침해일 것이다. 오늘날, 프라이버시에 대한 침해의 대부분은 기업과 정부기관 그리고 비영리기관 등이 업무를 수행하면서 구축해 놓은 대규모의 복합적 데이터베이스에 대한 접근과 이용이 수월해지면서 촉발되고 있다. 물론, 비영리적인 업무에는 도서관과 도서관이용자들 사이의, 그리고 도서관 내부에서의 다양한 활동도 포함된다. 여기서 우리의 우려를 자아내는 것은 "컴퓨터 키보드에서의 모든 작업은 감시될 수 있으며, 컴퓨터는 우리가 입력한 내용을 결코 망각하지 않는다는 사실이다."[2] 전자프라이버시정보센터(Electronic Privacy Information Center)의 소장인 로텐버그(Marc Rotenberg)의 다음 이야기에 주목해 보자:

> 새롭게 등장한 온라인 서비스는 우리 모두를 들뜨게 만들고 있다. 온라인 서비스는 세상을 바라보는 창이 되고 있으며, 그를 통해 우리는 영화를 보거나 쇼핑을 하거나 친구들과 이야기를 나눌 수 있게 되었다. 그러나 그 이면을 들여다보면, 온라인 서비스는 결국 우리를 훔쳐보는 거울일지도 모른다.

---

2) Peter McGrath, "Info 'Snooper Highway'," *Newsweek* 125, no.9 (February 27, 1995): 60-61.

이 말의 포인트는 프라이버시의 적은 테크놀로지가 아니라 테크놀로지를 즐기고자 하는 우리 자신이라는 것이다. 온라인 시스템을 이용할 때마다 우리는 우리 자신에 대한 무언가를 시스템에 누설하곤 한다. 대부분의 사람들은 그들의 신용카드번호가 안전한지에 대해 염려하고 있으며, 평판이 좋은 서비스회사들은 안전성을 보장하기 위한 다양한 조치를 취하고 있다. 많은 사람들은 또한 그들이 법률에 의거해서 제공을 요청했던 정보 혹은 상업적 거래의 과정에서 사용했던 정보를 정부기관이나 기업들이 남용할지도 모른다는 점에 대해 우려하고 있다. 사람들의 그러한 관심과 우려가 사실인건 분명하지만, 우리 주변에는 그러한 우려의 범위를 넘어서는 보다 거시적인 문제가 도사리고 있다. 즉, 일상에서 온라인에 대한 우리의 의존은 점차 깊어가고 우리에 대한 데이터의 축적은 나날이 증가하고 있는 상황에서, 우리에 대한 개인적 데이터를 신속하게 검색하여 조작할 수 있는 능력은 나날이 발전해가고 있다. 우리는 머지않아 사회의 역사는 순환하는 것이며, 우리가 마주하게 될 가상공간은(프라이버시의 개념조차 존재하지 않았던) 중세의 마을과 크게 다르지 않다는 사실을 깨닫게 될 것이다.

전자 테크놀로지는 정부와 산업 분야의 활동을 비롯하여 다양한 형태의 사회적인 교류 활동에 스며들고 있다. 우리는 우리 자신에 관한 개인적 데이터의 온전한 보전에 관심을 가져야 하며, 그러한 데이터에 대한 침입을 방지하는(완전히 봉쇄하는 것은 불가능할 것이다) 법률이나 규정을 만들고자 하는 정부나 관련 단체의 노력을 지지하여야 한다. 1973년에 미국연방정부의 보건·교육·복지부(Department of Health, Education, and Welfare)는 다음의 원칙에 근거하여 개인 데이터 시스템에 대한 규정을 공표한 바 있다:

- 비밀 기록을 유지하고 관리하는 시스템은 존재하지 않아야 한다.

- 모든 개인들은 자신의 기록에 대한 접근권을 가져야 한다.
- 모든 개인들은 특정 목적을 위해 수집된 데이터가 다른 목적으로 유용되는 것을 방지할 수 있어야 한다.
- 모든 개인들은 자신의 기록을 수정하거나 바로 잡을 수 있어야 한다.
- 개인적 데이터를 수집하는 모든 기관들은 신뢰성을 확고히 하고 수집한 데이터의 오남용을 방지하여야 한다.[3]

27년전에 공표된 이 규정의 내용은 컴퓨터가 보편화된 오늘날에도 여전히 유효해 보인다. 이 규정의 내용을 있는 그대로 현재 상황에 적용하기는 어렵지만, 이 규정은 개인적 데이터의 수집과 관리에 있어 인도적이며 책임감 있는 원칙이 무엇인지를 충실히 보여주고 있다.

## 프라이버시의 역사

프라이버시가 사회적 문제로 부각된 시기는 18세기였다. 그에 앞서, 부와 권력의 소유에 관계없이 거의 대부분의 사람들은 공개된 삶을 살았는데, 그러한 삶의 방식은 당시의 사회 성격과 거주 환경에서 비롯된 것이었다. 대부분의 사람들은 공동으로 생활하고 먹고 자고 즐겼다. 프라이버시와 관련하여 특별히 중요한 사실은 그들에게는 심지어 가정생활과 직장생활의 차이조차 미미하였다는 점이다. 예를 들어, 중세에는 책을 읽는다거나 복사하는 것조차도 공동의 활동이었다. 프라이버시의 개념과 개인적인 삶의 모습이 나타난 것은 공동생활과 대가족제가

---

[3] Department of Health, Education, and Welfare, Secretary's Advisory Committee on Automated Personal Data Systems, *Records, Computers, and Rights of Citizens* (Washington, D.C.: GPO, 1973).

붕괴되고 개인 소유의 토지에 여러 개의 방을 가진 집을 짓고 핵가족 단위의 생활을 시작하면서부터였다. 그러나 18세기와 19세기의 대부분의 시기에, 그러한 집들은 부유층만이 소유할 수 있었다. 따라서 그 시기의 커뮤니티는 부유층 가족들과 그들의 하인들이 함께 거주하는 형태를 유지하였다. 유럽과 북미에서 프라이버시의 개념이 상대적으로 덜 부유한 사람들에게까지 확장된 것은 20세기에 들어서였다. 사람들이 생활하고 작업하는 방법에서의 중요한 변화, 특히, 업무와 "개인적 삶"에 있어서의 물리적이고 심리적인 분리는, 수십 년 동안 여러 단계를 거쳐 확장되고 강조되어온 프라이버시를 향한 사람들의 욕구를 꿈틀거리게 만들었다. 프라이버시를 향한 도정에서 중요한 발걸음이 되었던 것은 후일 대법원 판사가 되는 브랜다이스(Louis Brandeis)와 그의 동료가 출판한 "혼자 있을 권리"에 관한 글이었다.[4] 지금으로부터 백 년도 더 된 과거에 출판되었지만 프라이버시의 발전에 "커다란 영향을 미쳤던" 그 글이 생산된 배경에는 당시에는 새로운 테크놀로지였던 카메라, 타블로이드 신문, 전화 등에 내재된 "사생활을 침해할 수 있는" 능력에 대한 두려움이 있었다. 후일 대법원 법정에서 브랜다이스는 전화를 도청하는 행위는 밀봉된 편지를 개봉하는 행위와 다름없다는 주장을 폈다.[5] 미국에서 프라이버시에 관한 법적 정의는 브랜다이스의 프라이버시를 위한 변론 이후 오랜 시간에 걸쳐 완만한 속도로 진화하였다. 프라이버시와 관련하여 대법원에서 이루어졌던 또 하나의 중요한 재판, 즉, *Griswold v. Connecticut* 사건에 대한 재판이 종결된 때는 1965년이었다. 이 재판의 판결문에는 "미국 헌법에 명시적이 아니라 함축적으로 내포되어 있는 프라이버시의 권리가 결혼한 부부

---

4) Louis Brandeis and Samuel Warren, "The Right to Privacy," *Harvard Law Review* (1890).
5) Frank M. Tuerkheimer, "The Underpinning of Privacy Protection," *Communications of the ACM* 36, no.8 (August 1993): 69-73.

의 산아제한 권리를 인정하는 기저가 된다"는 내용이 포함되어 있다.[6] 이러한 판결문은 후일 *Roe v. Wade*의 재판(프라이버시가 헌법에 의한 본질적인 권리임을 전제로 하여 최종 판결이 내려졌던 유명한 재판)의 판결이 헌법적으로 결함이 있다고 주장하는 사람들의 근거로 활용되기도 하였다. 당시 그런 주장을 폈던 사람들은 "헌법은 명시적으로 규정하고 있는 내용만을 보호해야 한다"고 믿고 있었다. 아마도 그러한 견해의 수용이 미국사회에 미치는 영향을 과소평가할 사람은 없을 것이다.

많은 헌법학자들과 철학자들은 미국 헌법의 틀은 질서에 기초한 사회에서는 본질적인 자연법과 자연권에 근거하고 있다고 주장한다.[7] 그러한 맥락에서 보면, 헌법 조문에 쓰여 있는 그대로 단어를 해석하기보다는 현대적인 맥락에서 자연권을 해석하는 것이 그렇게 어려운 일은 아니다. 프라이버시는 미국 헌법이 제정되던 18세기말에는 사람들에 의해서 이해될 수 없었던 자연권이다. 미국에서 프라이버시는 200년이 넘는 기간 동안 커다란 비중을 가진 이슈였지만, 대부분의 미국인들이 믿고 있는 것처럼 "프라이버시의 권리"가 헌법이나 법률 체계에 단단히 자리 잡은 것은 아니다.

프라이버시는 20세기 내내 정치적으로, 법적으로, 사회적으로 뜨거운 이슈였으며, 지금까지도 여러 유형의 갈등과 분쟁의 한복판에 놓여 있다. 우리 사회에서는 사회운동이 다각도로 전개되고 있지만, 프라이버시에 대한 침해의 방지는 모든 사회운동에 있어 주요 목표가 되어 있다. 구체적으로, 여성운동 참가자, 인종차별 반대자, 문학과 예술에 있어 표현의 자유 옹호자 등 다양한 사회운동가들이 후버(J. Edgar Hoover)[8]와 같이 개인의 사생활에 대한 자료를 모으는 것을 직업으로

---

6) *Griswold v. Connecticut*, 381 U.S. 479 (1965).
7) Philip A. Hamburger, "Natural Rights, Natural Law, and American Constitutions," *Yale Law Journal* 102, no.4 (January 1993): 907-960.

삼고 있는 자들에 의해 무차별한 감시와 무단 침해의 표적이 되어 왔다. 그러한 야만적 행위가 더 이상 존재하지 않는다고 믿는다면 그것은 차라리 순진하다고 할 것이다. 나아가, 법률에 내재되어 있는 프라이버시의 발전을 애써 무시하려 든다면 그것은 자신의 이익만을 추구하는 냉소적인 행위에 다름없는 것이다. 이러한 상황에서 우리가 만약 테크놀로지가 가져올 영향에 적절히 대처하지 않는다면, 그토록 어렵게 쟁취한 우리의 법적 권리(즉, 프라이버시의 권리)가 법에 의해 제어되지 않는 새로운 힘(즉 테크놀로지)에 의해 상당 부분 훼손되는 위험에 놓이게 될 것이다.

## 프라이버시의 현재와 미래

테크놀로지, 특히, 방대한 양의 전자 기록물에 대한 온라인 처리를 가능하게 하고, 그러한 온라인 처리 과정에서 구축된 데이터베이스로부터 개인적인 데이터를 탐색하여 검색하는 작업을 가능하게 하는 테크놀로지는 도덕적으로 볼 때 중립적 위치에 있다. 앞서 지적하였듯이, 사람들은 그러한 테크놀로지를 선의 혹은 악의로, 자신만의 이익을 위해 혹은 인류애의 실천을 위해 사용할 수 있다. 주지하다시피 우리의 프라이버시는 매일매일 침해당하고 있다. 이러한 상황에서 우리 사서들에게 주어진 과제의 핵심은 프라이버시에 대한 침해를 확실히 막아내면서 모든 개인들에게 유익한 결과를 도출해 내는데 있다. 우리 앞에는 기회와 위험이 동시에 놓여 있으며, 우리가 해야 하는 일은 기회는 활용하되 위험은 줄여나가는 것이다. 1992년에 컬럼비아대학의 교수

---

8) 19세기 중반부터 후반에 걸쳐 48년 동안 미국연방수사국(FBI)의 국장이었던 인물 (역자 註).

인 웨스틴(Alan Westin)은 프라이버시의 보호를 위한 노력의 과정에서 나타나게 되는 열 가지 특징을 예견한 바 있다.9) 그 후 세상이 빠르게 변했지만, 웨스틴 교수가 예견한 열 가지 특징은 여전히 유효하다. 다음은 그의 예견 중에서 일부를 정리해 놓은 것이다:

- 개인적 정보는 개인들과 기관들에 의해 공동으로 소유되어 질 것이다.
- 기관들은 개인의 동의가 있을 때만 개인적 데이터를 사용할 수 있을 것이다.
- 개인적인 데이터를 수집하는 사람들은 프라이버시 규정을 만들어야 할 것이다.
- 개인적인 데이터의 저장과 사용은 규정에 의해 통제될 것이다.
- 개인적인 데이터의 도용과 악용은 범죄 행위로 다루어질 것이다.
- 프라이버시의 보호를 전적으로 담당할 연방기구가 설립될 것이다.

웨스틴 교수가 예견했던 많은 특징이 현실이 되었지만, 단 한 가지 그렇지 못한 것이 있다. 그가 설립될 것으로 예견했던 연방기구는 아직도 우리 주변에서 찾아볼 수 없다. 연방기구의 설립이 불발에 그친 것은 중앙정부가 개인적인 문제를 감독하는 것을 싫어하는 미국인들의 생리에서 비롯된다. 그런 가운데 그동안 미국사회가 이루어온 것은, 앞으로도 끝없는 개정을 반복할 것처럼 보이는 법률과 행정규정 그리고 단위기관 차원의 자율적 규제(가령, ALA가 만들어온 프라이버시에 대한 다양한 정책과 선언들)가 전부이다.

프라이버시 문제에 능동적으로 관여하고 있는 연방기구들이 몇 개 있기는 하다. 가령, 상업부(Department of Commerce), 보건인적서비

---

9) Deborah Schroeder, "A Private Future," *American Demographics* 14, no.8 (August 1992): 19.

스부(Department of Health and Human Services), 노동부(Department of Labor), 연방방송위원회(the Federal Communication Commission), 연방통신위원회(the Federal Telecommunication Commission) 등이 그에 해당된다. 그러한 연방기구들은 의학, 재정, 정보통신, 인터넷, 그리고 그 밖의 영역에서 프라이버시와 관련된 문제들을 단편적으로 다루고 있다. 한편, 프라이버시에 영향을 미치는 연방법은 매우 다양한데, 1999년 현재, the Privacy Exchange(프라이버시 문제를 다루는 국립 사회법률연구소의 하부조직)에 따르면 프라이버시에 영향을 미치는 현행 법률은 다음과 같다:

- 케이블 통신법(Cable Communication Act, 1984)
- 어린이 온라인 프라이버시법(Children's Online Privacy Act, 1998)
- 소비자 신용보고 개혁법(Consumer Credit Reporting Reform Act, 1996)
- 운전자 프라이버시 보호법(Driver's Privacy Protection Act, 1999)
- 전자통신 프라이버시법(Electronic Communications Privacy Act, 1999년에 개정)
- 전자 기금 이체법(Electronic Funds Transfer Act, 1996년에 개정)
- 공정 신용보고법(Fair Credit Reporting Act, 1997년에 개정)
- 가족교육권 및 프라이버시법(Family Education Rights and Privacy Act, 1974)
- 정보자유법(Freedom of Information Act, 1996년에 개정)
- 1974년의 프라이버시법(Privacy Act, 1974)
- 재정적 프라이버시 권리에 관한 법(Right to Financial Privacy Act, 1978)

- 통신법(Telecommunications Act, 1996)
- 통신판매와 소비자 사기법(Telemarketing and Consumer Fraud Act, 1994)
- 비디오 프라이버시 보호법(Video Privacy Protection Act, 1988)[10]

이러한 모든 법률들은 다수의 행정규정, 법원판례, 주법, 지방조례, 그리고 법안에 의해서 보완되고 있다. 연방정부, 주정부, 지방정부 등이 주도하여 만든 이러한 법적 조치에 더해서, 공공영역에 속해있는 민간 주체들(ALA를 비롯한 많은 도서관단체를 포함하여)이 자발적으로 만든 많은 협정이 존재한다. 프라이버시는 이렇듯 다면적 성격을 가진 복합적인 문제로서 우리 모두에게 크든 작든 일정한 영향을 미치고 있다. 그럼에도 불구하고 프라이버시 문제는 종합적인 공공정책이 부재하는 상황에서 각종 정치단체를 비롯한 다양한 주체들에 의해 개별적으로 다루어지고 있는 것이 작금의 현실이다.

이렇듯 복잡한 미국에서의 접근 방식과는 달리 유럽연합(EU)의 접근 방식은 매우 간결하다. 유럽연합은 1998년 10월 25일에 유럽연합의 모든 회원국들에 적용되는 데이터 보호에 관한 규정(Directive on Data Protection)을 제정하여 반포하였다. 접근 방식에 있어서의 이러한 차이로 인해, 1999년 현재 미국정부는 유럽연합에 의한 법적 요청(즉, 회원국의 시민에 대한 개인적 데이터는 그러한 데이터를 "적절히" 보호할 수 있는 프라이버시 관련법을 갖추고 있는 국가에 한해서만 이송될 수 있다는 요청)에 적절히 대처할 수 있는 단독 기구나 법률을 갖추지 못한 상태에 있다.

만약 미국에 프라이버시에 관한 연방 차원의 법이나 기구가 있다

---

10) "National Sector Laws." *www.privacyexchange.org/legal/nat/sect/natsector.html*

면 유럽연합의 규정에 대처하는 것이 훨씬 수월할 것이다. 그러나 그러한 법이나 기구조차 없는 상태에서 미국의 상업부(Department of Commerce)는 웨스틴 교수가 1992년에 발표했던 내용의 일부를 참조하여 프라이버시에 관한 "원칙"을 다음과 같이 작성하였다:[11]

- 공지: 개인적인 정보를 수집하는 조직들은 관련된 개인들에게 그들의 업무와 권리에 대해 알려야 한다.
- 선택: 개인들은 그들의 데이터가 제3자에게 전송되는 것을 거부할 수 있어야 한다.
- 전송: 개인적인 데이터는 프라이버시 보호에 가입한 제3자에게만 전송될 수 있다.
- 보안: 개인적인 정보를 수집하는 조직들은 수집한 데이터가 남용, 노출, 훼손되지 않도록 안전하게 관리하여야 한다.
- 데이터의 무결성: 개인적인 데이터는 수집 목적을 위해서만 사용될 수 있다.
- 접근성: 개인들은 자신에 관해 수집된 데이터에 합리적으로 접근할 수 있어야 한다.
- 시행: 이러한 프라이버시 원칙을 확실히 준수하게 하기 위한 (정부나 민간의) 제도적 장치가 있어야 한다. 그러한 제도적 장치에는 자신의 데이터가 남용된 개인들이 의지할 방법, 잘못을 확실히 바로잡기 위한 후속 절차, 그리고 개인의 프라이버시 권리를 위반한 조직에 대한 처벌 등이 반드시 포함되어야 한다.

모든 형태의 온라인 거래가 증가하고, 개인 데이터를 수록한 데이

---

11) "International Safe Harbor Privacy Principles," draft (April 19, 1999), www.ita.doc.gov/ecom/shprin.html

터베이스의 상업적 가치가 중대하고, 전자 테크놀로지의 역량이 강화되고 있는 현실을 고려할 때, 프라이버시는 앞으로도 주요 과제로 남아있음은 물론이고 정부 차원의 법령이나 민간 차원의 규정과 협정을 필요로 하는 핵심 이슈로 더욱 부각될 것이다.

## 프라이버시와 도서관의 관계

합법적인 목적을 위해서 개인적 데이터를 축적하게 되는 것과 프라이버시를 고의적이고 적극적으로 침해하는 것 사이에는 커다란 차이가 있다. 전자가 남용을 위한 잠재성을 안고 있다면, 후자는 남용 자체이다. 내가 보기엔, 오늘날의 정치문화를 피폐하게 만드는(진짜든 조작된 것이든) 가장 심각한 스캔들은 프라이버시에 대한 대규모의 공격에서 비롯된다. 편지는 공개되고, 올가미는 설치되고, 이메일은 조작되고, 서점의 기록은 불법 조사자들을 행복하게 만드는 사냥터가 되며, 삶의 가장 은밀한 부분들은 발가벗겨져 멸시와 조롱거리가 되고, 이에 더해, 조용히 사색하고, 사람을 만나고, 신앙을 키워가기 위한 당신의 권리는 광신자들과 편견주의자들에 의해 여지없이 짓밟히고 있다. 이것이 바로 소설 1984년이 그리고 있는 세상이며[12], 마음을 통제하는 세상이고, 정신적 전체주의가 지배하는 세상이다. 이러한 세상에서, 도서관의 기록과 도서관 사료의 이용 기록에 관한 비밀을 유시하고자 하는 것은, 프라이버시를 지키기 위한 가장 핵심적인 수단까지는 아닐지라도, 실무적인 측면에서나 도덕적인 측면에서 "중요한" 도구임에는 틀림없다.

실무적인 측면에서 말하자면, 도서관과 도서관 고객 사이의 관계

---

12) 조지 오웰의 소설 1984년에 등장하는 전체주의적 감시가 지배하는 세상을 일컬음 (역자 註).

는 대부분 신뢰에 기초한다. 자유주의 사회에서 사서는 도서관 이용자가 읽은 자료에 대한 정보를 직간접적으로 누출하지 않는다는 점을 공개적으로 밝히면서 이용자들을 안심시켜야 한다. 도덕적 측면에서 볼 때도, 사서는 누구나 자료에 접근할 자유, 책을 읽거나 이미지를 볼 자유, 그리고 생각하고 표현할 자유를 가지고 있다는 기본 전제 하에 도서관 업무에 임해야 한다. 만약 도서관 이용이 감시당하거나 개인적인 독서양태나 도서관 이용양태가 본인의 허락도 없이 누군가에게 알려지는 환경이나 분위기라면, 앞서 언급한 자유 중의 어느 것도 존재할 수 없는 것이다. 모든 도서관들이 프라이버시를 보장하는 정책을 준수하고, 도서관에 있는 모든 사람들에게 그러한 정책에 대해 단계별 교육을 실시하여야 한다. 같은 맥락에서, 우리가 항상 기억해야만 하는 것은 대부분의 도서관에서 대부분의 이용자들은 사서들보다는 도서관의 일반 직원들(사서보나 행정직원)이나 학생보조원들과 빈번히 접촉한다는 사실이다. 이러한 사실을 고려하면, 도서관에서 근무하는 모든 사람들에게 프라이버시 정책을 숙지시켜야 하며, 만약 그렇게 하지 않는다면 프라이버시 정책이 없는 것과 마찬가지이다.

안타까운 이야기지만, 자동화시스템을 갖춘 지금보다는 자동화시스템을 갖추기 전에 이용자의 대출 기록이나 이용 기록에 대한 프라이버시가 훨씬 잘 보장되었다. 나이가든 독자라면 아마도 책을 대출하고자 할 때만 책 카드와 이용자 카드를 대조하여 둘 다 보관하던 오래 전의 시스템을 기억할지 모른다. 책을 일단 반납하면, 두 카드는 분리되어져 유명한 수사관 네스(Elliot Ness)조차도 책의 이용에 관한 정보를 추적할 수 없었다.[13] 그러나 오늘날의 전자대출시스템은 별다른 지침

---

13) Elliot Ness는 시카고 지역에서 금주법 위반자를 단속하던 유명한 미연방수사관으로, 그의 이야기를 영화화한 Untouchable에서 마피아 두목 알 파치노와 대결을 벌이는 주인공이기도 하다 (역자 註).

이 없다면 모든 대출 및 이용 기록을 보관하고 있다. 물론 대부분의 대출시스템은 대출자료가 반납되면 대출정보를 삭제하도록 되어 있다. 그러나 컴퓨터에 능숙한 사람이라면 삭제된 대출기록을 복구하는 것은 일도 아니지 않은가? 때때로 컴퓨터에 기록된 것들은, 그 기록을 검색할 능력, 욕구, 그리고 시간만 주어진다면, 영원히 존속할 것처럼 보인다. 이에 더해, 많은 시스템들은 가장 최근에 대출한 사람의 기록은 유지하고 있는데(반납된 자료가 훼손되거나 손상되었을 경우를 대비하여), 이 또한 비록 작지만 프라이버시에 대한 중대한 침해이다. 도서관은 커뮤니티를 위해 서비스를 제공하지만, 커뮤니티에는 뒷말을 만들어내고, 참견하기를 좋아하며, 호색을 즐기는 사람들이 있기 마련이다. 그런 것들을 즐기는 사람들은 그들의 커뮤니티에서 이혼, 살인, 질병, 다이어트, 난독증, 그리고 성적 변태에 관한 책을 읽은 사람이 누군지 귀신같이 알아낸다. 그러한 상황에서 도서관 자료를 파손한 사람을 추적한다는 명분으로 도서관 이용자의 프라이버시를 잠재적으로 침해하는 것이 과연 가치가 있겠는가?

### 1) 자동대출시스템

프라이버시의 권리를 실질적으로 보조하는 기술적 혁신 중의 하나가 "자동대출시스템"이다. 이 기계를 이용해서 도서관 이용자들은 책이나 다른 자료를 자신이 직접 대출할 수 있다. 이러한 자동대출시스템의 이용자들이 기존의 대출방식을 이용할 때와 어떻게 다른 양태를 보이는지를 주제로 한 연구물을 나는 아직 접하지 못하고 있다(이는 아마도 MLS 과정의 학생들에게는 좋은 연구테마가 될 것이다). 그러나 "논쟁의 여지가 많은 자료"를 대출하고자 하는 이용자들이 폐가제일 때보다는 개가제에서 훨씬 자유로움을 느낄 것이라는 가정은 합리적으로 보인다. 만약에 그러한 가정이 진실이라면, 다음과 같은 자료를 대출하고자 하는 사람들은 주변의 의혹의 눈초리로부터 확실히 벗어날 수 있을 것이다: 즉, 섹스나 질병에 대한 자료를 대출하고자 하는 사람, 다니엘 스틸(Danielle Steele)의 책을 대출하고자 하는 영문학과 교수,[14] 이혼에 대한 책을 대출하고자 하는 "행복한 부부," 힙합 레코드를 빌리고자 하는 음악적 속물 등. 이처럼 자동대출시스템은 대출절차를 간소화하기 위해서 발명되었지만, 도서관에서의 프라이버시 권리를 증진하는데 크게 기여하였다.

## 2) 프라이버시와 전자자료

앞서 나는 전자자원에 대한 접근에 있어서 집단 혹은 계층적 차이는 심각한 문제임을 지적한 바 있다. 이와 관련하여 워비(Elisabeth Werby)의 이야기를 참조해 보자:

> 모든 미국인들이 기술적 혁명으로부터 혜택을 받는 것은 아니다. 정말이지 인터넷은 "미국인들의 삶에 있어 양극화가 심화되고 있음을 보여주는 면면들의 하나이다." ... 인터넷으로부터 가장 동떨어져 있는 미국인들 중에는 시골의 빈민층, 편부모 가정, 여성이 가장인 가정, 그리고 소년소녀가장 등이 있다.[15]

"정보격차(digital divide)"에 대한 통계는 조사기관에 따라 다양하지만, 그러한 "격차"가 존재하고 있음을 부정하는 사람은 아무도 없다.

---

14) 미국의 유명한 성서학자이자 보스턴대학 신학과 교수로 성결주의에 대한 많은 저서를 출간하였다 (역자 註).
15) Elisabeth Werby, "The Cyber Library: Legal and Policy Issues Facing Public Libraries in the High-Tech Age" (National Coalition Against Censorship), www.ncac.org/cyberlibrary.html

공공도서관은 정보자원에 대한 자유로운 접근과 접근법에 대한 안내를 통해서 그러한 격차를 보상해야 하는 위치에 있다(대학도서관, 특히, 사회적 소수자들이 다수를 점하는 지역에 위치한 주립대학의 도서관도 마찬가지이다). 이는 프라이버시와 비밀보장은 도서관으로서는 좋고 싫음을 떠나서 회피할 수 없는 중요한 문제임을 의미한다. 우리는 인터넷이 모든 자료에 대한 접근을 제공한다고 믿기 때문에 도서관 이용자들에게 인터넷 접속 서비스를 제공한다. 이 특별한 사례가 중요한 까닭은 현대인의 삶에 있어서 필수적인 부분에 대한 접근을 제공하고 있기 때문이다. 만약 우리가 지금 컴퓨터 조작 능력이 매우 존중되고 그로 인해 보상받는 사회에 살고 있다면, 나아가, 우리의 서비스가 없다면 인터넷 사각지대에 놓여 있을 사람들에게 우리가 지금 서비스를 제공하고 있는 것이라면, 우리는 그러한 서비스로부터 발생하는 많은 결과에 대처해 나가야만 할 것이다. 도서관에서 제공하는 인터넷 서비스에는 프라이버시의 권리, 지적자유의 권리, 부모의 권리를 비롯하여 도서관이 능동적으로 대처해야 할 많은 문제들이 연관되어 있다.

도서관에는 프라이버시와 연관하여 오래 전부터 많은 문제들이 있어 왔지만, 전자자원과 컴퓨터 시스템의 등장과 함께 "이용자의 비밀보장을 위한 투쟁"이라는 새로운 차원의 문제가 추가되었다. 현재의 도서관 환경에서는, 원한다면 누구나 온라인 저널의 사용을 감시할 수 있으며, 누가 어떤 웹페이지에 접속하였는지 찾아낼 수 있으며, 방문한 사이트나 참고한 자료에 대한 정보를 축적하는 "쿠키(cookie)"를 설치할 수 있으며,[16] 그 밖의 무수히 많은 것들을 할 수 있다. 여기서 잠시 1999년 8월 25일자 *USA Today*誌에 실린 기사의 내용을 인용해 보자:

---

16) 사용자가 네트워크나 인터넷을 사용할 때마다 중앙 서버에 보내지는 데이터 파일 (역자 註).

캘리포니아 팔로알토(Palo Alto, California). 온라인 서점인 Amazon.com이 새롭게 도입한 "흥미로운" 프라이버시 감시견 기능(watchdogs)은 인터넷을 사용하는 사람이라면 누구나 미국의 회사에서 근무하는 직원들이 어떤 책, 비디오, CD를 구입하는지 찾아낼 수 있도록 허용하고 있다.

그렇다고 해서, 후일 Amazon.com에서 책이나 비디오를 주문하기 위해 당신이 입력한 이름과 주소를 비롯한 개인 데이터가 어떤 목적으로 사용되게 될지 몰라서 전전긍긍할 필요는 없다. 사실이지, Amazon.com이 도입한 새로운 기능이 그렇게 해로워 보이지는 않는다. 다만, 그 기능이 회사의 판매를 최대화하기 위해서 고객들에 대한 방대한 양의 데이터를 축적하고 있다는 사실에 문제가 있다(가령, 나는 Amazon.com으로부터 내가 전에 구입했던 자료들과 유사한 자료들에 대한 구입안내 메시지를 정규적으로 받고 있다). 결과적으로, 영업을 위해 그처럼 방대한 양의 개인 데이터를 축적하는 행위는 개인의 프라이버시에 대한 중대한 침해인 것이다.

프라이버시에 대한 침해는 종종 좋은 의도와 함께 발생하지만, 사람들은 그러한 좋은 의도의 결과가 어떠한지에 대해 잘 알고 있다. 지금과 같은 전자시대에 도서관 이용자와 도서관은 프라이버시의 침해를 완화하기 위해서 함께 노력해야 하며, 특히, 전자자원의 사용에 관한 개인적인 데이터가 다른 사람에 의해 염탐되거나 사악한 목적에 쓰이게 될 가능성을 항상 경계하여야 한다. 밀러(William Miller)는 *Sun Microsystems*의 회장이 말했던 "당신의 프라이버시는 이미 존재하지 않는다"는 문구를 즐겨 인용한다. 이 문구는 구석구석에 스며들어 있는 테크놀로지의 해악에 대한 숨이 막힐 만큼 솔직한 인정이자, 현대의 악덕 기업가들에 대한 냉철한 지적을 담고 있다.[17] 그 회장의 말이 사실이라

---

17) *Library Issues: Briefings for Faculty and Administrators* 19, no.5 (May 1999): [4].

면, 우리는 적어도 우리가 종사하고 있는 영역에서만이라도 개인의 비밀을 보장하기 위해 더욱 노력해야 한다. 사서의 의무에 충실하고자 한다면, 프라이버시의 훼손을 결단코 용납하지 말아야 하며, 프라이버시에 관한 원칙을 명확히 밝히고 관련 정책을 수립하여 실천에 옮김으로써 개인의 프라이버시를 보호하기 위해 최선을 다해야 한다. 우리는 또한, 급변하는 기술적 환경에서 모든 유형의 도서관 이용에 적용될 수 있을 정도의 유연성을 가진, 구체적인 프라이버시 규정을 개발할 필요가 있다.

## 프라이버시의 실천

ALA에서는 그들이 제정한 도서관권리헌장(Library Bill of Rights)을 설명하기 위한 목적에서 "해설서"를 발간하였다. 그 해설서는 광의의 용어로 프라이버시 문제를 다루고 있는데, 관련 이슈에 대한 전반적인 소개에 더해 도서관정책의 윤리적 틀을 제시하고 있다. 그러나 그 해설서에는 프라이버시 관련 이슈에 대처하는 구체적인 실무 방안은 제시되어 있지 않다.[18] 구체적으로, 그 해설서는 "도서관 이용자들은 비밀보장의 권리와 프라이버시의 권리를 갖는다"고 기술하면서, 도서관은 도서관 이용자들에게 "기술적 어려움으로 인해 이용자들이 사용하는 전자정보에 대한 보안을 유지하는 것이 어려우며, 그로 인해 이용자의 프라이버시 권리가 침해될 수도 있다는 점을 조언해야 한나"고만 설명하고 있다. 이처럼, 그 해설서는 프라이버시에 관한 정책을 구체적으로 수립하고자 하는 도서관들에게 별로 도움이 되지 않는다. 그 해설서가 일선의 도서관을 위해 유용하게 쓰일 수 있으려면, 다음과 같은 "정책의 개념적 기반"을 제공하여야 한다:

- 도서관의 프라이버시 정책은 도서관이 서비스를 제공하는 커뮤니티의 요구와 도서관이 처해있는 업무환경에 기초하여 추진되어야 한다.
- 도서관 이용자들은 비밀보장과 프라이버시의 권리를 가지고 있다.
- 그러한 권리는 성인들뿐만 아니라 미성년자들에게도 적용된다.

이 중에서 특히 마지막 문구는 여과장치에 대한 ALA의 입장을 대변한다(즉, 소프트웨어 프로그램을 통해 "바람직하지 않은" 전자자원을 봉쇄하고자 하는 시도에 반대하는 ALA의 입장을 대변한다 - 이에 대한 자세한 내용은 6장을 참조하라). 즉, ALA는 청소년들도 성인들과 동일한 권리를 갖고 있기 때문에, 성인들이 청소년들에게 "해로울" 것으로 보이는 정보에 대한 접근을 제지할 명분이 없다는 입장을 견지하고 있다. 그러나 텍사스의 플라노 공공도서관(Plano Public Library)같은 일부 공공도서관들은 공용 단말기의 대부분에 여과장치를 설치하고 "여과장치가 없는" 일부 단말기는 성인이나 부모를 동반한 청소년만이 사용하도록 함으로써 "절대로 해서는 안 되는 일"을 시도해왔다.[19] 이용자에게 자신의 정체를 밝히도록 강제하거나 전자자원의 접근을 위해 일부 단말기만을 사용하게 하는 조치는 프라이버시에 대한 심각한 침해인 것이다.

ALA의 원칙에 의거하여 프라이버시 정책을 수립하고자 하는 도서관들이 따라야 할 첫 번째 단계는 프라이버시에 있어 핵심이 되는 이슈들을 정의하는 작업이다. 본질적으로, 도서관은 다음의 질의에 대해 답변할 준비가 되어 있어야 한다:

---

18) "Access to Electronic Information, Services, and Networks" (American Library Association, 1999), www.ala.org/alaorg/oif/electacc.html
19) *Dallas Morning News* (August 24, 1999).

- 대출기록을 비롯한 도서관의 다른 기록들은 항상 비밀로 관리되는가?
- 매체에 따라 프라이버시 권리가 달라지는가?
- 도서관 이용자의 연령이나 사회적 신분이 프라이버시에 영향을 미치는가?
- 도서관 이용자들은 누구나 감시받지 않고 모든 유형의 정보와 기록된 지식에 접근할 권리를 가지고 있는가?
- 어떠한 상황에서 프라이버시 권리는 축소될 수 있는가?
- 프라이버시를 보장하기 위해서 도서관이 취할 수 있는 조치의 한계는 어디인가?

지금부터 이러한 질의에 대해 하나하나씩 구체적이고 실질적인 사례를 제시하면서 답변과 함께 설명하고자 한다.

질의: 법을 집행하는 관리는 도서관의 대출기록에 접근할 수 있는가?

답변: 법원의 소환장(증거 자료로서)을 가지고 있을 때만 접근할 수 있다.

질의: 책의 대출습관에 관한 프라이버시 권리가 인터넷의 사용습관까지 확대되는가?

답변: 그렇다. 자동적으로 추적된 사용 기록은 반드시 삭제하거나 취합함으로써 개인적인 사용에 대한 세부 기록은 완전히 제거되어야 한다. 그러나 개인의 이용 패턴에 대한 데이터는 지워질지라도, 계층이나 집단(어린이, 대학원생 등)에 따른 이용 통계를 분석하기 위해서 도서관의 이용 기록을 취합하는 것은 용납할 수 있으며, 심지어 추천할 만하다.

질의: 부모는 도서관에서 그들의 자녀들이 무엇을 읽거나 보는지 알 권리를 가지는가? 대학교수는 그녀가 예약서가에 비치해 놓은 자료를 어떤 학생들이 대출해 갔는지 알 권리를 가지는가?

답변: 첫째 질의는 까다롭다. 그러나 자녀가 무엇을 읽고 있는지 알 권리를 가진 부모라 할지라도 그에 대해 알아보기 위해서 도서관 기록에 접근할 권리는 없다. 도서관은 어린이의 보호자도 아니요 감시자도 아니다. 따라서 부모가 자녀의 독서습관에 대해 알고자 한다면 상호 존중하는 분위기에서 직접 확인하여야 한다. 두 번째 질의에 답변은 간단하다. 그렇지 않다 (즉, 대학교수는 그럴 권리가 없다).

질의: 도서관 이용자라면 누구나 어떠한 자료나 자원(격리되어 보관중인 장서나 인터넷 단말기를 포함하여)이라도 감독받지 않고 비밀리에 이용할 수 있는가?

답변: 도서관은 종종 "논쟁의 여지가 큰" 자료는 안전을 이유로 하여(도덕성을 이유로 하는 것은 절대로 안 된다) 도서관에서 감독할 수 있는 별도의 장소에 따로 보관한다. 그러한 자료에 대한 접근은 가능한 모든 이용자들에게 자유롭게 허락되어야 한다. 가령, 인터넷의 이용을 감시할 수 있는 유일한 근거는 단말기에 대한 수요가 공급을 초과하여 이용시간을 제한하여야 하는 경우뿐이다.

질의: 어린이도서관이나 학교도서관에서 독서경진대회를 개최한다면, 입상한 청소년들이 읽은 책들의 목록을 출판할 수 있는가?

답변: 입상자들의 동의가 있는 경우에 한하여 그러하다. 이 사례는, 설령 선의의 목적이나 의도가 있더라도, 도서관과 이용자들

사이의 비밀보장 협약을 위반하는 행위를 하려면 반드시 상호간의 합의가 전제되어야 한다는 사실을 여실히 보여준다.

질의: 도서관은 인터넷 이용자가 도서관 단말기를 통해서 보고 있는 것을 혼자서만 볼 수 있도록 보호하기 위해서 칸막이나 스크린 혹은 유사한 장비나 가구를(설령 많은 비용이 들더라도) 설치하여야 하는가?

답변: 그렇다. 도서관 이용자는 다른 사람들이 모르게 하면서 어떤 책이라도 읽을 수 있는 것처럼, 도서관 이용자의 인터넷 사용에 관한 프라이버시를 보호하기 위해서 도서관에는 합리적인 시설이 마련되어야 한다.

프라이버시에 관한 도서관의 계획을 수립하고자 할 때는 원칙과 경험의 조합에 기초하는 것이 필요하다. 여기서 원칙이란 자연법에 근거한 프라이버시의 권리를 말하며, 경험이란 변화하는 다양한 환경에서 원칙을 밝혀내고 전형화한 사례연구들을 일컫는다. 도서관 기록에 대한 접근을 처벌하기 위한 법적 조치는 그러한 원칙과 경험이 균형을 이룬 전형적인 사례에 해당한다. 이때의 원칙은 도서관(이용) 기록은 엄격한 비밀이라는 것이며, 경험과 사회적 대의를 통해 우리는 오직 소환장과 같은 공적이며 합법적인 수단에 의해서만 비밀보장의 원칙이 유보될 수 있다는 점을 알게 된다. 몇 년 전, 연방수사국(FBI)의 수사관들이 미국에서 활동하고 있는 타국 출신 과학자들의 독서습관을 탐문하고자 대학도서관 사서들을 심문한 적이 있었다. 매우 적절하게도, 사서들은 번쩍거리는 수사관들의 배지에 위압당하지 않았으며, 거의 모든 심문 과정에서 수사 행위의 합법성을 입증할 수단이 없음을 근거로 하여 수사관들의 탐문에 대한 답변을 거절한 바 있다.

앞서 사례로 제시했던 여러 질의와 답변을 통해 알 수 있듯이, 오늘날 프라이버시와 비밀보장 문제는 매우 복잡한 양상을 띠고 있다. 우리가 거주하는 환경은 다양한 법률과 규정, 그리고 규제 기관들과 민간 사무실들로 복잡하게 얽혀 있다. 그렇다 보니 도서관과 도서관에서 근무하는 모든 사람들은 프라이버시 권리와 그 권리를 확실히 보장할 수 있는 정책에 더욱 관심을 기울어야 한다. 도서관에 대한 전자 테크놀로지의 영향이 우리가 지금 경험하고 있는 것처럼 크지 않았던 시절에는, 프라이버시와 도서관의 기록 및 개인적 데이터에 대한 비밀을 보장하는 것은 상대적으로 간단한 일이었다. 그러나 우리가 살고 있는 세상에서는 "온라인화"를 둘러싼 많은 논쟁들이 "뜨겁게" 진행 중이며, 그러한 논쟁들은 상이한 정치적 그리고 종교적 견해들에 의해 영향을 받고 있다. 이렇듯 복잡한 상황에서, 도서관과 도서관 이용자들 사이의 신뢰의 고리로서 프라이버시의 보호 책무를 지속적으로 이행하려면, 우리의 현행 프라이버시 규정을 개선할 필요가 있다. 도서관과 이용자들 사이의 신뢰의 고리는 매우 값진 것이며, 그 고리를 유지하기 위해 우리는 최선을 다해야 한다. 테크놀로지의 맹렬한 공격에 직면해 있는 오늘날의 상황에서 인간의 가치와 신뢰를 지켜내는 일은 그 어느 것보다 중요하며, 그러한 노력을 통해서, 우리는 항상 도서관 이용자의 편에 서 있으며 이용자의 프라이버시 권리를 지지하고 있음을 세상에 드러내 보일 수 있을 것이다.

# 민주주의

## 민주주의란 무엇인가?

민주주의는 본질적으로 사회적 평등을 의미한다. 민주주의라는 단어는 "민중(the people)"과 "통치(rule)"라는 의미를 가진 두 개의 고대 그리스어에서 유래한다. 민주주의는 우리에게 너무도 친숙하여 그 의미를 구체적으로 분석하고자 하는 경우는 거의 없다. 민주주의는 거의 모든 사람들 마음에 깊이 뿌리를 내리고 있기 때문에 그 보편적 적용성에 대해 의문을 갖는 것 자체가 이단으로 취급될 정도이다. "민중에 의한 통치"라는 발상은 매우 매력적이기에 심지어 비민주적인 정권에서 조차도 민주주의라는 단어를 종종 도용하곤 한다. 독재국가들이 "인민민주주의 X"라고 자칭하는 데는 그들 나름대로 이유가 있다. 그러한 입에 발린 명칭을 사용함으로써 그들이 마치 "민중에 의해 통치되는" 국가인양 포장하는 것이다.

일단 민주주의라는 아이디어를 수용하고 나면 다음과 같은 질문들이 이어지기 마련이다: 국가를 통치하는 민중이란 누구인가? 그리고 민중은 국가를 어떻게 통치하는가? 첫 번째 질문에 대한 답변은 겉보기처럼 그렇게 간단하지 않다. 민주주의 체제에서(국가를) 통치하는 "민중"을 "모든 사람"으로 규정한 것은 비교적 최근이었다. 그 이전에 "민중"은 성별, 민족, 종교 등에 따라 구별되는 특정 집단을 지칭하는 경우가 빈번하였다. 가령, 고대 그리스인들이 민주주의라는 단어와 개념을 만들어 냈을 때, 그들에게 있어 "민중(demos)"은 소수의 남성 지주들을 의미하였다.

 두 번째 질문인 "어떻게 통치하느냐"에 대해 살펴보자. 정치적 맥락에서 볼 때, 통치의 방식은 직접적일 수도 있고 간접적일 수도 있다. 직접적 방식은 절대적 민주주의를 말하며, 모든 사람이 공공 영역에서의 모든 정책과제를 투표로 결정하는 방식이다. 철학적으로는 무정부주의라 할 수 있다. 이에 비해, 간접적 방식은 대의제 민주주의를 말하며, 대표를 선출하여 그들로 하여금 국가를 통치하게 하는 방식이다. 오늘날처럼 복잡한 세상에서는 간접적 민주주의가 직접적 민주주의보다 실용적이지만, 간접적 민주주의가 성공하려면 시민들이 사회적 혹은 정치적 이슈에 대해 명확하게 인지할 수 있도록 관련 정보를 안정적으로 유통시키는 노력이 반드시 따라야 한다. 민주주의는 정치 영역이외에도, 사회정의, 개인의 존엄성, 평등주의, 다른 사상에 대한 존중 등, 다양한 영역에서의 가치를 드러낸다. 특히, 도서관에 있어서 민주주의란 도서관의 모든 활동과 프로그램이 이루어지는 맥락이자 핵심적인 가치이다. 도서관은 민주주의를 위해 봉사하며, 민주주의가 실천되고 있음을 보여주는 살아있는 표본이다.

## 1) 민주주의는 미국의 발상?

유니테리안[1] 목사이자 저명한 노예제 폐지론자인 파커(Theodore Parker)는 민주주의는 "미국의 발상"이라고 주장하였다.[2] 이러한 파커의 주장에 대해, 일부 비평가들은 미국에 앞서 민중혁명을 일으켰던 프랑스와 영국의 역할을 폄하하는 것이라고 비난한다. 물론, 21세기가 시작되는 현 시점에서 볼 때, 미국보다 훨씬 더 발전된 형태의 민주주의를 실행하고 있는 국가들이 있을 수 있다. 그러나 그 모든 것이 어떻든 간에, 미국이 어떤 다른 국가들보다도 오랜 기간 민주주의의 발전을 위해 헌신해 왔으며, 민주주의적 가치와 이상을 지속적으로 강화하고자 노력하는 가운데 남다른 어려움을 겪어 왔다는 사실만큼은 비평가들조차 인정할 것이다.

## 2) 민주주의의 모순

철학자들은 민주주의는 실체가 아닌 理想이며, 민주주의의 이상에는 모순이 내재한다는 것을 잘 알고 있다.[3] 민주주의가 갖는 내적 모순을 이해하게 될 때 비로소 "도서관은 민주주의의 열쇠다"와 같은 문장의 의미를 파악할 수 있게 된다. 어떠한 이상이 실질적으로 구현되려면, 그 이상의 저변에 깔려있는 기본 전제를 정확하게 이해하여야 한다. 민주주의의 이상과 관련하여 수학자들과 경제학자들이 지적하는 모순 중의 하나는, 민주주의 집단에서는 개인들의 선호를 모두 합하면 집단의 선호가 될 수도 있고 아닐 수도 있다는 점이다. 즉, 민주주의에 기반한

---

1) 유니테리안(Unitarian)은 삼위일체론을 부정하고 신격의 단일성을 주장하는 기독교의 한 파이다 (역자 註).
2) 1850년 보스턴에서 개최된 반노예제 대회에 행한 연설.
3) MBO는 Management by Objectives의 약자로 목표관리제를 뜻하며, TQM은 Total Quality Management의 약자로 총체적 품질관리를 의미한다 (역자 註).

집단에서는 다수의 선호가 집단의 선호와 반드시 일치하지 않을 수도 있다는 것이다.[4] 민주주의의 이상과 관련하여 드러나는 또 하나의 모순은, 민주주의에서는 개인의 사리사욕으로 인하여 사회 구성원들이 사회적 대의를 희구하지 못하거나 심지어 사회적 대의의 의미조차 이해하지 못할 수 있다는 점이다. 민주주의의 이상을 아무리 철저하게 분석해 보아도, 우리는 결국 다음과 같은 "그릇된" 논평에 이르게 된다:

> 누구도 민주주의를 완벽하거나 가장 현명한 것으로 간주하지 않는다. 사실이지 민주주의는, 때때로 시도되어온 형편없는 것들을 제외하면, 최악의 정부형태로 일컬어져 왔다.[5]

그렇다면 여기서 잠시, 민주주의를 제외한 다른 형태의 통치구조, 즉, 전체주의, 독재주의, 금권정치, 절대왕조, 그리고 엘리트주의 등에 대해 생각해보자. 대부분의 사람들은 극소수의 권력자가 다수의 민중을 지배하는 통치구조 보다는, 비록 완전하지 않을지라도, 민주주의에 만족하고자 할 것이다. 한편, 통치구조 스펙트럼의 다른 쪽 끝에는 무정부주의와 허무주의가 자리하고 있지만, 이 두 모델 중의 어느 것도 현대 사회에는 적합해 보이지 않는다.

## 민주주의와 도서관의 관계

주지하다시피, 어떤 국가를 막론하고 민주주의의 발전은 정보, 지식, 그리고 교육에 크게 의존한다. 이상적인 모습의 현대사회란 문해와 교

---

[4] "Democracy," in *The Oxford Companion to Philosophy*, ed. Ted Honderich (Oxford; New York: Oxford University Press, 1995).
[5] 가령, 민중의 다수는 세금의 감축을 위해 투표하고 나서, 세금의 감축으로 인해 사회적 서비스가 중단되면 그때 비로소 한탄을 한다.

육이 대중화된 상태에서 사회구성원들이 모든 공공정책의 수립 과정에 참여하기 위해 지식과 정보자원에 자유롭게 접근할 수 있는 사회를 일컫는다. 미국을 비롯한 선진국들은 민주주의의 그러한 이상을 구현하는데 필요한 메커니즘을 갖추고 있다. 즉, 문맹률이 매우 낮으며, 정보 채널이 다양하고, 교육이 포괄적으로 이루어지고 있다. 여기서 문제는 그러한 메커니즘이 이상적인 모습과는 동떨어진 결과를 낳고 있다는데 있다. 안타깝고 역설적이게도 미국의 민주주의는 이론적으로 이상적인 단계에 도달했을 때(즉, 성별이나 인종에 관계없이 모든 성인들에게 참정권이 부여되었을 때) 오히려 위기에 처하게 되었다. 그것은 정치적 상황을 잘 모르고, 정치가들에게 쉽게 이용당하며, 매사에 관심이 없는 유권자들이 미국 사회에서 지속적으로 증가해 왔기 때문이다. 선거용 정치구호, 정치적인 무관심, 그리고 정부에 대한 근거 없는 비판이 넘쳐나는 사회 분위기에서, 오래 전에 혁명가들, 여성운동가들, 그리고 소수민족 지도자들에 의해 쟁취되었던 개인적 권리들이 점차 약화되고 있다. 이러한 현대 사회의 질병을 치료하는데 있어서 도서관은 중요한 처방이 된다. 도서관은 교육과정의 필수 요소이자 인류기록의 저장소로서 민주주의의 발전을 위한 중요한 장치이다. 합리적인 내용을 담고 있는 문헌은 텔레비전에 의한 중독을 막아주는 해독제이다. 도서관의 담론과 실무에 스며있는 모든 가치와 사상은 민주주의에 기초한다. 즉, 지적 자유, 공동의 선, 평등한 서비스, 인류기록의 보존과 전달, 지식과 정보에 대한 자유로운 접근, 차별에 대한 반대 등은 민주적인 가치와 사상을 대변한다. 민주주의자가 아닌 사서의 모습을 상상한다는 것은 거의 불가능하다. 도서관은 민수주의의 토양에서 성장하고 번성해 왔으며, 사서의 운명은 민주주의의 운명과 불가분의 관계를 맺어 왔다.

## 민주적인 도서관

우리는 민주주의라는 환경을 계승함은 물론이고 도서관의 내부에서도 민주주의를 실천해야 하는 책임을 지니고 있다. 즉, 모든 도서관은 도서관에서 근무하는 모든 사람의 권리와 자존감을 존중하면서 민주적인 방식으로 조직되고 경영되어야 한다. 경영에 관한 "문헌"은 따분할 정도로 방대하며, 경영에 대한 이론은 무상할 정도로 많다. 나는 미국의 대학들이 앞다투어 빠져드는 경영학적 유행에 대해 정말이지 역겨움을 느끼고 있다. MBO나 TQM과 같은 경영학적 유행[6]과 관련하여 한 가지 분명한 사실은, 그러한 경영기법들은 지난 수십 년 동안의 실천을 통해 도서관에서는 이미 상식이 되어버린 가치와 발상에 불과하다는 점이다. 일견 달라 보이는 올해의 경영학적 유행어들도 실제로는 협력, 인내, 참여, 상호존중, 혁신의 고무, 다양성의 장려 등과 같이 과거에 사용했던 용어들의 재탕에 불과함을 깨닫게 될 때는 정말이지 짜증이 난다. 그러한 유행어들은, 과거 나와 함께 일하던 동료가 "응용 페미니즘"[7]이라고 칭하던 것과 유사한데, 즉, 민주적으로 운영되어 온 우리 도서관들에서 뚜렷하게 드러나는 여러 덕목들을 합쳐놓은 것에 불과하다.

## 민주주의의 실천

### 1) 민주주의의 필수 요소인 도서관

도서관장서는 인류의 기억들이 모아져서 구성된다. 기억력이 없는 인간이 정상적인 삶을 영위할 수 없듯이, 기억 장치가 없는 사회 또한 정

---
6) Winston Churchill, Speech in the House of Commons, November 11, 1947.
7) 남녀평등주의가 실천적으로 구현되고 있음을 의미한다 (역자 註).

상적으로 기능할 수 없다. 많은 사람들이 이야기해 왔던 것처럼, 많이 알고 많이 배운 시민의 존재가 민주주의를 위해 필수적이듯이 도서관이 제공하는 인류의 집단적 기억은 학교의 강의, 일대일 교육, 그리고 여타 효과적인 교육 요소들만큼이나 민주주의를 위해서 필수적이다. 더욱이, 평생학습의 핵심적인 요소인 도서관은 정규 교육과정에 있는 사람들은 물론이고 일반 시민들을 위해서도 교육기관으로서의 역할을 담당하고 있다. 비민주적인 사람들이나 집단들이 출판물에 대한 검열을 시도하려고 하고, 도서관의 소장 유무를 떠나 그러한 자료들을 통제하려고 하는 데는 다 이유가 있다. 그 이유는 "생각의 힘" 때문이다. 소설 1984에서부터 화씨 451도를 거쳐 전체주의적 미래사회를 주제로 한 최근의 책이나 영화에 이르기까지 그들의 내용을 관통하는 공통점은 검열을 사람들을 통제하기 위한 핵심 도구로 삼고 있다는 것이다. 근자에 러시아에서 벌어지고 있는 일들은 이러한 특징을 잘 보여준다. 언론과 표현의 자유는, 절대 군주들과 공산당 정치위원들의 수세기에 걸친 압제에서 벗어나 민주주의를 향해 비틀거리며 가고 있는 현단계 러시아의 모습을 특징적으로 보여준다. 언론과 표현의 자유는 탄압의 시대에 어스레한 러시아 사회를 밝혀주던 몇 개 안되는 등불 중의 하나였다. 지금부터 몇십 년이 흘러서 러시아의 암울한 경제 문제와 사회 문제들이 해결될 때까지, 언론과 표현의 자유는 러시아 사회를 지속적으로 비추는 등불이 될 것이다. 만약 그렇지 못하다면, 러시아의 민주주의는 비틀거리다가 종국에는 완전히 실패로 끝나고 말 것이다. 문해력이 중요한 것은 물론이지만, 자유로운 표현이 가능해지고, 자유롭게 표현한 것을 널리 보급하고, 활용하고, 보존할 수 있는 환경이 보장될 때, 비로소 문해력은 효과적으로 사용될 수 있는 도구가 된다. 러시아는 과거 수십 년 동안 높은 수준의 문해력과 대중교육을 유지해 왔지만, 러시아에서 검열이 완전히 종식되고 모든 생각을 자유롭게 표현하는 것이 가능해 진 것은 바로 지난 십년동안이었다. 1990년대에 러시아에서 도서관의 이용이 급증한 데는 다양한 이유가 있을 것이다.[8] 그러나 민주주의를 향한 전진과 모든 의견에 자유롭게 접근하고자 했던 러시아 시민들의 노력이 도서관 이용의 급속한 증가로 이어졌음은 분명해 보인다.

## 2) 지식이 풍부한 시민들

현대 정치와 선거의 본질로 인해, 일반 시민들이 각종 사안에 대해 숙지하고 풍부한 지식에 근거하여 결론을 내리기가 점차 어려워지고 있다. 미국의 대부분의 주에서 행해지는 텔레비전을 통한 정치적 광고와 캠페인은 공평하고 객관적인 정보를 담고 있지 않는 경우가 매우 많다. 이미지와 그럴듯한 의견제시에 근거하는 선거용 혹은 공공정책용 캠페인은 겉으로 보기엔 명쾌하지만 그 내용은 사실상 매우 기만적이다. 그들은 실재하지 않는 사물이나 사람을 내세우면서, 이성보다는 감성에, 생각보다는 느낌에 호소한다. 이러한 유형의 광고나 캠페인이 현단계 미국 민주주의를 고통스럽게 만드는 유일하면서 중요한 원인이라고 비난하는 것은 상대적으로 쉬운 일이다. 비난은 쉽지만, 비난에 그치는 것은 잘못이다. 캠페인을 정직하게 진행하고자 하는 상담자나 광고주라면 당신에게 "당신이 대중에게 팔고자 하는 것의 핵심"에는 반드시 참된 내용물이 들어 있어야 한다고 충고할 것이다. 정직한 상담자나 광고주라면 또한, 아무리 후보자가 열심히 뛰고 자신의 공약을 선전하더라도 이미지와 실제 모습 사이에 일치하는 면이 조금이라도 없다면 그 후보자나 공약은 실패할 가능성이 크다고 충고할 것이다. 그러나 진짜 위험은 텔레비전을 통해 방영된 이미지와 공약이 노리고 있는 "맥락"

---

[8] Evgeny Kuzmin, "From Totalitarianism to Democracy: Russian Libraries in Transition," *American Libraries* 24, no.6 (June 1993): 568-570.

에 놓여 있다. 그러한 허무맹랑한 이미지와 공약이 받아들여지는 것은 많은 시청자들(즉, 시민들)이 무지한 상태에 놓여 있기 때문이다. 정치적 이슈에 대한 이해가 부족한 시민들이나 정치적 이슈를 보다 넓은 사회적 관점에서 이해할 수 없는 시민들은 상업적 광고에서와 마찬가지로 정치적 광고에 있어서도 손쉬운 먹이가 된다.

## 3) 무지에 대항하는 도서관

도서관은 어린이로부터 노인에 이르는 모든 사람들이 유용한 정보와 지식을 구하거나 평가하고자 할 때 도움을 줄 뿐만 아니라 그들에게 신뢰할만한 정보와 지식을 직접 제공하기도 한다. 요점만 말하자면, 도서관과 도서관 자료에 대한 접근 권리를 가진 미국 시민이라면 어떠한 공공정책에 관해서라도 무지한 상태로 남아있을 이유가 없다. 문제는 그들이 도서관을 거의 혹은 전혀 이용하지 않는다는데 있다. 특히, 특정 문제에 관한 지식을 얻거나 진실을 알고자 하는 사람들이 도서관의 폭넓은 자료를 참조하는 대신에 인터넷을 사용하려고 하는데서 문제는 심각해진다. 물론 인터넷은 인터넷에 접속할 수 있는 능력을 가진 사람들에게(기껏해야 전체 인구의 50%에 불과하지만) 많은 수의 신문이나 잡지를 읽을 수 있는 기회를 제공하며, 인터넷에서 신문이나 잡지를 읽음으로써 사람들은 공공 정책적 이슈에 대한 다양한 관점을 이해할 수 있게 된다. 인터넷의 신문이나 잡지의 대부분은 그들의 인쇄본과 동일하기 때문에 수록된 기사의 내용은 신뢰할 만하다(그렇다고 해서 전자 형태의 기사를 읽는 것이 인쇄본 기사를 읽는 것만큼 수월하다는 의미는 아니다). 그러나 독자가 신문이나 잡지를 떠나서 인터넷의 늪에 빠져들게 되는 순간, 전체 그림은 순식간에 바뀌게 된다. 만약 어떤 사람이 인터넷에서 신문이나 잡지 이외의 품질이 우수한 다른 자료를 찾기 위해서 자신의 탐색능력에 전적으로 의지하려 든다면, 그 사람이 얻게 되는 지식은 온종일 텔레비전의 광고만을 바라보는 사람이 얻게 되는 지식과 크게 다르지 않을 것이다.

## 4) 민주주의의 고취를 위해

도서관이 무지에 대항하기 위한 전투를 치르려면, 무엇보다도 시민들로 하여금 도서관을 이용하도록 만들어야 하며, 도서관이 민주적 아이디어의 저장소이자 민주주의를 작동하게 하는 중심지라는 사실을 시민들이 깨닫게 만들어야 한다. 그동안 정책의 수립 과정에서 수동적인 태도를 취했던 많은 도서관들이 시간이 흐르면서 점차 능동적인 모습으로 변하고 있다. 그렇다고 해서 도서관들이 정치적으로 편을 가르는 일에 나선다는 의미가 아니다. 시민들에게 필요한 정보와 기록된 지식을 제공함으로써 공공정책에 대해 제대로 알도록 독려하는 일에 적극성을 띠기 시작했다는 이야기이다. "도시의 유익한 장소"로서의 도서관(이에 대해서는 3장을 참조하라)은 수많은 아이디어들이 글의 형태로 뿐만 아니라 대화의 모습을 띠고 교환되는 토론의 광장(즉, 포럼)이다. 도서관에서 대화를 통한 아이디어의 교환은 여러 형태를 취할 수 있다. 가령, 시민들이 주도하는 국가과제포럼(National Issues Forum, 이하 NIF)은 매우 좋은 사례이다.[9] NIF는 시민들의 정치참여 독려를 공개적인 목적으로 삼으면서, 공공정책에 대한 포럼을 조직하고 주도하는 초당파적 프로그램이다. NIF 모임은 종교단체, 교육기관, 그리고 시민단체 등과 같은 다수의 기관이나 단체들에 의해 후원되고 있다. 그러한 후원자 중에는 다양한 관종의 도서관들이 100개도 넘게 포함되어 있

---

9) Jim Castelli, "The National Issues Forums: Promoting Democracy in Libraries," *American Libraries* 23, no.6 (June 1992): 510-512.

다. NIF가 주도하는 "마을회관" 토론모임에서는 청소년 범죄, 환경문제, 인종관계 등 다양한 논제들에 대한 논의가 이루어진다. 토론모임이 열릴 때 마다 참가자들을 대상으로 한 의견타진이 이루어지며, 그 결과는 NIF에 의해 총체적으로 수집되어 출판된다. 일반적으로 토론은 도서관에 비치된 소책자와 기타 자료를 읽고 난 후에 진행된다. 여기서 잠시 1999년에 일리노이(Illinois)주의 레이크카운티 공공도서관(Lake County Public Library)이 NIF 포럼을 주관하면서 만든 공고문의 내용을 참조해 보자:

> 사회자에 의해 주도되는 NIF 포럼에서 참가자들은 국가에 영향을 미치는 현행 이슈들에 관한 그들의 의견을 발표한다. 등록과 함께 참가자들은 NIF 본부에서 발행한 소책자를 받게 되는데, 그 소책자에는 현행 이슈들에 관해 수집된 의견들이 정리되어 있다. 그 소책자에는 또한 사전과 사후 여론조사의 결과가 포함되는데, 그러한 여론조사 자료는 포럼 참가자들에 의해 완성된 후 NIF 본부로 보내져서 지역과 국가 차원의 포럼 지도자들 위한 연간보고서로 발간된다… 이것이 당신의 의견이 여러 사람들에게 알려지는 방법이며, 매달 새로운 주제가 포럼에서 토론된다.

이처럼 도서관은 시민들이 모이는 장소를 제공할 뿐만 아니라 토론에 불을 지피는데 긴요한 정보와 기록된 지식을 제공한다. 토론의 테마가 다양하기 때문에 도서관들은 공공정책독서클럽(*Public Policy Book Club*)과 같은 조직을 후원하기도 한다. 카스텔리(Jim Castelli)는 오클라호마(Oklahoma)주의 톤카와 공공도서관(Tonkawa Public Library)의 관장이 토로했던 다음 말을 종종 인용하곤 한다: "우리 도시관은 NIF 포럼을 개최함으로써 공공정책과 관련하여 유익한 일을 할 뿐만 아니라 도서관의 인지도를 끌어올리고 도서관에 대한 시민의 의식을 제고하고 있다." NIF 토론과 시민들의 협력을 보여주는 훌륭한 사레로는 "시민과 정책: 누가 정책을 이끌어가야 하는가?"라는 포럼이 있다. 이 포럼에서는 캠페인의 재정문제, 정치적 적극성 찾기, 선거참여, 정치적 리더십 등이 논의되었는데, 오하이오(Ohio)주의 쿠야호가 공공도서관(Cuyahoga Public Library)의 후원으로 1993년 6월에 그 도서관에서 개최된 바 있다.10) 모든 관종의 도서관에서는 다양한 방법을 통하여 민주주의를 고취시키고 있다. 가령, 전시회, 강연, 화상회의의 개최, 그리고 독서리스트나 웹사이트의 제공과 같은 다양한 방법을 동원하여 시민들에게 관련 정보를 제공하면서 관련 지식을 갖추도록 독려하고 있다. 미국의 의회도서관은 민주주의 가치를 교육하고 홍보하는 일에 항상 앞장서 왔다.11) 미주리(Missouri)주의 인디펜던스(Independence)에 있는 트루먼(Harry S. Truman) 대통령도서관은 현재 대대적인 보수공사를 하고 있는데, 재개관에 맞추어서 "민주주의의 작동 원리를 연구하는 젊은이를 대상으로 하는 혁신적인 교육과정을" 준비하고 있다.12) 의회도서관이나 대통령도서관만큼 거대하거나 특화된 도서관은 아닐지라도, 우리는 우리가 근무하는 도서관에서 대중이 필요로 하는 공공정책에 관한 정보와 지식을 직접 보급하거나 혹은 그러한 정보나 지식에 대한 접근을 가능하게 만들어줌으로써 우리의 역할을 충실히 수행할 수 있다.

---

10) "Nourishing Democracy," *American Libraries* 24, no.8 (September 1993): 690.
11) John Y. Cole, "Books, Reading, and the Library of Congress in a Changing America," *Libraries and Culture* 33, issue 1 (Winter 1998): 34-40.
12) Bryan Burnes, "Innovative Changes Ahead at the Truman Library," *Kansas City Star*, September 16, 1999, p.11.

## 5) 정보정책

전자자원이 현대 생활에서 차지하는 비중이 커지면서 "정보정책"에 대한 시민들의 요구가 표출되기 시작하였다. 그러한 요구는 민주주의의 가치가 영원히 지속되도록 하려면 정부가 나서서 정보, 특히, 전자 정보의 유통과 사용을 관장하기 위한 정책을 수립하여야 한다는 생각에 기본하고 있다. 인쇄본 형태의 출판물이 갖는 고정성과 정통성은 우리로 하여금 정보정책과 같은 새로운 정책의 필요성을 느끼게 하지 않을 뿐만 아니라 출판물의 유통과 사용 과정에서 있을지 모르는 정부의 간섭과 통제에 대해서도 걱정하지 않게 한다. 故애킨슨(Hugh Atkinson)은 미국이 한때 폭력선동의 방지를 구실로 하여 "The Sedition Act"라는 보안법 성격의 정보정책을 시행한 적이 있음을 신랄하게 비판한 적이 있다.[13] 그의 비판의 핵심은, 유익한 목적을 위해 발간된 혹은 유통된 것을 정부가 통제하도록 허용하는 제도적 장치는 결국에는 검열과 같은 반민주적인 목적을 위해서도 사용될 수 있다는데 있었다. 이처럼 뚜렷하고 현실적인 위험성이 잠재해 있는데도 불구하고, 심지어 선의의 사람들조차도 프라이버시, 공평한 접근, 안정성 확보, 그리고 지적 자유와 같은 유익한 가치를 보호하기 위한 국가정책의 필요성을 지속적으로 강조해 왔다. 이러한 가치는 분명히 유익하지만(이 책의 여러 곳에서 강조하였듯이), "정보시대"의 등장과 함께 환경이 달라진 것은 틀림없는 사실이다. 그러나 그렇다고 해서, 정부가 직접 나서서 우리가 쓰고 읽는 것을(전자 형태가 되었든 인쇄 형태가 되었든) 통제할 규칙을 만들고 집행하기를 우리는 진정으로 바라고 있는가? 우리 주변에는,

---

13) 1798년에 의회에서 통과된 "The Alien and Sedition Acts"라는 명칭의 법을 지칭하며, 이 법은 아담스(Adams) 대통령에게 적대적인 저작이나 신문을 금지하기 위한 목적으로 제정되었다. 이 법은 제퍼슨(Thomas Jefferson) 대통령이 취임하면서 곧바로 폐기되었다 (역자 註).

그러한 정책은 결국에는 만들어질 것이며, 따라서 그러한 정책의 입안 과정에 참여하는 사서들은 어떻게 해서든 그 직분을 다해야 한다고 생각하는 사람들이 있다.[14] 또한, 다른 한편에는, 그러한 규칙이 필요한 것은 분명하지만, 그 규칙은 정부의 어떠한 개입이나 간섭 없이 인터넷 사용자들이 스스로 만들어가야 한다고 생각하는 사람들도 있다. 심지어 일부에는, 인터넷은 무질서의 천국이며 통제가 불가하기 때문에 그를 통제하기 위한 규칙을 만들거나 강제하는 것 자체가 "유리병에서 번개잡기" 처럼 불가능하다고 생각하는 사람들도 있다. 여기서 독자들을 위해 한 가지 유익한 정보를 제공하고자 한다: 1999년 현재, 세계에서 가장 효과적인 정보정책을 펼치고 있는 국가는 중국으로, 중국에서는 거의 대부분의 국민들에게 인터넷 사용을 금지하고 있으며, 자국에 관련된 대외 방송의 대부분을 효과적으로 통제하고 있다.

우리가 지금 경험하고 있는 모든 변화들이 향후 어떠한 결과로 이어질지 예측해 보자. 아마도 우리는 아주 우연히 다양한 해결책들을 발견하게 될 것이며, 전자 환경에서 벌어지는 개별적인 사례에 따라서 기존의 상식, 합의, 법률, 혹은 헌법의 원칙 등을 적용하게 될 것이며, 그를 통해 크든 작든 궁극적인 결실을 거두게 될 것이다. 그리고 나면, 우리는 대규모 계획이나 중앙의 통제나 간섭이 없이 마련된 일련의 정보정책을 갖게 될 것이다. 전자 커뮤니케이션의 확산이 어떠한 변화를 가져오더라도 민주주의는 영원히 존속할 것이며, 그러한 변화를 민주사회의 지속적인 성장을 위한 영양분으로 받아들일 정도로 우리의 민주주의는 강건하다고 나는 굳게 믿고 있다.

---

14) Mary Lou Goodyear and Diana Ramirez, "The Information Policy Challenge," *RQ* 35, no.2 (Winter 1995): 155-156.

## 민주주의와 인터넷

인터넷이 등장했을 때, 인터넷은 세상을 유익하게 하는 잠재적 능력을 지니고 있다는 과장된 주장에 사람들은 솔깃해 하였다. 특히, 많은 사람들은 인터넷이 공동의 시대를 사는 개인들을 자율적으로 만들 것이며, 비민주적인 사회에 사는 힘없는 사람들을 자유롭게 할 것이며, 우리가 보았던 모든 것들을 왜소하게 만들 정도로 개인적 표현의 전성기를 구가하게 만들 것이라고 믿었다. 사람들은 또한, 최신 테크놀로지와 함께 인터넷이 확산되면, 독재정권들이 그들의 국민들을 암흑 상태에 가두어놓는 것은 더욱 어려워질 것이라고 믿었다. 나아가, 인터넷에 접속만 하면 세상 모든 사람들을 대상으로 하여 자신의 견해를 표현할 수 있을 것이라고 믿었다. 실제로, 인터넷에서의 정치적 활동은 급속히 증가하고 있으며, 자신의 집이나 도서관에서 인터넷에 접속할 수 있는 유권자들(혹은 잠재적 유권자들)이 후보자들에 대한 정보를 구하기가 매우 수월해 졌다. 그러나 인터넷이 민주화를 촉진하고 있다고 생각하는 사람들은 인터넷에 떠도는 정치 관련 정보는 텔레비전이나 다른 매체의 정치 광고에 등장하는 정보와 크게 다를 게 없다는 사실에 주의 깊게 대처하여야 한다. 불행하게도, 어디에서 발견되어지든 간에 선전은 어디까지나 선전에 불과한 것이다. 인터넷에서 모든 사람들은 자신의 관점이나 생각을 자유롭게 출판할 수 있을 것이라는 주장 또한 문제가 많다. 머지않아 사람들은 "데이터 스모그"라는 문제에 정면으로 부딪치게 될 것이다. 즉, 정제되지 않은 개인적 자료가 너무도 많이 넘쳐나서 어떤 특정 전자문서를 찾는 작업이 매우 어렵거나 불가능할 것이다. 이러한 정제되지 않은 인터넷 출판의 필연적인 산출물 중의 하나가 (이 책의 앞 장에서 언급했던) *The Drudge Report*라는 웹사이트이다. 이 웹사이트는 각종 험담, 빈정거림, 근거 없는 이야기들로 채워진 전자 소식지로, 언론매체라면 준수해야 할 모든 기준을 포기하고 있다. 따라서 도서관은 인터넷의 이러한 장단점을 잘 헤아려서, 설령 도서관 이용자들의 정보선택권을 침해하게 될지라도, 이용자들이 인터넷의 유익한 면만을 활용할 수 있도록 도와주어야 한다. 민주주의는 시민들이 많이 알게 될 때 비로소 유익한 것이 된다: 시민들이 잘못 알게 될 때 민주주의는 훼손된다. 이러한 상황에서, 우리 사서들은 전자 커뮤니케이션의 급속한 발전을 정확히 이해하여야 하며, 우리가 이해한 것을 우리가 쓸 수 있는 모든 수단을 동원하여 우리의 이용자들에게 전달하는 데 전념해야 한다.

## 도서관 내부에서의 민주주의

원칙적으로 도서관은 협의에 기초한 민주적인 방식으로 운영되어야 한다. 규모에 관계없이 모든 도서관들은 계층적 조직구조를 가지고 있으며, 관리자, 사서, 행정직원, 그리고 기타 직원들로 구성되어 있다. 민주주의와 계층구조는 서로 대립적인 관계에 있다. 따라서 우리에게 주어진 과제는, 민주주의 가치를 지향하고자 하는 우리의 욕구와 도서관 구성원들 사이에 존재하는 힘의 불균형 사이에서 균형을 유지할 수 있는 방법을 찾아내는 것이다. 비록 성취하기가 어렵다고 할지라도, 그러한 균형은 항상 추구되어야 하며 모든 정책적 결정을 내리는데 있어 반드시 고려되어야 한다.

잘만 경영되어진다면, 도서관은 이상주의의 실현과 효율성의 극대화라는 두 가지 목표를 향해 동시에 나아갈 수 있다. 항상 손익계산서를 손에 쥐고 이익을 극대화하고 손실의 가능성을 없애기 위해 노력하는 민간 기업들과는 달리, 도서관을 비롯한 공적 영역의 조직들은 훨씬 복잡하고 때로는 상충되는 목표를 동시에 갖고 있다. 이러한 상황에서 상충되는 목표들 사이에서 바람직한 균형을 유지하기 위해서 도서관이 취할 수 있는 방법은 "도서관 서비스를 실천하고 도서관의 모든 가치를 보존하는데 지장이 없는 한도 내에서 민주적인 참여를 실행하는 것"밖에 없다. 구체적으로, 다음의 경우에 민주주의를 도서관의 실무에 적용할 수 있을 것이다:

- 가능한 폭넓게 상의하기로 결정할 때
- 가능한 간결하게 조직구조를 만들 때
- 의사결정이(납득이 가능한 한도에서) 조직의 말단에서 이루어지도록 할 때
- 도서관 서비스를 훌륭하게 유지하는데 지장이 없을 만큼 업무생활을 통제할 수 있는 자율권을 도서관 근무자들에게 주고자 할 때
- 커뮤니케이션이 조직의 모든 방향(상, 하, 그리고 횡)으로 이루어지도록 할 때
- 커뮤니케이션을 위한 다양한 통로를 많이 만들어 유지하고자 할 때
- 협의, 정보제공, 직접 참여 사이의 복잡한 경계에서 열심히 일하고자 할 때
- 변화가 필요한 시점에 유연하게 계획, 정책, 업무절차 등을 조정하고자 할 때
- 계획을 위한 계획을 수립하지 않으면서, 간결하고 명료하며 폭넓은 이해가 가능하도록 계획을 유지하고자 할 때

이 모든 것을 합치면 도서관에서의 참여경영(participatory management)을 실현하는 것이 된다. 참여경영은 경영학 분야의 저술에 혼히 등장하

는 용어로 현대 경영학이론의 핵심 요소이다.[15] 그러나 카플란(Louis Kaplan)은 참여경영은 도서관에서는 상대적으로 새로운 아이디어라고 설명한다.[16] 사실이지, 1960년대 후반까지도 도서관학자 출신의 도서관장들은 의사결정을 위해 도서관 직원들과 어떠한 협의도 하지 않았으며, 직원들을 단지 관리해야할 대상으로만 간주하였다. 그러나 그 이후 상황은 급속히 변하였다. 현장에서의 변화보다는 이론의 변화가 빨랐지만, 카플란이 지적한대로, 일부 도서관들이 경쟁적으로 시행하던 "가식적인" 참여경영조차도 올바른 길로 나아가려는 행보의 하나로 여겨졌다.

참여경영은 인간적인 존엄과 존경에 기초하여 대접받기를 원하는 근로자의 욕구와 사회적 책무를 이행하고자 하는 경영자의 의지가 합일점을 찾은 결과로, 기업계와 산업계에서 시작되어 점차 진화해 왔다. 이렇듯 "참여에 대한 약속"은 기업들의 도덕적 공동체 문화와 근로자들의 도덕적 자주성이 겉으로 표출된 결과였다.[17] 참여경영의 논리에 따르면, 참여는 조직을 보다 효율적이고 생산적으로 만들 뿐만 아니라 조직의 근로자들을 자율적으로 만들어 업무에 대한 만족도를 높여준다.

참여경영을(도서관을 포함하는) 공동체에 적용하려면 수많은 장벽을 넘어서야 하며, 참여경영의 완전한 실천은 실질적으로 불가능에 가깝다는 것조차 받아들여야 한다. 19세기에 스위스의 주라(Jura) 지역에 있었던 시계제작자들의 공동체는 무정부주의자들의 집단이었는데, 우리가 그토록 갈망하는 완전한 형태의 민주적인 직장과 사회에 가장 근

---

15) 의사결정 과정에서 하급 구성원들의 참여 기회를 확대하는 조직관리 방식을 말한다 (역자 註).
16) Louis Kaplan, "A Step in the Right Direction," *Journal of Academic Librarianship* 16, issue 2 (May 1990): 102.
17) Denis Collins, "How and Why Participatory Management Improves a Company's Socal Performance," *Business and Society* 35, issue 2 (June 1996): 176-210.

접한 모습을 띠고 있었다.[18] 그러나 그 공동체는 현대 사회의 다양한 조직들이 참조하기에 적합한 모델이라고 할 수 없다.

그렇다면 참여경영은 어떻게 구성되는지, 다음의 구성요소에 주목해 보자:

- 모든 주요 정책의 방향을 포함하여 다양한 주제에 대한 동료들과의 협의 과정
- 관리자와 다른 근로자들의 입장이 되어 정책이나 이슈에 대해 폭넓게 이해하는 과정
- 유용한 커뮤니케이션 통로와 다양한 표현수단
- 모든 사람들의 입장에서 참여하고자 하는 의지
- 권위와 통제를 포기하고자 하는 의지
- 책임을 지고자 하며 의무를 수용하고자 하는 의지
- 계획의 수립

이들 요소 중의 어느 하나도 성취하기가 쉽지 않으며, 특히, 통제하고 싶고 현실에 안주하고 싶은 장벽을 극복해 내기란 참으로 어려운 일이다. 이보다 더 심각한 장벽은 우리 모두 능력과 봉급에 따른(즉, 능력이 적으면 봉급도 낮은) 계층구조에서 일하고 있다는 사실이다. 우리 모두는 아무런 성과도 없는 토론, 공허한 말이나 전달하는 커뮤니케이션 채널, 그리고 경영층과 근로자가 가지고 있는 쌍방에 대한 오해 등에 대해서 이미 잘 알고 있다. 이러한 상황에서, 참여경영의 실현을 위해 도서관이 활용할 수 있는 것은 두 가지뿐이다. 첫째는 기업들이 그 동안 경험해온 참여경영의 역사를 참조하는 것이다. 역사에 기록된 기업들의 실수를 통해서 우리는 많은 것을 배울 수 있으며, 특히, 계층구

---

18) George Woodcock, *Anarchism* (New York: World Publishing, 1962).

조로 인해 민주적 발상이 어떠한 제한을 받게 되는지에 대해 구체적으로 배울 수 있다. 둘째는, 사서 집단에서 공통적으로 나타나는 긍정적인 덕목을 활용하는 것이다. 즉, 배려, 교육, 그리고 열린 사고 등은 참여경영을 구현하는데 있어 훌륭한 도구가 된다.

도서관은 기업들의 경험에서 무엇을 배울 수 있을까? 1998년에 발표된 바 있는 "기업 근로자들의 자율권"을 주제로 한 논문에 의하면, 지난 30여년동안 근로자들의 자율권은 거의 강화되지 않았던 것으로 보인다:[19]

> 관리자들은 자율권을 이론적으론 좋아하지만, 그들이 가장 신뢰하고 잘 알고 있는 것은 명령과 통제 모델이다. 한편, 근로자들에게 있어 자율권은 종종 양면가치를 갖는다. 근로자들은 개인적인 책임을 지지 않는 한도 내에서만 자율권을 선호하는 태도를 보인다.

그 논문은 계속해서, 근로자들에게서는 "책임의 이행"이 두 가지 형태로 나타난다고 밝히고 있다. 저자는 첫 번째 형태를 "외적 책임이행"이라고 부르는데, 이는 근로자의 근무조건, 성취목표, 그리고 우선순위 등이 다른 사람에 의해서 규정되는 형태를 의미한다. 그와는 반대로, 두 번째 형태는 "내적 책임이행"으로 불리는데, 이는 근로자들 스스로 자신의 과제, 업무순서, 우선순위 등을 규정하고 자신의 성취목표를 관리자와 협의하여 결정하는 형태를 일컫는다. 또한 저자에 따르면, 참여하고자 하는 근로자들의 욕구와 권위를 유지하고자 하는 관리자들의 욕구 사이에서 일어나는 필연적인 충돌로 인해 모순적인 프로그램이 만들어지기도 한다. 가령, 관리자들은 "당신 스스로 일을 해라. 그러나 우리가 당신에게 일러준 방식대로 해라"는 식의 모순된 지시를

---

[19] Chris Argyris, "Empowerment: The Emperor's New Clothes," *Harvard Business Review* 76, no.3 (may-June 1998): 98-100.

내림으로써 근로자들로 하여금 환멸을 느끼게 만들기도 한다. 모든 조직이 추구하는 궁극적인 목표는 조직의 효과와 생산성의 증대에 있는 것이지, 근로자들의 사기진작이나 업무만족 혹은 책임의 이행에 있는 것이 아니다. 아지리스(Chris Argyris)가 지적하는 것처럼, "만약 조직들이 개인적 목표를 우선시 한다면, 21세기에 조직들이 극복해야 할 많은 문제들이 완전히 어둠에 가려지게 될 것이다."

이러한 기업들의 경험에서 우리가 얻을 수 있는 최상의 교훈은, 상반된 관점들 사이에서 균형을 유지하여야 하며, 한계를 설정하고 경영하여야 하고, 집단의 목표와 개인의 목표를 조화롭게 조정하여야 한다는 것이다. 요약하자면, 우리는 도서관 업무가 이루어지는 현장을 민주화하는 일에 상식과 성숙함에 기초하여 접근할 필요가 있다. 이를 위한 첫 번째 단계는 기존의 경영구조를 있는 그대로 받아들이려고 노력하는 것이다. 설령 당신이 도서관의 경영구조를 가능한 간결하게 만들려고 노력해 왔다고 할지라도(도서관의 본질과 조직을 재정비하는데 들어가는 경영 능력의 한계를 고려하면), 도서관에는 어느 정도의 계층구조가 여전히 존속할 것이고 그에 따라 책임과 보수가 상이한 그룹들(즉, 관리자, 사서, 그리고 직원)은 그대로 남아있을 것이다. 당신의 도서관이 적절한 수준의 민주주의를 실천하고자 한다면, 그러한 문제들이 진지하게 논의되어져야 하며, 가능하다면 종결되어져야 한다. 경영 참여에는 한계가 있으며, 그러한 한계를 명확히 이해하고 구체적으로 정리하는 것이 매우 중요하다. 두 번째 단계는 도서관 관리자들로 하여금 협의와 소통에 자발적으로 임하도록 하고, 사서를 비롯한 일반 직원들로 하여금 경영에 헌신적으로 참여하게 하되 집단적 책임과 개인적 책임을 확실히 지도록 하는 것이다. 세 번째 단계는 특별한 경우에만 참여와 소통을 강조하는 것이 아니라 참여와 소통을 제도화하고 그런 환경에서 도서관이 운영되도록 하는 것이다. 마지막으로(어쩌면 가장 중요하게), 도서관에서 근무하는 모든 사람들은 함께 근무하는 사람들의 재능과 적성 그리고 개성과 인격을 존중하고 귀하게 여겨야 한다. 그것이 민주주의와 훌륭한 사서에게 요구되는 최소한의 덕목이다.

## 민주주의의 안팎

사서는, 의도적이든 그렇지 않든, 항상 민주주의의 신봉자였다. 민주주의라고 하는 사상은 우리 사서들의 신념과 너무도 밀접하게 엉켜있어서 우리들 중의 많은 이들은 민주주의와 민주주의적 아이디어가 초래하게 될 결과에 대해 골몰히 생각하지 않는다. 그렇기는 하지만, 도서관은 우리 사회에서 민주주의의 보루이며, 민주주의는 우리 도서관에 있어 매우 중요한 가치이다. 민주주의가 번성하려면 시민들이 많이 알아야 하는데, 도서관은 시민들에게 정보와 지식을 전달하는 주요한 운반책이다. 우리는 도서관이나 도서관들 사이의 협력 프로그램을 운영할 때 본능적으로 민주적인 발상에 의존하고자 하며, 그러한 민주적인 발상이 우리의 도서관과 프로그램을 존속하게 하고 번성하게 한다. 도서관을 운영하고 도서관서비스를 제공하면서 다양한 딜레마에 봉착할 때마다 "민주적이 된다는 것이 그렇게 쉬운 일은 아니지 않느냐?"고 스스로 돌아본다면 우리에게 많은 도움이 될 것이다.

# 신념의 유지

개인적이고 사사로운 이야기를 한마디 하자면, 사서로서의 나의 업무는 이제 거의 종착역에 이르러 있다. 내가 도서관에 대해 알고 있고 사랑하고 있는 것은 아마도 지금으로부터 20년 후에는 거의 존재하지 않을 것이다. 세상이 지금 다가오고 있는 것과 같은 모습이었다면, 나는 아마도 사서가 되지 않았을 것이다.

위의 인용문은 가장 사려 깊고 지적인 도서관장들 중의 한 사람이 내게 보냈던 편지에 수록된 글귀이다. 그녀의 전망이 과연 옳은 것일까? 우리가 알고 있는 도서관의 가치와 참된 모습이 2020년이 되면 정말로 사라져 버릴까? 평소 존경하는 그녀가 이러한 말을 했던 시점이 그녀를 몹시 짜증나게 했던 회의가 종료된 직후였음을 나는 알고 있기에, 그녀가 제기했던 의문과 미래에 대한 전망에 나는 동의하지 않는다. 더욱이, 기존의 도서관이 더 이상 존속하지 않을 것이며 도서관을 가치 있게 만들었던 모든 것들이 사라질 것이라는 암울한 전망은 잘못된 것이며, 우리 사서들이 그렇게 되도록 방치하지 않는다면 결코 발생하지 않을 것이라고 믿고 있다. 우리는 테크놀로지의 도입이 초래할 부정적 결과에 대해서는 거칠게 저항하여야 하지만, 테크놀로지의 긍정적 요소는 적극적으로 활용할 수 있어야 한다. 어떤 어려움이 다가와도 우리는 우리의 가치를 계속해서 고수함은 물론이고 우리 사회의 구성원들에게 분명히 보여줄 수 있어야 한다. 우리는 또한 도서관의 복합성과 다양성을 이해하는 것은 물론이고, 우리의 도서관이 이용자와 커뮤니티가 바라는 방향으로 진화해 온 것을 잘 알고 있다. 이와 관련하여, 크로포드(Walt Crawford)의 다음 말에 주목해 보자:

> 우리는 모든 "도서관"이 마치 동일한 것처럼 말하면서 우리 스스로에게 몹쓸 짓을 하고 있다. 세상에 "도서관"이라고 하는 동일체는 존재하지 않는다. 다만 수많은 개별 도서관들이 존재하며, 그들 개별 도서관들은 그들 나름의 고유한 장서, 자원 그리고 서비스를 통해서 각자의 커뮤니티를 위해 봉사하고 있다. 도서관들이 지니고 있는 강점 중의 하나는 그들의 순수한 다양성에 있으며, 그러한 순수한 다양성은 미래의 요구에 대처하기 위해서 그들이 협력할 때 특히 두드러진다.[1]

이 책에서 도서관의 핵심 가치에 대해 구체적으로 살펴보고자 했던 까닭은 우리 사서들이 도서관을 고유하고 고귀한 존재로 만드는 "도서관의 참된 속성과 목적"을 온몸으로 깨달았으면 하는 바람 때문이다. 나 또한 이 책을 통해 도서관의 가치와 목적을 찬찬히 살펴봄으로써 도서관은 앞으로도 본질적인 변화 없이 주어진 기능들을 영원히 수행해 나가리란 확신을 갖게 되었다. 더불어 확신하건데, 우리 사회가 영적으로, 지적으로, 그리고 물질적으로 번성하려면, 지금까지 해왔던 것처럼 도서관은 모든 형태의 기록된 정보와 지식을 수집하고, 정리하고, 제공하고, 보존하는 기능과 도서관 이용자들이 기록된 정보와 지식

---

1) Walt Crawford, Being Analog (Chicago: ALA, 1999), 90.

에 접근하여 활용할 수 있도록 지원하고 교육하는 기능을 지속적으로 수행하여야 한다. 사서직은 일반적으로 고루하고 보수적인 직업으로 인식되어 왔다. 그럼에도 불구하고, 도서관을 매체센터로 바꾸고자 했던 "시도"와 도서관을 휩쓸었던 마이크로폼 "혁명"을 통해서 경험했듯이, 우리는 정기적으로 시대적 유행과 광기의 포로가 되곤 하였다. 전자 테크놀로지에 대한 집착은 단지 근자에 들어서 우리 사이에 번지고 있는 노골적인 유행이자 광기일 뿐이다. 이러한 시기에는, 우리가 이루어온 승리의 역사를 지속해 나가면서 선후배 사이의 신의를 충실히 지켜나가는 것이 그 무엇보다 중요하다. 물론, 과대 광고와 환상이 넘쳐나는 작금의 세상에서 그러한 자세와 신의를 지속적으로 유지하는 일은 결코 쉽지 않을 것이다. 그러나 우리는 우리가 이루어온 업적과 가치에 대해 자부심을 갖게 될 것이며, 우리의 현재 위상과 우리의 미래 지향점을 맑은 눈으로 바라보게 될 것이다. 현실과 이해에 근거한 신념은 얄팍함과 반지성주의를 반드시 넘어서기 마련이다. 우리가 우리의 신념과 가치를 진실로 깨닫는다면, 앞서 내 친구가 비참할 정도로 약해질 거라고 예견했던 우리 전문직은 오히려 더욱 강력해 질 것이다. 비록 앞을 향한 우리의 발걸음이 느릴지는 몰라도, 우리가 진리를 위해 용감하게 싸우는 한, 세상은 우리를 칭송할 것이다.

## 우리의 고유한 가치

서비스가 사서직의 핵심 가치임은 분명하지만, 우리 사서들뿐 아니라 많은 주체들에게 있어 서비스는 핵심적인 가치이다. 기록된 지식과 정보에 대한 접근의 공평성 또한 우리가 앞장서서 성취해야 할 사회적 목표임은 분명하지만, 사서들만이 그 목표를 이루고자 하는 유일한 집단은 아니다. 프라이버시는 사람들의 보편적 관심사이며, 테크놀로지가 발전해 가면서 훨씬 더 시급한 문제로 부각되고 있다. 도서관 경영에 있어서 민주주의는 물론이고 보다 넓은 세상의 민주주의를 위한 투쟁은 우리 사서들에게 매우 중요하다. 그러나 우리만이 아니라 온 세상 모두가 민주주의의 가치를 믿고 있다(혹은 믿는 척 하고 있다). 나는 사서직은 다른 전문직에 비해 매우 합리적인 직업이라고 확신하지만, 모든 전문직은 합리주의를 지향한다. 사서들이 지적 자유를 위한 투쟁을 주도해왔지만, 그 투쟁에는 다른 전문직에 종사하는 많은 동지들도 함께 하였다. 그런 가운데 문해력은 거의 모든 사회가 공통적으로 추구하는 가치이긴 하지만, 우리 사서들에게는 남다른 의미를 갖는다. 사서직에 있어 배타적으로 고유한 가치인 관리자정신(stewardship)의 중요한 요소이기 때문이다.

## 관리자정신

이 책의 4장에서 논의하였듯이, 인류기록의 보존 및 전달을 책임지는 관리자로서의 역할은 위에서 언급한 여덟 개의 가치 중에서 우리에게만 배타적으로 적용되는 고유한 가치이다. 그렇다고 해서 관리자정신이 여덟 가치 중에서 가장 중요하다는 이야기는 아니다. 여덟 가치는 그 비중에 있어 모두 동일하며, 어떤 특정 가치가 다른 가치에 우선 하지 않는다. 효과적으로 운영되는 도서관 그리고 유능한 경력의 사서가 여덟 가치 중에서 어느 하나라도 심각할 정도로 결여하고 있다는 것은 상상하기조차 어렵다. 그렇기는 하지만, 기록된 지식과 정보에 대한 관리자정신은 다른 사람들과 공유하거나 공유할 수 없는 오직 우리 사서들만의 과제이다. 인류의 역사 이래 문명에 관한 기록(즉, 문자기록, 영상기록, 음향기록)은 모든 지역(모든 대륙, 모든 국가, 모든 지방)에서 모든 형태를 띠고(즉, 중세의 필사본으로부터 책, 필름, 그리도 전자자원에 이르기까지) 생산되어 왔다. 우리에게는 이러한 모든 기록을 보존하고 전달할 의무가 있으며, 이러한 의무를 충실히 이행하려면 모든 종류의 지방, 지역, 국가, 그리고 국제사회 차원의 노력을 한데 모아야 한다. 이러한 협력과 공조가 가능해지려면, 다원적 측면에서의 개별적인 노력과 헌신에 더해서 그러한 대규모의 작업에 지속적으로 참여하고자 하는 개인적 의지가 충만하여야 한다. 모든 글과 영상 그리고 소리를 기록의 형태로 보존하고자 하는 궁극적인 목적은 우리의 후손들이 그러한 기록을 읽고, 보고, 듣도록 하기 위해서이며, 그렇게 함으로써 기존의 지식을 취함은 물론이고 새로운 지식을 창출할 수 있도록 하는데 있다. 후손들이 창출한 새로운 지식은 다시 문자나 영상 혹은 음향으로 구성되는 기록으로 남게 될 것이며, 그러한 기록이 합쳐져 인류의 기록은 더욱 늘어나게 될 것이다. 이처럼 지식을 취하고, 생산하고, 기록하고, 보존하고, 그리고 전달하는 순환의 고리는 앞으로도 끊임 없이 지속될 것이며, 그를 통해 인간사회는 발전하고 인류문명은 진보해 나갈 것이다. 이러한 순환 고리의 어느 하나도 우리 사서들이 없이는 불가능하다. 그러나 우리의 후손들이 지식을 전달하기 위해 사용된 문자나 영상 그리고 음향을 제대로 해석할 수 없게 된다면, 지식을 창조하는 사람들과 기록된 지식과 정보를 보존하는 사람들이 애써 수행한 모든 노고가 수포로 돌아가고 말 것이다. 역사는 우리에게 이와 관련된 교훈을 주고 있다. 가령, 서유럽의 중석기 시대에 존재하던 아질리아 문화(Azilian)를 예로 들어보자. 불가해한 상태로 남아있는 아질리아 조약돌은 우리가 읽을 수조차 없는 표식과 우리가 해석할 수 없는 그림들로 채워져 있으며, 그나마도 매우 희귀하여 몇 개 남아있지도 않은 상태이다. 그러나 이러한 몇몇 사례를 제외하면, 우리가 아직까지 보유하고 있는 과거로부터의 기록에 담긴 메시지들은 거의 대부분 해석이 가능하다. 우리의 관리자정신이 효과적인 결실로 이어지려면, 우리의 후손들이 현재와 과거의 문서와 이미지를 읽고 이해할 수 있는 능력을 반드시 갖추어야 한다. 사람들로 하여금 참된 의미의 문해력과 일관된 독서능력을 갖추게 하는 것이 사서로서의 사명을 완수하는데 있어 중심이 되어야 하는 까닭이 바로 여기에 있다. 문자기록은 영상기록이나 음향기록과는 종류가 다르다. 영상을 바라보는데 특별한 기술이 요구되지는 않는다(물론 영상에 담긴 의미와 예술적 가치를 이해하기 위해서는 높은 수준의 안목이 필요하지만). 음향기록 또한, 언어나 악기를 이해할 수고 음향기록을 재생해 내는 기계에 대한 접근만 가능하다면, 어려움 없이 의미를 파악할 수 있다. 그러나 일관되고 지속적인 독서능력을 갖추려면 일련의 복합적이고 좀처럼 획득하기 어려운 기량을 숙련하는 과정이 필요하며, 더불어, 머지않아 활용이 어려울지도 모르는 문화적이고 교육적인 준거 틀을 필요로 한다. 관리자정신에 있어서 가장 중요한 요소인 기록된 지식과 정보를 보존하고 전달하는 문제의 성패는, 관리자로서의 사서들의 능력에 더해서, 우리 후손들과 그들이 사용하게 될 기계가 우리가 전달해준 지식과 정보를 읽고 이해하는 기량을 어느 정도 갖추게 되는지에 거의 전적으로 달려있다. 이처럼 과거와 현재의 기록을 읽고 이해하는 능력을 후손들에게 가르치는 일의 중요성은 아무리 강조하여도 지나침이 없는 것이다.

## 독서: 필수적 기량

개인의 발전 나아가 건강한 교육과 사회를 위한 독서의 중요성은 결코 과소평가되어질 수 없다(머지않은 장래에 중간 매체로서 눈을 사용하지 않고서도 지식을 두뇌로 바로 전달하는 고도의 기술이 개발될 것이라고 확신하고 있는). 커즈웨일(Raymond Kurzweil) 같은 특이한 광신도를 제외하면, 대부분의 사람들은 일관된 독서능력이 인류와 사회의 발전을 위해 매우 중요하다는 점에 동의한다.2) 텔레비전이나 대중문화를 대변하는 여러 매체들이 등장하기 전에는, 디킨스(Charles Dickens)처럼 모든 계층의 사람들이 좋아하는 인기작가의 책들은 헤아릴 수 없이 많은 독자들에 의해 읽혀졌다. 뉴욕시의 항구에서 디킨스의 골동품 상점(The Old Curiosity Shop)이 수송되어 오기를 기다리다가 신간을 받아들자마자 길거리에서 읽으면서 눈물짓던 군중과, 미식축구의 슈퍼볼 경기나 어리석은 코미디 연속극을 보려고 모여든 수백만의 대중을 어찌 동일한 선상에 놓고 비교할 수 있겠는가? 캐먼(Michael Kammen)은 민중문화(popular culture)와 대량문화(mass culture)의 차이점에 대해 흥미로운 분석을 하고 있다:

> 늘 그런 것은 아니지만 민중문화(popular culture)는 참여적이며 상호적이라는 특징이 있다. 이에 비해, 대량문화(mass culture)는 대개 수동적이며 기업화되는 특징이 있다.3)

디킨스는 민중문화적 관점에서 19세기가 낳은 가장 위대한 인물이었다. 그가 저술한 책들을 읽으려면, 오늘날의 대량문화에 요구되는 낮은 수준의 기량과 참여의식으로는 부족하였다. 그의 책을 이해하려면 여러 측면에서 높은 수준의 문해력, 문화에 대한 이해력, 그리고 참여

---

2) "우리는 스캐너, 즉, 혈액세포만한 크기의 아주 작은 스캐너를 우리의 뇌에 삽입할 수 있을 것이다. 그 스캐너는 모세혈관을 따라 뇌의 여기저기를 돌아다니면서 뇌의 내부를 실질적으로 탐색하고 뇌의 모든 것을 설명하는 데이터베이스를 구축하게 될 것이다. 이러한 시나리오는 앞으로 25년 내에 실현 가능할 것이다." 1999년 9월 13일자 Lehrer News Hour에서의 인터뷰 내용.
3) Michael Kammen, American Culture, American Tasters: Social Change and the 20th Century (New York: Knopf, 1999), 22.

의 적극성이 요구되었다. 독서는 절대로 수동적인 행위가 아니다. 독서가 생산적인 행위가 되려면, 지식을 풍부하게 하고 이해력을 제고하기 위해 많은 투자를 해야만 한다. 대량문화를 상징하는 텔레비전을 시청하거나 라디오의 인기 프로그램을 청취하는 행위와는 질적으로 달리, 독서는 복합적인 문장을 읽고 저자와 교류하는 행위이다. 독서능력을 갖추게 하고 독서에 대한 열정을 길러주는 것은 우리가 아이들에게 줄 수 있는 최고의 선물 중의 하나이다. 다음 인용문은 영국의 언론인 바버(Lynn Barber)가 영국의 유머 작가인 타운센드(Sue Townsend)와 인터뷰한 내용 중에서 일부를 발췌한 것이다:

> 내가 그녀의 "불우했던 어린 시절"에 대해 언급하였을 때, 그녀는, "하나의 중요한 관점에서 볼 때 자신의 어린 시절은 결코 불우하지 않았다"고 응답하였다: "나의 부모님은 버스 안내원이셨지만 항상 독서를 즐기셨다. 그분들의 독서가 결국은 나의 모든 것을 바꾸어 놓았다. 독서는 당신에게 선택의 기회를 제공한다. 독서를 통해 당신은 당신이 현재 속해있는 계층이 당신을 영원히 가두어 두지 못한다는 사실을 깨닫게 된다."[4]

독서는 당신에게 선택의 기회를 제공한다. 미래의 세상은, 지금과 마찬가지로, 대량문화에 의해 양적으로 지배되어질 것이다. 그러나 미래 세상에도 민중문화와 고급문화로 대표되는 대안들은 여전히 존속하면서 사회와 문화의 질적인 발전에 기여할 것이다.

---

[4] "Double Vision," The Observer (October 10, 1999): 25-28.

## 도서관에는 미래가 있다!

이 책의 독자들에게,

　도서관과 사서는 그들에게 주어진 역사적 사명을 지속적으로 이행해 나갈 것입니다. 왜냐하면, 우리 사회와 사회의 구성원들이 그것을 원하기 때문입니다. 우리는 도서관의 미래와 사서직의 의미를 둘러싼 현재의 논쟁을 통해 많은 것을 얻게 될 것입니다. 이러한 자기성찰은, 적당한 시일동안 긍정적인 방향으로 진행된다면, 우리에게 커다란 힘이 될 것이기 때문입니다. 나는 우리의 핵심 가치에 대한 이 책에서의 논의가 우리 스스로를 되돌아보게 하고, 궁극적으로는, 사서로서의 우리의 다짐을 강화하고 우리의 가치를 높이는데 기여하게 되기를 바랍니다. 나는 또한 도서관의 황금기를 만들어 가기 위해 우리 모두 함께 협력해 나가기를 바랍니다. 그렇게 협력할 때, 우리에게 주어진 다양한 사명 가운데 공통의 목적이 있음을 이해하게 되고 그를 실현해 나갈 것이기 때문입니다.

　우리 모두 사서로서의 성실함을 유지합시다!

마이클 고먼(Michael Gorman)
캘리포니아州 후레즈노(Frezno)에서

# 찾아보기

## 국문색인

가상도서관 14, 63
가치 21
가치 분류 51
가치관 24
가치론 21
가치의 가치 25
가치체계 21
간접 서비스 134
개가식 서가 98
개인 커뮤니케이션 센터 76
개인적 가치 53
갤러거 39
검열 160
검열주의 176
게이츠 74

경쟁가치 54
계몽주의 179
고든 66
공간적 프라이버시 245
공공도서관 143, 188, 215
공공정책 278
공리주의 38
공예품 111
관리자정신 23, 55, 103, 294
교도소도서관 151, 218
교육 프로그램 122
교회 건축법 95
국가과제포럼 278
기록된 지식과 정보 64, 82
기타 도서관 150

녹음자료 110
뉴욕공공도서관 97

## ㄷ

대영도서관 101
대학도서관 145, 216
더블린 코어 198
데이터 보호에 관한 규정 255
도서관 26, 77
도서관 건물 91, 94, 95
도서관 건설 90
도서관 건축 90
도서관 공간 98
도서관 내부의 장애물 238
도서관 외부의 장애물 241
도서관경제 29, 179
도서관교육 187
도서관권리헌장 224, 263
도서관대학원 121
도서관서비스와
 건축에 관한 조례 215
도서관서비스에 대한 평가 133
도서관의 가치 15
도서관의 운영과 경영 업무 34
도서관이용자 143
도서관전문대학원 119
도서관학 29
도서관학의 다섯 규칙 42
독서 76, 202, 296
독서능력 297
독서의 운명 76
듀이(John Dewey) 24, 39
듀이(Melvil Dewey) 38, 184
디지털 격차 87
디지털 자원 112
디지털도서관 20
디클리 221
Drift Down 이론 182

## ㄹ

랑가나단 29, 38, 42
랑가나단의 다섯 규칙 42
레이건 62
레이크카운티 공공도서관 279
로드스타인 41
로라 박사 169
로텐버그 247
루베츠키 38

## ㅁ

마르텔 65
마이크로폼 112
만족의 가치 53
맥널티 85
맥리쉬 41
맥코덕 220
멀트노마 중앙도서관 90
메타 가치 25
메타 데이터 198
명저 프로그램 216
무선 테크놀로지 88
문해 프로그램 215
문해력 76, 201
문해사회 207
문해율 207
물리적 도서관 83

목록 98, 186
미 상무성 87
미국도서관협회 46, 119, 122, 154
미국언어협회 116
미국의 장애인법 91
미국의회도서관 196
미술품 111
민주적인 도서관 274
민주주의 43, 57, 269
민주주의의 모순 271
민주주의의 실천 274

버틀러 37
벽 없는 도서관 66
변화와 불확실성 19
보존과 관리 업무 32
보편적인 서지통정 196
브랜다이스 250
브로워드 공공도시권 95
비디오 111
Berkeley대학 120

사서 35, 76
사서교육 118
사서를 위한 윤리규정 46
사서직 29
사회인식론 44
사회적 가치 53

산호세 공공도서관 94
샌프란시스코 공공도서관 101
서비스 윤리 142
서비스 정신 40, 43, 130
서비스 23, 43, 55, 129
서지교육 185
서지기술을 위한 국제표준 196
서지통정 195
선정 업무 32
쉐라 29, 38, 40, 44
스톤 92
스튜워드 103
실용주의 40
Chicago대학 120, 125, 220
Columbia 대학 120, 125
Syracuse대학 125

아이젠스타인 106
악보 110
애킨슨 182, 188, 281
어린이 사서 214
어린이도서관 99, 214
언론의 자유 160
업무가치 53
에니스 116
여과장치 163, 168
연구도서관협회 82
영미편목규칙 195
오스본 39
오컴의 면도날 181

옥슨햄  211
온라인 목록  98
옹호 행위  80
옹호  79
우드  204
워비  260
웨스틴  253
유럽연합  255
유산 장서  73
有線도서관  88
이상주의  40
이용자 교육 업무  33
이용자 목록  98
이용자 지원 업무  33
이용자교육  184
인간 커뮤니케이션  107
인쇄본 잡지  109
인터넷에 의한 추락  87
일반적 가치  52
ALA 인가위원회  122
ALA 지적자유위원회  163
Indiana대학  125

자동대출시스템  259
자이사믈  140
장서  30, 100
장소로서의 도서관  81
장소로서의 유선도서관  88
장애인 이용자  91
적법성  49

전문도서관  150
전문적 가치  51
전자문서  197
전자시대  106
전자자료  30, 74
전자자원  197
전자저널  74
전자프라이버시정보센터  247
전통적 도서관  13, 63
접근의 공평성  56, 223
접근의 공평성을
   가로막는 장애물  229, 238
접근의 불공평  232
접근의 편이성  91
정보격차  87, 260
정보역량  190
정보역량교육  190
정보적 프라이버시  245
정보제공  184
정보정책  281
정보학  121
제임스  39
제퍼슨  97, 106
조직 업무와 접근점 제공  32
조직의 원칙  182
존스  107
종합목록  30
지도  110
지성이론  40
지적 자유  48, 56, 153
지적 자유에 대한 선언문  157
직접 서비스  134

## ㅊ

참고사서 136
참고서비스 135
참여경영 285
책 109
책의 운명 73
취득 업무 32

## ㅋ

카아네기 61, 86
카터 62
카플란(Araham Kaplan) 39
카플란(Louis Kaplan) 286
캐나다도서관협회 46, 157
캐롤 공공도서관 94
캐먼 297
컴퓨터역량 191
크로포드 82, 292
클리브랜드 공공도서관 90
킬고어 65

## ㅌ

테크놀로지 234
테크니컬 서비스 134
토마스 맨 138
톤카와 공공도서관 279
특수도서관 218
틱코슨 141

## ㅍ

파커 271
퍼브스 208
퍼블릭 서비스 133
페니찌 38
편목스킴 197
프라이버시 56, 245
프라이버시의 권리 251
프라이버시의 실천 263
프라이버시의 역사 249
플라노 공공도서관 264
피어스 86
피츠버그 도서관 86
피츠제럴드 115
필름 111
필사본 109

## ㅎ

학교도서관 148, 214
학술커뮤니케이션 74
학습 201
합리성 43
합리주의 43, 56, 177, 189
해리스 188
헐셔프 236
현실 도서관 63
환경조사 237
휭크스 41, 51, 117

## 영문색인

AACR2  195
ADA  91
Adrian Johns  107
advocacy  79
ALA  46, 119, 122, 154
Alan Purves  208
Alan Westin  253
Americans with
  Disabilities Act  91
Andrew Carnegie  61, 86
Andrew Osborn  39
Antonio Panizzi  38
Abraham Kaplan  39
Archibald MacLeish  41

Bibliographic Instruction  185
Bill Gates  74
British Library  101
Broward Public Library  95

**C**

Carroll County Library  94
Charles Martell  65
Cleveland Public Library  90
Code of Ethics for Librarians  46
collection  30

Committee of Accreditation  126
computer competency  191

David Tyckoson  141
David Wood  204
DDC  196
Dr. Laura  169
Digital Divide  87, 260
Directive on Data Protection  255
the Dublin Core  198

**E**

Electronic Privacy
  Information Center  247
Elizabeth Eisenstein  106
Elisabeth Werby  260
environmental scan  237
EU  255

Falling through Internet  87
Five Laws  42
Francis Fitzgerald  115
Frederick Kilgour  65

Great Books program  216

## H

H.M. Gallagher  39
Hugh Atkinson  182, 188, 281
The Holy Grail  93

## I

information competency  190
Intellectual Freedom
　Committee  163
ISBD  196

## J

Jean-Claude Guedon  66
Jesse Shera  29, 38
Jimmy Carter  62
John Dewey  24, 39
John Oxenham  211
JSTOR  82

## K

Karen Stone  92

## L

Lake County Public Library  279
LC  196
LCC  196
LCSH  196, 199
Lee Finks  41, 51, 117

legacy collections  73
Library Bill of Rights  224, 263
Library Education  118
Library Instruction  187, 189
Library Journal  90
Library Services and
　Construction Act  215
library values  15
literate society  207
Louis Brandeis  250
Louis Kaplan  286

## M

MARC  195
Marc Rotenberg  247
metavalue  25
Melvil Dewey  38, 184
Michael Kammen  297
Modern Language Association  116
Multnomah County
　Central Library  90

## N

National Issues Forum  278
Neal Pierce  86
neo-Prairie School
　Public Library  97
New York Public Library  97
Nova Southeastern University  95

## O

Occam's Razor  181
OCLC  64, 197
open access  100

## P

Pamela McCorduck  220
participatory management  285
Peter Deekle  221
photocharging  27
Pierce Butler  37
Plano Public Library  264
privacy  245
private  245
public service  133
the Privacy Exchange  254

## R

real library  63
Research Libraries Group  82
rival values  54
Robert Hulshof  236
Robert McNulty  85
Roma Harris  188
Ronald Reagan  62

## S

S. R. Ranganathan  29, 38, 42
Samuel Rothstein  41, 46
San Francisco Public Library  101
San Jose Public Library  94
San Jose State University  94
satisfaction values  53
Seymour Lubetzky  38
Slate  74
social values  53
Stephen Enniss  116
Steward  103
stewardship  23, 55, 104, 294
The Sedition Act  281

## T

Technical Service  134
Theodore Parker  271
Thomas Jefferson  97
Thomas Mann  138
Tonkawa Public Library  279

## U

UBC  196

## W

Walt Crawford  82, 292
William James  39
wired library  88
work values  53
World Catalogue  197

## Z

Zeithaml  140

■ 저자 소개

Michael Gorman

Michael Gorman은 캘리포니아 주립대학(California State University, Fresno)의 도서관장으로 오래 동안 재직하였으며, 2005년에는 미국도서관협회(ALA)의 회장으로 선출되어 미국의 도서관 현장을 위해 헌신하였다. 그는 또한 영국과 미국의 유수 문헌정보대학원에 출강하여 사서직의 교육에 기여하였으며, AACR2를 비롯한 여러 저서와 수많은 논문을 생산하여 미국뿐만 아니라 전 세계의 문헌정보학과 도서관계의 발전에 영향을 미쳤다. 그가 1997년에 Walt Crawford와 함께 저술한 *Future Libraries: Dreams, Madness, and Reality*는 Blackwell's Scholarship Award를 수상하였으며, 2000년에 저술한 *Our Enduring Values: Librarianship in the 21st Century*는 ALA의 Highsmith Award를 수상하였다. 이러한 저서에 대한 수상에 더해, 도서관 현장의 발전에 기여한 공로를 인정받아 *Melvil Dewey Medal(1992)*을 수상하기도 하였다.

■ 역자 소개

이 제 환

이제환은 1993년부터 부산대학교 문헌정보학과 교수로 재직해 왔으며, 2010년 현재 한국도서관·정보학회장과 한국도서관협회 부산·울산·경남 지구협의회장으로 봉사하고 있다. 그는 미국 UCLA에서 문헌정보정책을 전공하여 석사와 박사 학위를 받았으며, 이후 한국의 도서관 현실에 적합한 문헌정보 이론을 연구하고 관련 정책을 개빌하여 제인하는데 관심을 기져왔다. 정보행태, 문헌정보서비스, 그리고 문헌정보정책에 대해 강의하면서 동일 주제에 관한 수십편의 논문을 발표하였으며, 대표적인 저서로는 『디지털 시대의 도서관정보정책』(2003)과 『재일한인의 정보행태와 정보빈곤』(2006)이 있다. 이외에 공저로는 『우리 문헌정보학의 길 어떻게 걸어 갈 것인가』(2002)과 『20세기 한·일간 지식정보의 생산과 흐름』(2003)이 있으며, 역서로는 『정보저장 및 검색』(2000)이 있다.

## 도서관의 가치와 사서직의 의미

2010년 12월 25일 초판발행
2011년 6월 1일 2쇄 발행
2019년 3월 25일 3쇄 발행

저 자 _ Michael Gorman
역 자 _ 이제환
펴낸이 _ 김선태
발행처 _ 도서출판 태일사
　　　　대구광역시 중구 2·28길 26-5 (남산1동 892)
　　　　전화 053-255-3602 | 팩스 053-255-4374
전자우편 _ taeilsa@hanmail.net
홈페이지 _ http://www.taeilsa.com
등록일자 _ 1991. 10. 10
등록번호 _ 제 6-37호

정가 14,000원

ⓒ 이제환 2019　ISBN 979-11-87268-29-1　93020
※ 무단복사, 전재를 금하며, 잘못된 책은 교환하여 드립니다.